2017 年河北省社会科学基金项目

项目编号：HB17TQ017

互联网时代

高校图书馆与公共文化服务的融合发展和实践

刘华卿　著

吉林大学 出版社

图书在版编目（CIP）数据

互联网时代高校图书馆与公共文化服务的融合发展和
实践 / 刘华卿著.—长春 ：吉林大学出版社，2019.5
ISBN 978-7-5692-4784-8

Ⅰ．①互… Ⅱ．①刘… Ⅲ．①院校图书馆—图书馆服
务—关系—公共管理—文化工作—中国 Ⅳ．① G258.6
② G123

中国版本图书馆 CIP 数据核字 (2019) 第 096704 号

书　　名：互联网时代高校图书馆与公共文化服务的融合发展和实践
　　　　　HULIANWANG SHIDAI GAOXIAO TUSHUGUAN YU GONGGONG WENHUA
　　　　　FUWU DE RONGHE FAZHAN HE SHIJIAN

作　　者：刘华卿　著
策划编辑：邵宇彤
责任编辑：周　婷
责任校对：李潇潇
装帧设计：优盛文化
出版发行：吉林大学出版社
社　　址：长春市人民大街 4059 号
邮政编码：130021
发行电话：0431-89580028/29/21
网　　址：http://www.jlup.com.cn
电子邮箱：jdcbs@jlu.edu.cn
印　　刷：定州启航印刷有限公司
成品尺寸：170mm×240mm　　16 开
印　　张：15
字　　数：270 千字
版　　次：2019 年 5 月第 1 版
印　　次：2019 年 5 月第 1 次
书　　号：ISBN 978-7-5692-4784-8
定　　价：69.00 元

前　言

公共文化服务是人民群众基本文化权益的保障，也是提高国民素质、发展文化生产力的重要措施。进入 21 世纪，互联网技术的迅速发展和普及促进了公共文化服务质量和效率的不断提高，也在更大程度上推进了文化的均等性。特别是自 2002 年以来，随着全国文化信息资源共享工程、数字图书馆推广工程和公共电子阅览室等"公共数字文化重点工程"的实施，我国公共数字文化服务框架已初步建成。但是，在通达的"信息高速公路"上，优质的数字文化信息资源和产品相对贫乏，远不能满足社会公众终身学习的需要。与世界发达国家相比，我国公共文化设施的数量和质量还相对落后，公共文化产品供给和人民群众日益增长的精神文化需求之间的矛盾仍比较突出，特别是城乡公共文化服务水平的差距非常明显。

长期以来，图书馆作为人类文化成果最重要的保存和传承机构，在公共文化服务体系中一直发挥着主力军的作用。高校图书馆作为我国图书馆系统的重要组成部分，不仅拥有大量优质文献资源，而且在数字化建设方面也往往领先于同地区的公共图书馆。但由于体制原因，我国高校图书馆长期处于相对封闭的状态，参与公共文化服务的范围和程度都非常有限，其丰富的文化资源远没有得到充分利用。因此，借鉴发达国家的成功经验，以互联网技术为手段促进高校图书馆积极参与公共文化服务，对丰富我国公共文化产品供给、提高公共文化服务水平、更好地满足人民群众日益高涨的精神文化需求都有着十分重大的意义。

本书是在河北省社会科学基金项目"京津冀高校图书馆协同参与公共文化服务的策略与模式研究"支撑下编著的，全书共分八章。第一章至第三章讨论了图书馆与公共文化服务的关系，以及互联网技术对图书馆和公共文化服务事业的影响；第四章至第五章研究了高校图书馆开展公共文化服务的理念和现实依据，总结了国内外高校图书馆参与公共文化服务的经验；第六章对我国高校图书馆参与公共文化服务的主要模式进行了案例剖析；第七章分析我国高校图书馆参与公共文化服务的问题和障碍，并提出了改进对策；第八章对互联网时代高校图书馆与文化服务行业的融合发展趋势做了展望与探讨。

　　本书可供图书馆学、公共文化服务等相关领域工作人员和学者进行参考学习。本书在编写过程中参考了大量学者的相关成果和观点，限于篇目，或未能一一列举，在此对这些学者表示感谢并请予谅解！由于作者学识水平所限，书中错漏或不足之处难免存在，真诚希望各位同行专家不吝批评指正。

刘华卿

2019 年 1 月

目 录

第一章　图书馆与公共文化服务

第一节　图书馆——信息共享的发源地

一、图书馆的起源与发展

（一）图书馆的概念

图书馆作为重要的社会文化机构和信息资源中心，与人们的生活息息相关。图书馆是搜集、整理、收藏图书资料以供人阅览、参考的机构，承担着保存人类文化遗产、开发信息资源、参与社会教育等职能。"图书馆"一词的英文 library 源于拉丁语 librarius，原意为藏书之所。汉语中"图书馆"一词来自日本，据《在辞典中出现的"图书馆"》载，"图书馆"一词 1877 年在日本的文献中出现；而最早在我国文献中出现，当推 1894 年在《教育世界》第 62 期中所刊出的一篇《拟设简便图书馆说》。

关于图书馆的定义，目前各国图书馆学研究者有着基本共识，但仍没有一个统一、标准的表述。

美国图书馆学家谢拉提出："图书馆是这样一个社会机关，它用书面记录的形式积累知识，并通过馆员将知识传递给团体和个人，进行书面交流。"与谢拉同时期的德国图书馆学家卡尔·施泰特则认为"图书馆是客观精神的容器，是把客观精神传递给个人的场所。"

我国对图书馆的研究始于 20 世纪 30 年代，比较有影响和代表性的是刘国钧和吴慰慈等。刘国钧在《图书馆学要旨》中指出："图书馆乃是以搜集人类一切思想与活动之记载为目的，用最科学、最经济的方法保存它们、整理它们，以便社会上一切人使用的机关。"吴慰慈等人在《图书馆学概论》中提出："图书馆是搜集、整理、保管和利用书刊资料，为一定社会的政治、经济服务的文化教育机构。"

综观以上中外图书馆学者对图书馆概念的定义，虽表述和理解有所差别，但根本上都包含了以下几方面：一是图书馆是进行收集、整理、保存一切文献资料的社会机构；二是图书馆收集、整理、保存文献资料的目的是传递人类文化知识成果，使之得到利用；三是图书馆的性质属于文化教育机构。

（二）图书馆发展历程

1. 古代图书馆

图书馆与人类文明的发展相伴而生，在美索不达米亚、中国、古埃及、古希腊等人类文明的发源地都有图书馆遗址被发现。根据考古成果，我们已知世界上最早的图书馆是美索不达米亚平原的亚述巴尼拔图书馆，它由亚述帝国的亚述巴尼拔国王（公元前 668 年至前 627 年在位）建立。由于亚述巴尼拔图书馆保存的泥版图书不易被战火摧毁，所以它是迄今为止古代文明遗址中，保存最完整、规模最宏大、书籍最齐全的图书馆。

西方图书馆事业曾随着古代文明的衰落而萎缩，在中世纪初期主要是修道院图书馆，中世纪中期出现了早期的大学图书馆。其后，欧洲的文艺复兴推动了图书馆事业的发展。15 世纪中期，随着活字印刷术在欧洲的推广，形成了图书出版和图书馆两个专门行业。印刷型图书的大量出版使图书馆藏书以空前的速度增加，一些大型图书馆开始出现。

我国古代用以典籍收藏的图书馆几乎贯穿着整个封建社会的历程，只是当时并没有"图书馆"这个称呼，而是称为"府""阁""台""殿""院""堂""斋""楼"等，如西周的盟府，两汉的石渠阁和兰台，隋朝的观文殿，宋朝的崇文院，明代的澹生堂，清朝的四库全书七阁。我国古代的图书馆大体可以分为四个体系，即官府藏书、书院藏书、私人藏书和寺观藏书。由于我国长期的封建社会中央集权制的巩固，促进了官府藏书体系的形成、发展和兴盛，自战国直至清代末叶不曾中断。魏晋时期，随着佛教的传入和兴盛，我国出现了寺观藏书体系。宋代以后，随着印刷术的推广和书院的创立发展，书院藏书系统和私家藏书也不断发展壮大。

无论中外社会，古代图书馆都以收藏和保存图书为主，所存文献资料仅为少数人所用。在西方，古代图书馆基本上属于宫廷和神学的附属品。在中国，古代图书馆也被皇家和士大夫所垄断，所以人们普遍称这个时期的图书馆为藏书楼。

即便是欧洲文艺复兴时期和中国文化较为发达的明清阶段，图书馆的主要功能仍是进行典籍收藏，而且功能性、目的性较为单一，与近现代的图书馆大相径庭，完全是两个概念。

2. 近代图书馆

16 至 18 世纪，随着资本主义经济的发展，欧洲各国图书馆事业都有较大发展，近代图书馆开始形成。特别是 17 世纪后半叶到 18 世纪，随着欧洲资本主义生产力继续快速发展，图书馆规模不断扩大，免费开放的公共图书馆开始建立并发展起来。

在德国，以马丁·路德为首的宗教改革家强调教育的重要性，德意志的城市图书馆有了长足的发展。慕尼黑皇家图书馆先后接收了大约 150 所修道院的藏书，1830 年该馆拥有图书 35.5 万册，是欧洲著名的文献宝库之一。

在法国，政府不惜耗费巨资，派人去各地各国搜集珍贵图书，17 世纪法国皇家图书馆发展成当时欧洲首屈一指的图书馆。1789 年法国大革命后，皇家图书馆被宣布为"国有"，成为国家图书馆。1789—1795 年间颁布了 20 项有关图书馆的法律和法令。

在英国，16 世纪中叶至 17 世纪初是人文主义教育的鼎盛时期。1602 年，T. 博德利为其母校牛津大学所建的博德利图书馆是当时欧洲最大的图书馆之一。1753 年，几家私人图书馆汇合成不列颠博物院的图书馆，在 19 世纪成为世界文献宝库。该馆第 6 任馆长 A. 帕尼齐（任期 1856—1866 年）对英国和国际的图书馆事业做出了很大贡献，他制定的 91 条著录条例，为后来的编目规则奠定了基础。

在我国，近代图书馆的发展是随着封建社会的没落而兴起的。鸦片战争以后，我国封建时代的藏书楼逐渐向近代公共图书馆事业过渡，主要影响因素有两个：一是西方传教士所办图书馆的示范作用；二是维新变法的推动作用。鸦片战争后，西方列强的坚船利炮打破了中国紧锁的国门，传教士们带着传播西方文化的使命纷纷来华，并在一些城市的教堂和教会学校建起新式图书馆。西方传教士创办的图书馆是我国近代史上最早出现的新式图书馆，其启蒙和示范作用是不可低估的。

1890 年维新变法兴起，维新领袖梁启超在《戊戌政变记》中提出"开办图书馆"是强学会的五件大事之一。维新领袖康有为等人首先在维新学会中办起了学会藏书室，所藏图书以西书、新书为主，对图书采访、分类、编目、流通借阅都做了详细的规定。读者对象除了维新派成员，还包括一般士大夫和普通市民。可见，学会书楼已经初步具备了社会文化机构的性质，是我国近代图书馆的萌芽。

1902 年 7 月，清政府诏颁《学堂章程》规定"大学堂当附属图书馆一所，广罗中外古今各种图书，以资考证"。1909年年底，清政府正式颁布《京师及各省图书馆通行章程》，规定图书馆应"保存国粹，造就通才，以备硕学专家研究学艺、学生士人检阅考证之用，以广征博采供人浏览"。这是我国近代有关图书馆的第一次立法。它的颁布，说明中国近代图书馆事业已初具规模。

辛亥革命后，我国的图书馆事业开始由萌芽走向兴盛。整个发展过程前后大约经历了20年。1912年，京师图书馆正式开馆，1934年其馆藏已达40万册，1936年南京国民党政府筹建的中央图书馆正式开馆，1937年藏书达18万册。这一时期全国各省市图书馆数量达到近代图书馆史上的最高峰。

学校图书馆的发展是这一时期的重要成就。辛亥革命后，国立大学、学院和专科学校都着手建立图书馆。据第一次《中华民国教育年鉴》统计，1931年全国73所公私立大学及学院的图书馆共藏有图书270万册。

近代图书馆的主要特征有二：一是在政府主导下图书馆开始向市民和公众开放；二是图书馆作为一个职业和学科进入专门化发展时期。近代图书馆的发展是我们现代图书馆发展的初级模式，为现代图书馆发展打下了坚实的基础，对现代图书馆的发展有着重大的指导和启发作用。

3. 现代图书馆

19世纪末期，西方图书馆事业迅速发展，图书馆类型增多，服务范围从学者、显贵开始向工人、职员、学生和儿童扩大，向社会各阶层开放的程度不断提高；图书馆对文献的加工和整理更加深入，服务方式更为多样；图书馆学教育开始出现并产生了图书馆协会（学会）；图书馆的国际合作也日益增多。进入20世纪后，美国成为世界上图书馆事业最发达的国家之一。第二次世界大战后，由于新技术的开发，特别是计算机在图书馆中的应用，美国的图书馆普遍实现了网络化和自动化，从而步入了现代化图书馆时代。

进入21世纪以来，不断更新的信息技术又衍生了新概念的图书馆，数字图书馆就是其中的突出代表。数字图书馆里面收藏的不再是纸质图书文献，而是一个拥有多种媒体内容的数字化信息资源中心，能够通过计算机网络为用户提供方便、快捷、高水平的信息服务。

现代图书馆发展的一个最重要特征就是图书馆之间的广泛合作，而信息技术与互联网技术在图书馆的应用，更是将图书馆之间的资源合作推向了新高潮，让图书馆的资源共享有了广阔的发展前景，为实现信息的无限共享提供了技术上的可能。

无论是古代图书馆还是现代化的图书馆，它们的本质都是搜集、整理、保存信息，为阅读者服务，只不过由于时代的局限性、技术的差异性在表现形式上有所不同。因此，我们可以得出如下结论：①图书馆是为保存和利用信息而产生的；②图书馆的发展与人类处理信息的技术水平息息相关；③图书馆事业的发展就是信息服务不断深化和信息共享范围不断扩大的过程，图书馆是信息共享的发源地。

二、图书馆信息共享的历史沿革

（一）图书馆信息共享的概念内涵

"信息共享"的思想大约起源于 18 世纪末期，到 19 世纪中叶，德国的默尔第一次提出了图书馆之间藏书建设分工协调的思想。图书馆信息共享的前提是"合作"，Library Cooperation（图书馆合作）最早在 1886 年 Molvil Dewey 所著的 *Library Cooperation* 一文中提及。此后，"图书馆合作"作为图书馆信息共享的一种精神和目标经常出现在各种图书馆学文献和会议中。

关于图书馆信息共享的定义，目前国内外还有许多观点。如马丁（Susan K. Martin）为图书馆信息共享下的定义是：各自独立的图书馆相互结合或组织形成一个系统而达成某些特定的目标，这种图书馆的联合行动必须包括一个交流机构。宋小华、涂湘波的定义是：所谓图书馆信息共享是指为了实现信息共享、利益互惠的目的而组织起来的，以若干图书馆为主体，联合相关信息资源系统，根据共同认可的协议和合同，按照统一的技术标准和工作程序，通过一定的信息传递进行一项或多项合作功能的联合体。

（二）图书馆信息共享的发展历程

"信息共享"是图书馆建立的最初目的，也是图书馆发展的最终目标。图书馆信息共享的实践可以追溯到人类社会图书馆产生的初期，早在公元前 200 年，别迦摩图书馆就从亚历山大图书馆获取图书资料。大规模的图书馆信息共享始于现代图书馆充分发展时期，早期图书馆信息共享形式主要是图书馆之间的文献资源合作建设与共享，包括馆际互借和藏书建设的分工协调；随着计算机在图书馆界的广泛应用，图书馆之间信息共享的范围和深度也不断扩大。图书馆信息共享作为人类社会主动的有计划的实践活动，已有 100 多年历史。发展历程大致可划分为如下三个阶段。

1. 探索发展期（19 世纪末到 20 世纪 50 年代）

图书馆合作的设想早在 18 世纪就产生了，到 19 世纪 80 年代，美国图书馆杂志刊登了有关图书馆合作的文章，建议图书馆联合起来共享资源。1876 年美国图书馆协会（ALA）成立，还为此设立了合作委员会，之后该领域保持着良好的发展势头。美国是世界上最早进行文献资源共享的宏观建设、重视文献资源共享的国家。

资源共享实践的初期首先进行的是统一编目、出版联合目录和馆际互借等活动。联合编目是大范围图书馆合作的早期模式，典型代表是美国国会图书馆。1901 年，美国国会图书馆开始对其他图书馆实行外借服务，并出版《美国国会图书馆主题编目》作为美国第一个全国性的主题分类体系。同时，美国国会图书馆为实现全国文献资源共享，组织建立了全国文献情报资源卡片目录中心，开始负责全国统一编目，为 400 多家合作成员图书馆提供印刷卡片目录。

1933 年，世界上第一个现代意义的图书馆联合体在美国诞生了，也是美国高等教育界最早的大学图书馆信息共享的典型范例，即美国北卡罗来纳大学与北卡罗来纳中央大学建立的三角研究图书馆网络。这是一个由 3 个（现在是 4 个）北卡罗来纳地区研究图书馆组成的图书馆信息共享集团，北卡罗来纳大学和杜克大学建立了最早的大学图书馆信息共享网络，随后北卡罗来纳州立大学和北卡罗来纳中央大学也加入了该网络。北卡罗来纳州立大学、北卡罗来纳中央大学的加入，扩大了该信息共享的资源力量和共享范围。三角研究图书馆网络标志着大学图书馆信息共享的发展，直到今天仍然合作良好。

20 世纪 30 年代到 60 年代初，是图书馆信息共享的兴起阶段，这一时期的图书馆合作组织主要集中在高校图书馆领域，信息共享主要以馆际互借、文献复印优惠等文献实体共享进行合作，以及联合书目、联合期刊目录等目录资源共享合作项目为特点。除了联合编目以外，早期的图书馆馆际合作还包括馆际互借和藏书的分工协调。但是，传统图书馆的合作主要以印刷型资源为基础来进行，图书馆信息共享模式的大部分活动在于推动书刊文献的共享，合作的内容、范围和水平都非常有限。

图书馆之间大型文献资源建设协作计划和国际间图书馆的信息合作共享始于第二次世界大战期间。"二战"时期，由于强烈的国际间合作需求，1942 年美国制订了文献协调补充的"法明顿"计划，这一计划被认为是协调一国图书馆从世界各国获取文献资料的成功尝试。第二次世界大战之后，由于出版物数量激增、价格上涨、图书馆预算削减、信息技术进步等因素的影响，图书馆之间的合作变得十分紧迫和必要，便在全球掀起了一股合作馆藏发展的热潮。

2. 快速发展期（20 世纪 60 年代到 80 年代）

20 世纪六七十年代，美国图书馆自动化的兴起，计算机编目、书目数据共享和数据库查询技术的快速普及，为美国图书馆信息共享的快速稳定发展提供了技术基础。美国图书馆信息共享在这一时期的迅速发展，反映了信息共享在当时已经是一种解决图书馆长期以来存在的老问题或新出现问题的颇具吸引力的途径。

这一时期美国大学图书馆信息共享发展最为迅速稳定，一方面许多州政府为了节约资金投入和获得最大利益回报，借助网络化的便利促进州内大学之间的信息共享；另一方面，各大学图书馆为了充分利用有限的资金获得最大的资源，自觉地向信息共享靠拢。1970年美国教育部召开了一个全国性的学术图书馆信息共享研讨会，目的是为美国的学术图书馆信息共享建立一个基金，用于购买文献信息，并指导图书馆建立信息共享组织。

20世纪80年代，美国绝大多数的大学图书馆已经实现了计算机化和网络化。这一阶段以共享电子文献购买为基础，以互联网为通信手段，在全国范围内提供多种服务，如职工教育、培训、图书馆管理、远程教育等，信息共享模式错综复杂，呈现出同中心信息共享、州内多信息共享、跨类信息共享、州际信息共享、数字化信息共享、超信息共享等发展趋势。

3. 超级联合发展期（20世纪90年代至今）

自20世纪90年代以来，随着信息技术的发展，图书馆合作活动进入了一个全新的局面，图书馆网络信息共享在世界范围内广泛兴起，并作为一种迅速普及的资源共享新模式引起了人们的重视。在信息技术带来的图书馆合作新浪潮中，美国仍然是图书馆信息共享发展最快的国家。目前，美国共有200多个图书馆信息共享组织。其中，1992年开始运行的美国俄亥俄州图书馆与信息网络（Ohio Library and Information Network，Ohio LINK）建设得最为成功。Ohio LINK以电子资源的联合采购为先导，并渗入图书馆活动的许多方面，成为20世纪末图书馆界应对新型出版方式、缓解供需矛盾、改善自身服务的重要举措。

在图书馆信息共享发展的新时期，美国大学图书馆仍然是引领技术潮流的先锋。这一时期信息共享的新趋势，就是信息共享组织相互之间再组成一个更大的联合体，称为信息共享联合体，又称为超级信息共享或超级联盟。超级信息共享是地方性、区域性和同行业信息共享发展到一定阶段时，寻求新的发展空间的一种突破。从20世纪90年代后期至今，图书馆信息共享进一步向着数字化、国际化的方向发展。随着现代信息技术的发展，传统的馆际协作关系、服务合作有了全新的内容，美国大部分图书馆信息共享的成员馆通过互联网将信息资源相互连接在一起，正走向图书馆网络化、虚拟化、数字化、国际化之路。

三、图书馆信息共享联盟的类型

美国的图书馆信息共享联盟非常普遍，不同信息共享联盟往往具有不同的性质和功能，可分别满足图书馆某些方面的需求。信息共享联盟的合作也具有很强的实用性，合作的时间有长有短，非常灵活。图书馆信息共享联盟的类型大致可以按以下几种方式划分。

（一）按共享联盟涉及的地域范围划分

图书馆信息共享联盟按照其所涉及的地域范围，可分为以下几种类型。

（1）国际性信息共享联盟是指其联盟成员分布在世界上的多个国家，但主要运作方多是美国。最具影响力的国际性信息共享联盟为图书馆共同体国际联盟（ICOLC）。在这类国际性信息共享联盟中，美国图书馆占据主导地位。

（2）全国性的信息共享联盟在101个联盟中只有1个，即国家医学图书馆网。总体来说，美国的全国性信息共享联盟并不多，在加入ICOLC的95个美国图书馆信息共享联盟名单中，全国性信息共享联盟也屈指可数。

（3）美国的州际信息共享联盟也不多，在101个联盟中只有5个。即科罗拉多研究机构图书馆信息共享联盟、北卡罗来纳及皮德蒙特高原自动化图书馆系统、伊利诺伊州西部与爱荷华东部的Quad-LINC、大西部图书馆信息共享联盟和健康科学图书馆信息共享联盟。

（4）美国的全州性信息共享联盟数量较多，几乎每个州都有其全州性公共（或综合性）图书馆信息共享联盟和全州性大学图书馆信息共享联盟。这些图书馆信息共享联盟在美国的图书馆界具有举足轻重的作用，它们往往不仅是一个州的信息集群，还起着整合本州地区性图书馆信息共享的作用。

（5）地区性图书馆信息共享联盟分布广，数量众多。这类图书馆信息共享联盟一般由几个市的图书馆合作成立，整体上有经济实力购买和共享各种信息资源；同时，各个信息共享联盟成员地理位置接近。

（6）地方性图书馆信息共享联盟的特色则比较鲜明。地方性图书馆信息共享联盟一般有两种：一种是在大学较集中区域的大学图书馆中进行合作，提供的信息以学术信息为主，学术氛围浓厚；另一种是一个县或较小范围内的图书馆信息共享联盟，常以地方性公共图书馆和中小学图书馆为主。

（二）按共享联盟包含的图书馆类型划分

图书馆信息共享联盟按照其所包含的图书馆类型，可分为以下几种。

（1）大学图书馆信息共享联盟是美国各类型信息共享联盟中发展最早、合作效果最为显著的，同时数量也比较多。在 ICOLC 的 95 个美国图书馆信息共享联盟中有一半以上是属于大学图书馆信息共享联盟或以大学图书馆为主的信息共享联盟。

（2）公共图书馆信息共享联盟主要立足于为信息共享联盟范围内的公众服务，特别是为普通的民众服务。这类图书馆信息共享联盟除了提供尽量多的信息共享以外，更多的是鼓励民众参与到图书馆中来进行阅读和学习。

（3）大学和公共图书馆信息共享联盟一般是以大学图书馆为主，再联合少数大型的公共图书馆组成。这类图书馆信息共享联盟的学术资源丰富，常常成为州政府的重点拨款对象。

（4）专业性图书馆信息共享联盟以研究性图书馆为主，成员除了专业图书馆之外，大多还包括专业性大学图书馆。

（5）综合性图书馆信息共享联盟一般包括大学图书馆、公共图书馆、专业图书馆、研究性图书馆、中小学图书馆等，这类图书馆信息共享联盟数量众多。

（三）按共享联盟开展的合作项目划分

图书馆信息共享联盟按照其所开展的合作项目，可分为以下几种。

（1）单一目标信息共享联盟，一般是为实施某一个项目而专门成立的信息共享合作组织，最常见的有两种：一种是在实施图书馆自动化过程中，由信息共享联盟来负责对图书馆自动化系统的购买、安装和维护，并提供相关的技术培训和咨询工作；另一种是为联合购买电子资源、实现节约资金而成立的，不提供或很少提供其他服务。

（2）综合开展各项合作的信息共享联盟，也有两种情况：一种是以在线资源共享为主的信息共享联盟；另一种则从传统合作体发展而来，开展的合作项目较多。

（四）按共享联盟的合作紧密程度划分

将合作的紧密度作为划分根据，可以把图书馆信息共享联盟划分成以下三种不同的类型，下面将对其进行一一说明。

（1）松散型。这一类型的信息共享联盟体系当中不存在专职的员工，员工为兼职人员或志愿者，由这些工作人员负责联盟的运转。在具体的联盟运行过程当中，会不定期组织召开馆长会议等，商讨和确定有关决策。在这样的管理系统当中，不具备完善和专门的约束机制，对其中的各个事项进行规范化管理，对内部的各个成员也缺少约束力，会在一定程度上影响管理体系的规范化发展。不过这一类型的联盟通常无须大量的成员，不必付出过高的费用，就能够享受到资源共享的渠道和路径，能够有效降低成本。

（2）简单型。这一类型的共享联盟通常情况下只存在一个委员会或者是董事，会担当企业共享联盟管理运行的责任，同时会安排专职人员维护联盟的运转秩序。通过设置专门正式的管理组织，并发挥专业组织的积极作用，可以确保联盟经费的正常开支，同时也便于各个合作项目的推进实施。运用这样的管理模式，联盟推进实施的合作项目相对较少，通常情况下是目标单一化的共享联盟，所以在整个组织的运行和管理当中不必安排过多的人员，具有精简性的特征。

（3）紧密型。在这一类型的共享联盟体系当中，包括的组织机构和相关人员是比较紧凑和丰富的。通常情况下，包括董事会和执行董事会，拥有不同的分工和责任。其中的董事会主要是由成员馆工作人员、读者代表、政府机构人员等构成的，以民主选举的方式产生的。执行董事会通常情况下是由各馆馆长构成的。董事会负责从整体出发制定发展策略和相关规划。而执行董事会则担当起运转联盟的重要责任，同时还会受到董事会的直接管理。在执行董事会之下，根据相应的任务，又设有针对单个项目的理事会，有针对性地处理各项事务，完成相关项目。在具体的操作环节，不少联盟会把董事会与执行董事会联合起来，不进行明确的划分。

第二节　新中国图书馆事业的发展

一、新中国成立以来我国图书馆事业发展概况

新中国成立后，社会文献量迅速增长，党和政府对图书馆事业的发展也高度重视。1955 年 7 月 2 日，中华人民共和国文化部（现为中华人民共和国文化和旅游部）颁布了《关于加强与改进公共图书馆工作的指示》，对公共图书馆的工作方针和任务做出了明确规定。到 20 世纪 60 年代，我国已基本建立了以公共图书馆、高校图书馆、科研与专业图书馆、工会系统图书馆（室）为支撑的图书馆事业体系。改革开放以来，我国的经济、文化和科技事业都取得了翻天覆地的变化和进展，图书馆事业也出现了空前繁荣的发展局面。

目前，我国的图书馆事业除了代表国家图书馆发展最高水平的国家图书馆外，主要由公共图书馆、高校图书馆和科学与专业图书馆三大系统构成。

（一）国家图书馆

中国国家图书馆位于首都北京市，其前身是筹建于 1909 年 9 月 9 日的京师图书馆，1931 年，文津街馆舍落成；新中国成立后，更名为北京图书馆。1987 年新馆落成，1998 年 12 月 12 日经国务院批准，北京图书馆更名为国家图书馆，对外称中国国家图书馆。

中国国家图书馆承担着国家总书库、国家书目中心、国家古籍保护中心等多种职责和任务，是世界最大、最先进的国家图书馆之一。馆藏文献 3768.62 万册，其中古籍文献近 200 万册，数字资源总量超过 1000TB，是亚洲规模最大的图书馆，居世界国家图书馆第三位；图书馆共设有阅览室 25 个、阅览座位 5000 余个，在编员工 1529 人，设有 33 个机构部门。

（二）公共图书馆

公共图书馆是由国家中央或地方政府管理、资助和支持的、免费为社会公众提供服务的图书馆。中国公共图书馆一般按照行政区域设置，包括：国家图书馆，省、直辖市、自治区图书馆，地市（盟）图书馆，县（旗、区）图书馆，农村乡镇和城市街道图书馆（室）等。截至 2016 年年底，全国县以上的公共图书馆有 3153 所，公共图书馆的面积 1424 万平方米，总藏书量为 90163 万册，阅览室座席数 985968 个，少儿阅览室座席数 242156 个，电子阅览室终端 134888 台。公共图书馆从业人数 57208 人。

公共图书馆内收藏学科广泛，读者成分多样。其主要特征是：①开放性。公共图书馆是由国家政府所创建的，是一项利国利民的公益事业，向所有居民开放。②免费性。公共图书馆的所有经费来源于地方行政机构的税收，对社会公众免费开放，不收取任何费用。③合法性。公共图书馆的设立和经营必须有法律依据。

公共图书馆事业的发展对我国公民的文化素质普及教育起到了重大的促进作用。公共图书馆系统中少数民族图书馆和基层图书馆的发展，更是体现了政府对广大基层群众文化权利和文化福利的重视。

（三）高等院校图书馆

1.我国高校图书馆概况

高等院校图书馆是设立在高等学校内部的，为学校教学和科学研究服务的学术机构。它是高等学校的文献信息中心，也是培养人才和开展科学研究的重要基地。中国的高等学校图书馆包括大学、学院及高等专科学校图书馆。自 20 世纪 90 年代以来，随着我国高等教育规模的不断壮大，高校图书馆也得到空前发展。根据《高校图书馆发展蓝皮书 2015》数据显示，截至 2014 年我国高校图书馆事实数据库中收录高校图书馆 2033 所，2014 年我国普通本科院校图书馆纸质书平均值为 140.9 万册。据此测算：截至 2014 年年底，我国高校图书馆纸质藏书量已达到 286 449 万册以上。2016 年，有 896 所高校图书馆在教育部高校图书馆事实数据库中填报数据。《2016 年高校图书馆发展概况》统计显示，2016 年高校图书馆年度总经费的平均值约为 610.4 万元，与 2015 年相比增加了 42.7 万元；2016 年度共有 792 所高校图书馆提交了有效的馆舍面积的数据，建筑总面积约为 1976 万平方米。

2. 高校图书馆在图书馆事业中的地位和作用

立足于我国国情，高校图书馆在发展规模、管理质量以及文献数量质量等诸多方面都明显优于公共图书馆，导致这一情况出现的主要原因是高校图书馆拥有比较稳定的资金来源，不管是图书馆当中的工作人员，还是所面对的服务对象都有比较高的文化水平，便于开展实际工作，同时也便于得到高质量的反馈，在极大程度上推进了图书馆事业的创新发展。

（1）高校图书馆在我国的图书馆事业发展当中发挥着至关重要的作用，也是这一事业体系当中不可或缺的构成要素。高校积极推进图书馆资源建设的重要目的是为高校学生和广大教师提供优质的图书资源服务，所以为了满足师生的阅读需求，会积极拓展图书资源，提高各项资源的专业度，保证图书质量。同时为了满足高校师生日益增长的图书需求，每年都会对现有的图书资源进行更新和补充，这会在很大程度上增加藏书的数量，提升质量。这些有利条件均明显优于公共图书馆。通过对相关的统计资料进行整合分析能够发现，当前高校图书馆的藏书数量大致是公共图书馆的 3 倍，这样的数字也是非常惊人的。

（2）高校图书馆是图书馆事业发展的助推动力，也是图书馆学思想观念创新改革的引领者。高校图书馆接待和服务的读者数量众多，图书馆当中各项资源的借阅数量和整体流量极大，也提高了对图书馆管理工作的要求以及工作标准。高校是先进思想的发源地，也是能够最先接触到新思想与新观念的载体，基于这样的情况，高校图书馆也成了先进思想理念的实践者和先锋。

（3）高校图书馆是图书馆事业发展进程当中助推技术创新的重要领跑者。通过对中外图书馆事业的发展历程进行有效分析，我们能够清楚地看到高校图书馆在相关技术的创新以及运用方面始终走在前列，各项先进的管理系统，如门禁系统、数字资源建设等先进的技术都是在高校图书馆当中最先应用的，到目前为止已经发展到了非常完善的程度，而且普及度也在大幅提高。

高校图书馆为高校的教育以及科研工作提供了巨大的便利和良好的支持，同时因为高校图书馆是重要信息服务机构，在国家文化与教育事业的发展乃至于科技创新事业的进步当中，均发挥着基础性和保障性作用。但是通过对当前图书馆参与地方经济发展的情况进行分析，高校图书馆的积极作用没有得到有效发挥，也就是说对地方经济建设和社会发展的参与度较低，同时所提供的文化服务范围比较狭窄，没能体现出高校图书馆在公共文化服务方面的突出优势。在 2006 年的初期，教育部专门印发针对高校图书馆的规程——《普通高等学校图书馆规程》，其中对高校图书馆要承担的任务进行了明确的说明，主要涉及以下几个方面：第一，收集多元化的文献资料，并对各方面资料进行科学管理和加工，以便为学校教育科研工作的开展提供根本保证。第二，积极推进实施阅览以及读者的辅导工作，明确服务意识，为读者提供必要的支持和帮助。第三，落实读者教育，并通过这一教育工作，努力提升高校教师和学生的情报意识，以及文献资料的利用能力，有效发挥情报信息的利用价值。第四，落实参考咨询以及情报服务方面的工作，促进文献情报资源的深入开发工作。第五，对高校的文献情报进行整体统筹。第六，积极推动馆际间的沟通与协作，实现资源共享，扩大合作范围和提高合作深度，主动参与到全国性的图书馆与情报整体化建设当中。第七，推进学术研究活动以及图书馆之间的交流互动活动，凸显高校图书馆的优势。

从这一角度进行分析，充分发挥高校图书馆在提供社会服务方面的积极作用是知识经济时代发展和信息化时代进步的一种必然趋势。在经济知识背景下，知识更新换代速度逐步加快，再加上网络信息技术的迅猛发展，给知识创新提供了极大的舞台，也给信息传播工作带来了很大的挑战。面对当前不管是数量上还是在复杂度方面不断提升的信息，高校图书馆都有责任利用创造性实践活动，做好深入全面的信息加工与处理工作，进一步挖掘信息的利用价值，确保知识与信息的有效传播，为科研人员创新科技和革新知识提供便利条件和重要保障。所以在全新的时代背景之下，高校图书馆树立开放性的工作理念，面向全社会开放并提供公共文化服务，满足大众日益提升的信息需求，推动高校图书馆走上社会化发展的道路已经成为一种必然趋势。

（四）科学和专业图书馆

科学和专业图书馆主要包括以下几类：①中国科学院、中国农业科学院、中国医学科学院、中国社会科学院系统的图书馆；②中央国家机关、各部委研究院

（所）图书馆；③国企总公司下属研究院（所）的专业图书馆或情报所；④其他学术性、专业性协会（学会）图书馆等。这类图书馆通常只收藏本专业或与本单位业务有关的资料，专业性较强。

（五）其他系统或单位图书馆

（1）工会系统图书馆：我国的工会图书馆包括全国总工会及其所属各级工会的图书馆(室)以及厂矿、企业的工会图书馆(室)等。工会系统图书馆(室)定位基本上是满足本单位职工业务学习、继续教育和业余文化生活，藏书量较少、管理专业化程度较低。

（2）军队系统图书馆：为中国人民解放军干部和战士服务的文化设施，分别设在军区、集团军、师、团和连队。

（3）中小学图书馆：新中国成立后，大中城市一些有条件的中小学陆续建立了图书馆(室)，但各地发展很不平衡。

改革开放后，随着九年义务教育的发展，中小学图书馆(室)建设发展迅速。据国家教育委员会 1987 年对北京、成都、上海、常德等地抽样调查显示，中学设有图书馆(室)开设率约为 70%，各馆藏书平均 1.35 万册；小学图书馆(室)开设率约占 40%，每馆藏书平均约 3100 册。2003 年教育部颁布的《中小学图书馆(室)规程(修订)》对标准化中小学图书馆(室)设置与建设提出了具体要求，县级以上中小学图书馆(室)的开设率达到 100%。2018 年，教育部对 2003 年发布的《中小学图书馆(室)规程(修订)》进行再次修订，对中小学图书馆(室)的建设提出了新的标准和要求。

二、图书馆现代化建设发展迅速

自 20 世纪 80 年代开始，随着现代技术的科技发展，社会已经进入了信息"爆炸"时代。图书馆也顺应社会发展需求广泛吸收和应用当代先进技术方法，开始了自身现代化的进程。改革开放 40 多年来，图书馆的工作方法、手段、内容与服务质量都发生了质的变化和飞跃，新技术在图书馆业得到广泛的推广应用，从而促使中国图书馆面貌发生了深刻的根本性变化，图书馆事业进入新的发展阶段。

（一）管理自动化

计算机在我国图书馆的应用与研究，发端于 20 世纪 70 年代中期。1975 年，北京图书馆成立电子计算机组，开始探索图书馆采用计算机管理业务的途径。此后，中国科学院图书馆、中国科技情报所、北京大学图书馆也先后成立了计算机开发和应用专门机构，从事计算机管理、文献检索、图书馆办公自动化等方面的研制、引进、推广等工作。经过10多年的发展研究，20世纪90年代，国内先后研制成功多个图书馆自动化管理系统。比较有影响的软件系统有：北京息洋电子信息研究所等开发的GUS系统；南京大学图书馆主持开发的"汇文"图书馆集成系统；北京大学图书馆等研制的"NLIS"系统等。

网络技术的应用。网络技术的应用，目前在我国的图书馆中管理非常普遍。经过20多年的发展，我国图书馆已经由管理自动化阶段逐步进入网络发展阶段，先是局域网，如中关村地区图书馆信息网、军队院校图书馆网络系统、中国教育科研计算机网络等。这些网络系统的建成为图书馆网上互访创造了条件，现已发展到与国内、国际主要信息网络互联，实现了图书馆在网络环境下的管理与服务。

（二）资源数字化

随着信息时代的到来，信息资源数字化技术日益成熟。在此期间，我国图书馆开始重视数据库的建设，图书馆向着数字化方向发展已成必然趋势。资源数字化包括资源的存在形式（或载体形态）数字化、资源组织的数据库建设和文献信息服务体系建设。信息资源的数字化技术经历了单机光盘数据库、大型联机检索数据库、多媒体网络数据库等几个发展阶段，包括馆藏资源数字和社会数字资源馆藏化两方面。

目前的数字技术手段在不断地更新，而我国也步入了信息高速公路，信息技术手段在不断地更新换代，这在很大程度上为信息化系统建设以及图书馆系统的发展创造了优良条件。因为各个国家都开始在信息化管理技术、数字技术、数字信息资源建设等方面进行积极建设，而且在这一领域开展了激烈的竞争，在这些领域投入的精力和资金资源也在不断地扩大。正是在这一系列的努力之下，数字图书馆作为全新的概念和全新的图书馆发展模式产生，并且快速发展起来，给新世纪图书馆的创新改革指引了方向。

（三）服务网络化

网络信息技术在飞速发展，全球范围内已经掀起了网络信息技术改革创新的新浪潮，尤其是互联网的产生为人类历史的创新发展提供了全面的信息资源网络，也让人们可以在网络化的平台上获得更加宽广的创新探索平台。在全新的网络背景之下，图书馆资源在结构方面产生了极大的改变。要保证数字图书馆的发展和建设，提高建设效果，必须做到对图书馆的资源和服务进行全面继承，积极引入现代化的图书管理理念以及服务理念，运用数字化技术发挥图书馆资源的价值。

数字图书馆并非只是一个先进的概念，不单单是具备信息管理工具的数字收藏同义语，而是融合了服务、收藏、管理等诸多要素的数据信息与知识传播运用全过程，特别是数字图书馆，积极借助多媒体、超文本、超媒体等技术，提供网络化、智能化的信息检索与服务手段。

（四）馆舍虚拟化

在信息时代的知识社会里，图书馆的发展不再是一个独立的实体，而是信息社会系统里的一个知识功能模块。在实体馆藏资源的基础上，创建具有联机检索功能的数字化图书资源，在此基础上以互联网为平台建立一个统一的具有全面共享的、高速的、安全的、不受时间和空间限制的、随时随地都可使用的智能化的虚拟图书馆。这已经成为图书馆现代化的另一个重要研究和发展方向。

进入 21 世纪，随着基于互联网的相关现代化技术在现代图书馆的建设中不断得到了广泛应用，现代图书馆的发展也获得历史性突破，现代图书馆已经不再是传统的、为人们简单地提供阅读服务的场所，而是通过现代化技术，声情并茂地让客户体验在现代图书馆阅读的乐趣，不仅仅是枯燥地查找资料，凌乱不堪地记录相关知识等。现代化的存储技术，让图书馆的信息查询变得相当简单，信息查询只是一个初级功能，如何让人们在阅读过程中享受到最好的服务，才是现代化图书馆发展的一个明确方向。

三、图书馆规范化初见成效

我国是一个依法治国的社会主义国家，除了《中华人民共和国宪法》和全社会共同遵守的基本法律体系外，各行各业都有自己的法律、规范、条例等。这些行业性的法规和条例一方面严格约束各行各业的发展，另一方面也为其发展提供了保障。我国图书馆法制建设成就主要体现在以下几个方面。

（一）文化和旅游部、教育部制定的"评估定级标准"

为推动图书馆事业的发展，公共图书馆、高等院校图书馆广泛地开展了评估定级工作。文化和旅游部于 1992 年 12 月发出通知，决定自 1993 年 1 月起在全国县以上的图书馆开展评估定级工作，文化和旅游部图书馆司并为此制定了"评估定级标准"。评估标准对图书馆各项工作起到一定的规范作用。评估时各个项目均要按统一制定的指标数值给予不同的分数。通过评估定级工作可以测定各个图书馆的达标程度，从而按评估标准规范自己的各项工作。

（二）标准局制定的相关规范、标准

图书馆工作的标准化和规范化是现代图书馆工作的重要基础。改革开放以来，我国图书馆界对图书馆工作的标准化给予了高度的重视。1979 年，我国加入了国际标准化组织（ISO）文献工作标准化技术委员会（ISO/TC 46），当年 12 月，成立了"全国文献工作标准化技术委员会"（后改称"中国情报文献工作标准化技术委员会"）。经过 10 多年的努力，相继在书目著录、文献分类、磁带格式等方面制定出几十项国家标准。1995 年 4 月《中国机读目录格式》通过鉴定，被确定为文化和旅游部行业标准（WH/T0 503-96），为实现我国文献著录法统一创造了条件。

在业务规范化建设上，图书馆界一直致力于组织修订完善《中国图书馆分类法》及其系列版本工作。现已被全国 95% 以上的图书馆采用。

（三）国家和地方性法律、法规

法制建设方面，图书馆界一直为拥有一部图书馆自己的法律而努力，在全国统一的图书馆法出台之前，图书馆各级主管部门为法制建设做了很多工作。例如，1997 年，上海市颁布了《上海市公共图书馆管理办法》，同年深圳市颁布了《深圳经济特区公共图书馆条例》。

在高校图书馆系统，1956 年 12 月教育部首次颁布《中华人民共和国高等学校图书馆试行条例（草案）》，1981 年经修订正式颁布《中华人民共和国高等学校图书馆工作条例》。1987 年，教育部全国高等学校图书情报工作委员会制定发布《普通高等学校图书馆规程》，之后先后于 2002 年、2015 年进行修订。这一系列条例和规程都是具有一定法律效力的国家级行政规范性文件，在图书馆业界和学界具有高度的权威性、专业性、普适性和指导性，对高校图书馆的发展意义重大。

2017 年 11 月 4 日，第十二届全国人民代表大会常务委员会第三十次会议通过了《中华人民共和国公共图书馆法》，并自 2018 年 1 月 1 日起施行。《中华人民共和国公共图书馆法》是我国第一部图书馆专门法，是为了加强对公共图书馆管理，推进公共图书馆事业的发展，较好地保障人民群众的公共读书阅览权利而制定的法律。

在现代图书馆快速发展的近几十年间，我们可以看到各级部门都非常重视规范图书馆的发展，无论是文化和旅游部、标准局还是相关管理部门，都在不断努力，且取得了一定的成效，相关条例、标准、规范的出台，显示了我们在图书馆建设过程中取得的一定成绩。随着《中华人民共和国公共图书馆法》的正式实施，我国图书馆必将呈现出更好更快的发展态势，更好地保障人民群众的文化权利。

四、文献信息服务出现新面貌

图书馆存在的重要意义是给人们学习以及获得有关资料提供巨大的便利，保证图书馆的各项文献资料，能够最大化地满足人们的查阅和学习需要。图书馆文献信息服务质量与图书馆的未来发展密切相关，信息服务水平决定未来发展的空间以及前景。图书馆本身聚集着海量的文献信息资料，这些资料具备极大的应用价值，有效开发以及运用好文献资源，是图书馆必须担当起的职能，同时也是图书馆其他职能发挥的根基所在。现如今社会文献资料的数量非常庞大，而且数量还呈现出快速增长的趋势；文献种类繁多，内容以及形式多种多样；文献资料具备明显的时效性特征，如果不能够及时传播，就会影响到文献资料的利用价值，同时也需要不断地进行更新换代；文献资料当中有不少内容是重复有交叉的；文献资料涉及的语言种类有所增多，而资料的质量水平却有所降低。以上所列举的均是如今文献资料的明显特征，也正是因为这些特征的存在，让人们在利用文献资料时存在较大难度。在这样的情况下，图书馆的作用显得更为重要。图书馆需要对文献信息资料展开有效的整理加工，在统计处理之后形成有效信息流，开展大范围的沟通传递，真正意义上服务于读者，满足读者利用信息的实际需要。图书馆在开发文献资源的过程当中，需要着重做好以下几项工作：第一，对于到达图书馆的文献资料，先进行验收和登记，在这之后归类各项资料，设置相应的编目后加工统计，之后调配到不同的借阅室当中，为排架和流通打下基础。第二，搜索以及过滤馆外的文献信息资料，在对其进行处理之后建立虚拟广场，积极拓展信息通道。第三，利用现代化方法推动馆藏文献数字化建设，有效发挥计算机网络技术在建设数字化图书馆当中的积极作用。

（一）数字图书馆让文献信息服务迈上新台阶

数字图书馆是新时代背景下的一种产物，也是在电子出版物不断涌现以及网络信息技术迅猛发展过程当中，逐步产生和迅速发展起来的。数字图书馆和过去的图书馆相比，具有一定的特殊性和优势，主要表现在存储力大、信息传播速度快、信息资料持久保存、成本低廉和沟通互动便捷等方面。就拿光盘来说，我们可以形象地将其称作海量存储器，因为光盘可以存储大量的信息资料，而且存储的信息资料不仅限于文字，还有图像、视频、音频等，存储量高于传统图书几千倍。

运用 Microsoft Visual FoxPro 技术对图书馆当中的各项图书资料进行管理搜索以及过滤馆外的文献资料，变成虚拟馆藏，打造更加方便快捷以及顺畅的信息通道；利用现代化方法特别是计算机技术和网络技术手段，让馆藏文献朝着信息化和数字化方向迈进，使得广大读者可以迅速地从中查找所需信息，满足即时性的信息需要。利用这样的方法对海量信息进行保存和保管，能够明显延长保存时间，提高保存质量，而且不必担忧"霉烂"和"生虫"等传统管理模式下需要重点解决的问题。有了网络平台作为重要支撑，哪怕是在很远的距离都能够快速阅读图书信息，提升信息获得的效率和有效性。

（二）"读者至上"的文献信息服务理念已成共识

图书馆发展建设的终极宗旨和目标是满足读者的读书需求，实现读者利益最大化，始终将读者至上作为图书馆文化建设的根本与核心，将读者对于图书馆的满意度作为评估图书馆工作质量的主要标准。"读者至上"强调始终把读者放在中心地位，图书馆的各项发展和建设都要考虑到读者的需求和读者日益变化的图书资源需求，从而最大化地发挥图书的应用价值。也正是因为图书馆始终把读者利益放在核心地位，使得图书馆的文献信息服务发挥出以下几项重要功能：第一，长时间以及全方位给读者提供满意的服务，契合读者的读书需求。第二，有效扩展服务对象，提高服务质量以及服务工作的便捷度。第三，提供开放性的文献信息服务，满足日益增长和丰富的信息需求。第四，有效拓展服务空间，提升服务质量。第五，大力开发文献资源，挖掘文献资源的利用价值，强化信息服务功能。第六，做到另辟蹊径，为广大读者提供特色化和个性化的服务，满足差异化读者的读书需要。第七，和图书馆的实践活动进行密切整合，保证文献信息服务的多元化。第八，将网络平台作为重要依托，有效运用互联网技术手段优化文献信息服务。第九，提供延伸性服务，拓展图书服务。

就目前而言，我国图书馆正在积极优化文献信息服务，而且在服务创新方面加大了工作力度，倡导主动、知识与创新服务，努力提高服务的多元化，促进信息服务的转型升级。由此观之，图书馆的服务范围在逐步增大，服务时间逐步延长，服务模式积极革新，服务内容有效拓展。这样的变化和变革体现出图书馆在伴随改革开放的进程而发生着深刻变化，做到了与时俱进。我们也切切实实从图书馆在这样的变化和改革发展的浪潮当中受益匪浅。

从整体角度出发，自新中国成立以来近70年的发展与探索实践当中，我国图书馆事业获得了斐然成就，这份成就也给21世纪图书馆的持续性建设提供了厚实基业。我们需要做到的是继承传统和开拓创新，利用这一厚实基业继续发展和改革，走持续性建设道路。我们也需要拥有清醒的头脑，切实认识到图书馆发展建设当中还是有不少困难与问题存在的，甚至一些困难直接阻碍了图书馆事业的建设。比方说资金缺乏、文献入藏量低、资源共享度低、书刊的利用率低、图书馆现代化改革、建设速度较慢、在法治建设方面非常落后、管理工作不够规范、人力资源建设以及开发存在问题、人员结构失衡、管理型人才不能够切实发挥作用、图书馆在地区分布方面不够科学，尤其是经济发达和不发达地区的不平衡问题非常明显，图书馆建设和现代化改革当中没有科学准确的宏观指导，无法在规模扩大和办馆效率提升方面达到理想水平等。其中还有很多没有感知到但却存在着的实际问题。考虑到这样的情况，我们需要怀着积极建设的心态，乐观积极地面对图书馆的未来建设和发展，以便有效地打开图书馆持续性建设的局面。

第三节　公共文化服务与公共文化服务体系

一、公共文化服务

（一）公共文化服务在我国的演化发展

1. 计划经济时期我国文化事业的发展

"文化事业"这个词语是我国在积极推动中国特色社会主义事业建设过程中的原创概念，可以将这一概念内容纳入文化范畴。我们想要获知文化事业的新概念内涵，先要明确事业的含义是什么，而事业和我国独有的事业单位是有密切关联的。1984 年，我国对事业单位给出了明确的定义，事业单位是给国家创造或者优化生产条件，从事服务国民经济、发展人民文化生活、改善社会福利等服务性活动，不将获得资金和效益为直接目标的单位。从定义的角度进行分析，我们可以清楚地看到事业性，表明事业单位把关注点放在满足社会需求层面，不将营利作为根本目标。于是我们可以得到文化事业的概念内涵：文化事业是为了满足人们休闲娱乐、审美、求知等诸多方面的需求而提供社会公益文化产品与服务的一种社会行为。重点强调文化事业所提供的是非营利性的产品与服务，是一种社会型的文化服务活动。

20 世纪五六十年代，我国模仿苏联的模式，也建立了与计划经济体制相适应的国有和国办文化体制。在这一时期，虽然有市场形态的文化生产和文化消费互动，文化商品的流通业也客观存在着，但由于政策上取消了其他非公有制成分的市场主体，因此所有关于文化商品的生产、消费和流通也都是基于计划经济的统一模式而存在的，政府及其文化行政部门是国家办文化的唯一主体。在组织体制上，各级文化部门从属于党的各级宣传部门，执行宣传党的方针政策的任务；在行政体制上，文化由党委系统和政府系统进行双重管理。这一时期，党中央提出了"百花齐放，百家争鸣"的文化建设方针，表明党和政府对人民群众多层次、多维度的精神文化需求的了解与关心。但总体上，政府还是把文化视为单纯的意识形态，经费上由政府支付给文化事业部门，消费方式上政府把文化当成一种纯粹的福利事业。这种文化体制，在当时有一些合理的地方，也取得了相应的成绩，但总的来说制约了文化经济的发展。传统文化事业单位主要包括公共图书馆、文化馆、博物馆、科技馆、新闻广电出版机构等。

2. 改革开放后文化产业的发展

（1）文化产业的提出。文化产业正式提出是在 2000 年党的十五届五中全会，从世纪之交的国际、国内社会经济形势出发，我国文化产业的兴起主要有以下三方面因素。

第一，从国内发展趋势看，文化产业的兴起是我国经济社会发展水平提高、居民收入水平提高和消费结构变化的结果。改革开放以来，尤其是 20 世纪 90 年代末中国的经济发展进入快速发展阶段，随着人民群众收入的增长，人均 GDP 的增长，消费也出现了升级换代的趋势，当时就提出人均 GDP 到 1000 美元的时候，人们的消费结构会发生变化，消费会出现"脱物化"的趋势，脱离物质消费进入精神消费，这样的消费极大地推动了文化类产品的供给，对文化企业的需求也随之增长。国内经济发展趋势对尽快发展第三产业、提升国民经济的结构、转变发展方式提出了要求。

第二，从国际趋势看，到了 20 世纪八九十年代后，经济全球化向文化全球化进展的趋势明显，文化产业重塑了全球化的整体面貌。

第三，从直接起因看，中国文化产业是为了应对加入 WTO 的挑战，由中国政府在未完成工业化的情况下，主动出台的政策。文化贸易在全球兴起，在 WTO 谈判中越来越多地被提及。20 世纪 90 年代中后期我国开始筹备加入 WTO，WTO 谈判的后期主题就是我国是否能够开放文化市场，如果我们开放文化市场，将迎来国外文化产品、文化资本、文化价值观的三重冲击。

（2）文化产业的含义。"文化产业"一词最早出现在法兰克福学派的特提奥多·阿多诺和马克斯·霍克海默尔于 1947 年合著的《启蒙的辩证法》一书中，其本意有批判之意。1978 年，联合国成立了教科文组织这一专门机构，对文化产业进行了深入的研究，并在"世界文化政策会议"上对文化进行了初步界定，指出文化不仅包括艺术和文学，也包括生活方式，人类的基本权利、价值体系、传播和信仰。1980年英国大伦敦市议会将"文化产业"界定为没有稳定的公共财政资金维持，采用商业化方式运作的文化活动；其是产生财富与就业的重要渠道，是所有与文化有关商业活动的统称，其文化产品用于满足人们的消费需求。这是最早国际上公认的关于文化产业的权威定义。

在我国，"文化产业"是一个舶来词汇。随着"文化大革命"的结束，党和国家将工作重心转移到经济建设上来，随着工业的恢复发展，娱乐业也逐渐从无到有开始发展起来。人们意识到文化不仅仅是具有教化功能的政治宣传，也是一个经济门类的重要组成部分。伴随着人们的价值观念的转变，我国的文化产业开始起步。

（3）文化产业的社会功能。第一，娱乐功能是文化产业的首个社会功能。这项功能的含义是文化产业可以有效满足广大市民娱悦身心、活动身体、沟通情感等实际需求，让人们的娱乐精神需要得到切实满足。此项功能属于文化类产业的一项重要功能，具备基础性特征。此项功能是文化产业与生俱来的一种能力，正是因为有这样的能力存在，让人们可以利用文化产业消费的方式来抒发思想情感、放松精神和得到精神方面的享受。文化产业只有在娱乐功能的支持和推动之下，才可以更好地容纳以及吸引人，并且获得更大的发展空间。

第二，审美功能是文化产业另外一个显著的社会功能。文化产业发展所生产出的是文化工业产品，也就是我们所说的商品，不过并非单纯意义上的商品，而是一种学术与艺术，能够带给人一定的感官刺激。虽然文化工业产品同样也是由物质材料构成的，比方说图书，不过人们最终要消费的并非物质外壳，而是其中所包含的精神内涵，让人们可以通过这样的精神内涵丰富知识和心灵，拥有更好的精神世界。当人们在享受文化产品带来的精神慰藉和深层内涵时，也得到了感官刺激，精神方面收获了愉悦感，同时也陶冶了心灵与情操。所以从这个角度上看，文化产业的审美功能是非常突出的。

3. 服务型政府视角下公共文化服务概念的提出

从20世纪90年代开始，有关于文化权利的内容便得到人们的普遍关注。就在2001年7月，联合国通过了针对文化权利的法律文书，这份文书名为"经济、社会与文化权利国际公约"，此项公约也正式在我国生效。正是从这个时候开始，文化权利被正式提上重要日程。党以及国家政府都特别关注公民文化权利的满足，使得广大人民群众能够享受到良好的公共文化服务，并在文化生活方面拥有基本的保障，最终让群众可以有效享受文化成果，让公民的经济、政治以及文化利益得到有效的维护和保障。党的十六大又提出要全面建设小康社会，并将其作为重要奋斗目标，特别指出要尊重以及保护好广大人民群众的政治、经济与文化权益。落实科学发展观，把充分满足群众的文化需要以及实现人的全面综合发展，作为社会主义先进性建设的重要着力点。与此同时，伴随政府职能转变的持续推进以及积极助推公共服务体系建设的提出，公益组织形象塑造与价值回归得到了人们的普遍关注。从中我们可以看到，文化体制的创新改革已经成为一种必然趋势，而且在这样的改革背景之下，公益文化事业必须做好重新地定位和设计工作，尤其是要优化设计服务制度，对政府的文化职能进行有效的革新和转换，更好地满足文化体制改革工作需要。将带有公益性质的文化事业作为重要根基，推进公共文化服务工作的全面展开，就是文化体制改革和政府部门转变职能的重要突破口，也是部门寻求全新治理方案的有益探索。

（二）公共文化服务的概念与内涵

1. 公共文化服务的概念

公共文化服务指的是政府的公共服务部门提供的，用来保证广大人民群众基本文化生活权利的，给广大公民提供公共文化产品与服务的制度与系统的总体称呼。公共文化服务包含的内容也是非常丰富的，有和公共文化服务有关的设施、内容、资金、技术、人才、机制等多个方面的内容。国家在制定公共文化服务的政策时，通常会立足实际，考虑到目前社会以及经济发展所处的阶段以及整体水平，做到与时俱进和契合实际，这样做的重要目的是要让群众的文化权益得到有效的保护。群众能够享受到的基本文化权益，包含的事项有很多，比方说在城乡推进公共文化设施建设，让城乡居民享受到文化事业发展的成果；发布公共文化信息，让城乡居民可以更好地获得与文化相关的信息以及服务，为参与文化实践活动打下坚实基础。

2. 公共文化服务是公共服务的重要组成部分

公共文化服务是政府在发挥职能过程当中需要着重关注的一项内容，这是因为政府担当着公共服务职能，而此项职能的核心要点就是为广大人民群众提供良好的公共文化服务。考虑到本书的研究目标，我们把公共经济学以及管理学作为重要的研究视角，认为公共文化服务事业和经营性质的文化产业是存在本质差别的，因为公共文化服务事业把侧重点放在了保障社会效益方面，用来给社会提供带有非竞争性以及非排他性的公共产品以及公共服务。公共文化服务事业和文化领域当中其他的经营性文化产业共同构成了国家的文化建设整体。下面我们所论及的公共文化服务体系，都是以此为根基完成界定和说明的。

公共文化服务产生在改革开放的深入发展进程当中，是在政府积极转变职能和打造服务型政府背景之下提出的，是政府公共服务体系当中不可或缺的构成部分，指出人民政府必须承担起的社会责任与义务，明确政府要担当起的历史使命。公共文化服务体系是公共服务当中至关重要的构成要素，也是政府服务职能可以实现的重要工具。政府在落实文化管理职能的过程中，需要充分担当起公共文化服务的职责，让公民的文化权利得到有效保障。公共文化服务特别重视公民文化权利的获得，以及给广大公民提供文化产品和服务。这样的功能是否可以得到有效的落实，直接影响公共服务体系的建设效果，同时还和公民对政府满意度密切相关。要想建设让人民满意的政府，就要关注公众的文化诉求，保证公共文化服务体系建设的质量。

3. 公共文化服务是人民文化权利的基本保障

公共文化服务简单来说就是由国家政府出资，由公共文化服务机构以免费或者是低价的方式提供给群众的文化服务。具体而言，可以给广大人民群众提供公共文化服务的机构有公共图书馆、科技馆、博物馆、美术馆、文化馆等。而文化服务的具体事项有读书、看报、公共文化鉴赏、群众文化活动等方面。

公共文化服务和经营性文化产业是截然不同的，之所以得出这样的结论，是因为公共文化服务具备以下几项根本特点，而这些特点是经营性文化产业不具备的：第一，平等性特征。公共文化服务以及各项服务性资源必须秉持公平分配的原则，确保公共文化设施以及资源得到均衡设置以及合理化的应用，让全部的群众均可享受到平等的公共文化服务，而不存在高低贵贱之分，也不存在多寡之分。第二，便利性特征。公共文化服务应该给群众提供距离近并且经常性的服务，让人们随时随地便捷性地获得公共文化服务的支持，所以便利性应该是最为基本和必要的特征。第三，多样性特征。这里所说的多样性包括两个层面，其中一个层面是所提供的公共文化产品以及服务，在种类、层次、特点等诸多方面应该拥有多元化的特点；另一个层面指的是公共服务所面向的服务对象是多样性的，考虑差异化群体的多元化文化诉求，同时还给一些特殊群体提供针对性强的服务支持。第四，公益性特征。公共文化服务部门不把获得盈利作为根本目的，而是考虑社会效益，让广大群众共享文化建设和文化发展的重要成果，让公共服务和公共产品用免费或者是以较低费用的形式让人们得到享受，带有明显的公益性特征，也能够彰显人文关怀以及对于人们文化素质培养的重视。第五，基本性特征。这里所提到的基本性特征，主要强调公共文化服务是为满足群众基本文化生活诉求而产生的，超过基本性服务范围的，可在文化市场当中得到有关的服务和帮助。第六，普及性特征。从面向的对象方面看，公共文化服务面向广大人民群众，由所有公民普遍享用。所以广大公民享受的是多元化并且无差别的文化服务内容，能够更加方便快捷地促进新知识理念的普及推广，也能够让广大公民的文化权利得到普遍性的保护。

（三）公共文化服务的功能

公共文化服务功能主要指的是公共文化服务机构在供给公共文化服务过程当中发挥的社会价值。随着社会的进步和相关机构的完善发展，此项功能也会不断地完善与延伸。本书通过相关研究，把公共文化服务功能看作是一个体系，以这一体系的根本目标为核心，把目前已有的文献信息资源作为有效工具，归纳出目前公共文化服务的 9 个显著功能，具体说明见表 1–1。这几项功能存在着交叉关联而又互相影响的关系，同时这几项功能也形成了一个统一的整体。

表1–1　公共文化服务功能列表

功能	子功能
文化中心	保存文化遗产
	传播先进文化
	文化活动中心
社会教育	普及科普知识
	自主学习中心
	正规教育支持中心
	远程教育学习中心
	启蒙教育，激发创造性思维
	审美功能
信息服务	确保获得关于所在城市的各种需求信息
	提供准确、及时和有用的与工作、学习、生活等问题相关的信息
	信息咨询中心

（续　表）

功能	子功能
信息素养教育	帮助获得或提高计算机利用能力
	帮助获得或提高信息技能
倡导社会阅读	培养阅读习惯与能力
	开展阅读推广活动
	引导阅读方向
休闲娱乐	提供人与人交流、放松心情、缓解疲惫、陶冶情操的舒适空间
	城市旅游风景
促进社会和谐	扫盲
	弱势群体信息保障中心
	社会应急信息支持与服务中心
社区中心	社区活动中心
	社区信息中心
科学研究	支持学者针对特定问题开展专深研究和知识创新
	承担社会性课题研究工作

1. 文化中心

从概念的角度看，文化是社会发展进程当中形成的物质和精神财富的一个总称。文化也是民族繁荣发展和国家社会建设进程当中不可忽视的要素。公共文化服务机构不单单要归纳保管以及传承人类发展进程当中遗留下来的宝贵的文化财富与文化遗产，还需要运用多元化服务方法组织实施多元化的文化实践活动，通过活动的实施继承和发扬文明文化，推动其更大范围的传播与推广。这里所说的文化中心功能又可以被具体分成以下几个部分。

（1）保存文化遗产。中华民族拥有灿烂的文明发展史，有着数千年的文化积淀，而且中华文化具备深刻的内涵以及精深的思想。我们要想把这份文化遗产长久地保存下去，使其能够流传千古就必须发挥公共文化服务机构的积极作用。这是因为该机构不单单是物质文化遗产的收集者、继承者以及保护者，在面对非物质文化遗产时同样发挥着这些积极作用，要将我国的物质与非物质遗产长久保存以及流传科学化的管理，包括人类的文明与文化记载，人类文明文化的发展历史和这一过程当中形成的重要财富。现如今伴随时代发展和技术手段的更新，即使是历史文化遗产，同样也能够用数字化手段方便快捷以及广泛地呈现在社会公众面前。经过数字化手段处理之后的宝贵文化遗产，不仅能够用我们喜闻乐见的网页形式进行浏览与关注，还可以在公共文化服务机构当中开辟出专门的展厅和栏目，将这些内容进行直观生动的展现。

（2）传播先进文化。从纵向角度进行分析，公共文化服务机构积极保管文化遗产的重要目标是对这些文化遗产与财富进行继承和发扬，并在对其进行合理化利用的过程中，发挥其重要价值。公共文化服务的提供，能够让广大人民群众更加深入和多方面地了解文化遗产，深化对文化遗产的认识，从中来丰富体验和收获更多的阅历。从横向角度进行分析，当代社会的诸多发展趋势，都给广大公众的文化素养水平提出了很高要求，比方说文化产品鉴赏力、文化理解力、文化遗产掌握水平等。要想及时获知文化的发展动向，了解更多关于文化遗产的内容，就需要借助公共文化服务来达到目的，所以从这个角度进行分析，公共文化服务机构就是文化传播以及沟通的中心所在。

（3）文化活动中心。公共文化服务机构为了更好地承担其职能，发挥机构的功能作用，常常会组织开展不同种类和不同形式的与文化存在密切关联的展览和实践活动，比方说音乐鉴赏活动、演讲活动等来充实广大人民群众的文化与精神生活，用多姿多彩的实践活动彰显文化，强化文化间的沟通与互动，进而引导主流文化积极探寻流行时尚的文化主题，不断提升人们的文化素质水平和文化感知。

2. 社会教育

教育是一项复杂综合的实践活动，而且此项活动有广义与狭义之分。从狭义的角度进行理解，教育专门指的是在学校范围内开展的教育活动。但是如果从广义的角度进行理解，教育泛指所有以传播知识，影响与改变他人思想道德、意识，提升人的身体素质为目的的实践活动。我们在对公共文化服务当中的教育功能进行分析和研究时，可以将其归入到社会教育的范围进行理解。公共文化服务教育功能包含的内容主要有以下几方面。

（1）普及科学文化知识。在整个社会范围内，积极普及基础性的科学文化知识，开展社会性和广泛性的普及教育。

（2）自主学习中心。公共文化服务拥有多元化的服务资源，完备的服务设施，科学多样的服务方法，专业素质过硬的服务人员和良好的环境，因而能够给不同社会成员提供自主学习的良好平台。比方说，如果社会成员有进修、接受继续教育、参与技术技能培训等的实际需求就可以利用公共文化服务平台来满足自主学习的需要，获得免费性的服务与支持。广大人民群众具备自主性以及主动性，可以选取符合自身学习需要的方法与内容，提高个人综合素质水平。所以在积极发展公共文化服务的过程中激励人民群众走自主学习和主动发展的道路，关注人们终身学习习惯的养成，促进个人价值的实现。

（3）正规教育支持中心。公共文化服务给从事正规教育的拥有不同年龄的学生提供学习方面的支持以及帮助，比方说给他们提供丰富的学习参考资源，提供课后学习辅导帮助等。同时还强调给学校的教育教学工作提供重要的支持与帮助，有效发挥正规教育支持的功能与作用，帮助正规教育顺利地完成各项工作，为正规教育的改革与发展提供必要的支持。

（4）远程教育学习中心。在信息化技术手段以及网络科技的持续发展和改革创新当中，远程教育已经成为一种教育新形式，给人们的学习空间拓展提供了极大的便利，甚至已然变成了一种学习的主要方法。公共文化服务机构可以在远程教育的发展过程当中，提供重要的学习中心，也可以扮演资料中转站的角色，让参与远程教育的学生获得良好的教育服务。

（5）启蒙教育，激发创造性思维。公共文化服务的发展和繁荣为不同年龄段的孩子接触文化以及科学方面的知识提供了坚实平台，使得他们能够从自身的兴趣爱好以及内在需要出发，探寻到与自身特征相契合的知识载体以及知识服务，并在这一过程中不断地开阔眼界，增长见闻和积累知识，有效拓展个人的发展与发挥空间，提高智力水平，发展能力素质，产生强烈的创造性热情，形成创新思维。

（6）审美功能。公共文化服务给广大公众传达的是一种价值取向，同时也给出了重要的艺术标准，具有突出的导向性作用，能够在潜移默化当中影响广大公众的审美能力，培养群众良好的审美情操，有效净化公众的心灵，让他们的精神世界变得更加美好；提高公众的审美感知能力，陶冶情操，让人们能够深层次地感知美，产生对美的热爱之情，并且主动为创造美努力奋斗。具体来说，公共文化服务的审美功能主要体现在以下几个方面：第一，训练和增强人的审美感知能力。虽然审美感知能力具备先天基础，但是也得益于后天的发展。公共文化服务具有先天优势，能够对公众的审美感知能力进行有效的训练，进而有效增强人们感知美的意识和有效升华技能以及陶冶公众的性情，充分调动他们的生活积极性和工作上的干劲，特别是激起创新能力和创造性精神。第二，提升人的审美鉴赏能力。在面对事物时，针对事物美丑的审美鉴别，并非人先天就拥有的能力，是在后天实践当中发展形成的。公共文化服务的审美功能，一个非常明显的体现，就是能够让人的审美鉴赏能力得到有效的培育，进而有效修正以及提升人的鉴赏素质，学会正确地分辨事物。第三，提高人们的审美创造力。通过审美作用的发挥，能够有效提高人的想象力以及创造力。公共文化服务可以带给人充分的精神享受，获得精神方面的愉悦感，同时能够有效陶冶人的性情，提升人的创造力以及创新活力，让广大人民群众拥有一个全新生活空间，最终创造出更加文明和美好的生活，将审美功能发挥到极致。

3. 信息服务中心

我们已经步入了知识经济时代，而且如今的信息化和网络化发展水平都在不断提高，信息化社会已然形成。在这样的全新背景之下，无论是知识还是信息，都有极快的更新发展速度，在这样的情况下，只有人们不断更新和完善知识体系，才可真正适应时代，不被时代淘汰。公共文化服务机构是存储知识与信息资源的核心，同时也是对这些信息资源进行开发挖掘以及合理化利用的中心，给人们提供最新的知识与信息，让广大人民群众及时获得自身所需的信息资源。

（1）让人们得到生活空间周围的多元化信息资料。公共文化服务不单单可以给人们提供当地多个方面的丰富的信息与知识，还能够提供多方面实践活动的具体情况以及资料，特别是政府部门、企事业机构等发布的最新信息和提供的有关服务。也就是说，人们想要知道当地历史、地理等方面的信息，可以通过查找地方志等资料的方式获得。人们想要知道目前政治、经济的发展情况，可以通过相关部门来获取。

（2）提供即时准确和高价值的信息。公共文化服务可以让人们在遇到学习、生活、工作等不同领域的问题时，能够轻松解决，另外还可以让人们及时获知有关于就业、医疗、求学等与实际生活息息相关的资料，让人们可以通过这些信息，更好地处理实际生活当中遇到的问题。

（3）信息咨询中心。公共文化服务除了能够把多方面的信息收集整理和整合起来之外，还能够扮演好信息咨询中心的角色，给人们提供信息咨询的服务和支持。比方说给个人研究提供必要的信息支持，给政府机构提供报告或者是综述类的信息，给企业提供企业改革建设需要的信息资源，等等。

4. 信息素养教育

社会发展速度不断加快，社会的面貌也是日新月异，面对不断发展变化的社会环境，想要在这样的背景之下获得更大的生存发展空间，人们必须获得丰富多样的信息，不断地完善核心知识体系。但是信息素质水平低的情况，给人们的实际学习和知识获取带来了极大的障碍。而公共文化服务机构则特别注意明确机构的职能和责任，把提升广大群众的信息素质水平作为至关重要的服务事项，给广大读者提供优质的服务，使得他们能够在广袤的信息海洋当中自由搏击，汲取知识营养。这实际上是信息化社会给机构提出的责任和要求，而且不断提升广大公民的信息素质水平，更有助于机构其他方面功能的实现。信息素养教育的功能主要包含两个部分的内容：一方面是提高人们利用计算机的能力，也就是增强人们的上网技能以及对于计算机设备的应用能力，给广大公众提供免费性的计算机设施和网络设施，同时提供与之相关的操作性教育培训。这样广大群众可以用免费的设施设备学习该设备的实际操作方法，进而运用这些方法提高综合素质。另一方面是提升人的信息技能水平，主要包括提升公众的信息查找、评价和利用能力，特别是利用数字化方法对信息进行查找以及使用的能力。

5. 倡导社会阅读

人们想要获得丰富的信息以及得到多元化的知识，就必须借助阅读这一重要的路径。在阅读平台的支撑之下，人们可以打破时间和空间的局限，有效吸收以及继承人类社会的科学文化，吸收知识的营养以及财富，并且在极短的时间之内加强知识积累，提升能力素质。从这一角度上看，阅读是促进人们完善自我的有效方法，另外阅读还是推动社会精神文明建设不可或缺的实践活动。在一个国家当中，阅读的公民数量越多，那么国家的整体国民素质水平就越高，这一点已经在大量的实践当中得到了验证。与此同时，阅读还是人们传播信息最为直接和有效的方法。假如人不阅读书籍，在接收信息的过程中，往往会表现得非常被动，带有明显的从众心理，而且不会主动地对得到的信息进行分析和研究。假如一个民族不读书，民族文化也就失去了批判性以及创造性，最终个人也会被群体完全淹没。所以在信息化社会环境之下，阅读已经成为人们创新进步的动力和能力，主要是因为绝大多数的信息都要借助阅读这一路径来获得。虽然目前计算机设备已经到了高度普及的程度，但是仍然是不可以代替阅读的，与之相反的是网络上的海量信息资源也有赖于阅读。在信息化社会背景之下，哪个人可以最先获得信息，那么哪个人就掌握了开启世界财富之门的钥匙，拥有了通向成功的敲门砖。现如今整个社会已然将人民群众的阅读能力作为评估国家未来竞争实力和综合国力的关键性指标，同时还将阅读社会的发展建设当作是国家的一项战略性决策，关乎国家的战略进步与发展。

公共文化服务给广大儿童提供与他们年龄相适应的图书资料，组织开展假期阅读实践活动、故事交流活动等，在广大儿童群体当中开展培养阅读习惯的活动，在成人群体当中大力普及推广阅读实践活动，让阅读变成一种社会爱好和人们的普遍性习惯，实现全员阅读和社会性阅读，打造阅读社会。举办各种读书讨论会，成立书友会或俱乐部，交流读书心得等；设立阅读节，贯彻"世界读书日"等活动，激发人们的阅读热情；开辟书评专栏，宣传推荐图书，指导阅读，引导人们的阅读方向。

6. 休闲娱乐中心

随着社会发展步入快车道和多元化的时代，人们在工作、学习、生活等方面承受的压力越来越重，人们不再仅仅满足于物质享受，更对精神享受有着迫切的需要。休闲娱乐往往以渗透、融合、感染、熏陶、净化等多种形式影响人们的行为方式和生活方式，改善生活质量，提高生活水平，进而满足人们的精神文化需求，最终形成一种积极向上的情绪和心态，促进人们的思想和情操的升华，激发创造力和灵感。公共文化服务有义务也有能力满足人们的精神需要。

公共文化服务营造高质量的休闲环境，提供有关休闲娱乐的资料，开展各种休闲活动，提供人与人交流、放松心情、缓解疲惫、陶冶情操、娱悦身心的舒适空间。公共文化服务不仅具有寓教于乐的教化作用，使人们在身心得到放松和休息的同时，获取知识信息，陶冶情操，提高德育、智育、美育修养，提高民族素质，而且为人们提供一个自由交流的空间。

7. 促进社会和谐

目前我国在大力推进和谐社会建设，要保证和谐社会建设效果，实现公平是根基。基于公共文化服务的基本特征，让社会各阶层的各个成员能够在一个安全温馨和平等和谐的空间当中，公平享有社会文化资源，享受社会文明发展的宝贵成果，参与多元化的文化实践活动，特别是能够照顾到特殊群体，使得他们的知识学习需要得到满足，给他们提供答疑解惑的机会与平台，努力提高他们的综合文化素质以及文化修养水平。只有当广大人民群众的文化素养获得很大程度的提升，能够在社会当中具备多个发展机会，才可以更好地适应社会，融入社会的广大空间，并为社会的和谐建设与发展提供重要的支持。提供平等性的服务与支持，有效消除数字鸿沟，实现社会公平正义，给和谐社会建设注入活力。

（1）扫盲。公共文化服务在推进实施的过程当中积极提供多元化的阅读材料，有效支持以及主动参与到多个年龄层的扫盲计划和实践活动当中，不断培养和提升文盲读者的阅读以及书写能力，使得他们能够享受基本的文化权益保障，为扫盲工作的全面实施和扫盲目标的实现奠定坚实的基础。这表现出的是公共文化服务在推动和谐社会建设当中的基本功能。

（2）弱势群体服务保障中心。公共文化服务让社会各个阶层的差异化群体均得到了良好的保障和必要的支持，这些人群没有高低贵贱之分，不考虑贫富差距和性别年龄的差异，都可以公平享受文化权利和参与文化实践活动的机会，公平享有社会文明的发展成果和多种多样的文化信息资源。在这项工作的实施当中，由于弱势群体是特殊的社会群体，他们是否可以保障自身的权益不受损害，维护正当利益，直接影响到社会公平正义的维护，也和社会的稳定发展息息相关。通过对相关资料进行调查研究发现，当前我国弱势群体大概有 1.4 亿～ 1.8 亿人，所占比重为全国人口的 11%～ 14%。研究结果显示，弱势群体的规模还会不断扩大，而且弱势程度也不断加深。这些实际问题的存在，影响到和谐社会的构建，只有切实解决好这些实际问题，才能够为和谐社会的发展提供必要的支持。很长一段时间以来公共文化服务机构积极运用多元化的方法以及服务手段，帮助社会的弱势群体，给他们提供优质的公共文化服务，在很大程度上解决了这些人的一些问题，让他们得到了免费受教育和接受继续教育培训的机会。这些服务有效减轻了弱势群体的巨大精神压力，改善了他们的文化以及生活环境，让他们的文化生活开始变得更加富足和多姿多彩。这也是公共文化服务机构在建设和谐社会方面所发挥的最为关键的功能与作用。

（3）社会应急信息支持与服务中心。公共文化服务作为社会应急中心逐步引起社会的关注。如美国的"9·11"事件、我国的重症急性呼吸综合征（SARS）事件等社会突发事件赋予了公共文化服务新的功能——社会应急信息支持与服务中心。公共文化服务记录并保存突发事件的详细内容，并在突发事件发生过程中，为人们收集、加工整理、提供相关的信息，如事态发展、应急措施、管理机构服务信息等，提供友好、安全的公共活动场所，举办相关的活动，安抚社会公众等，起着相当重要的作用。

8. 社区中心

公共文化服务延伸到各个社区，成为社区居民的社区活动中心和信息中心。

（1）社区活动中心。在社区的发展建设当中，公共文化服务开始朝着社区方面延伸和推广，推动了社区活动服务中心的发展，通过这一中心和其他相关机构进行协调配合，能够给广大成员提供优质的服务活动，这些服务活动涉及文化、消遣、信息等多个方面：结合目前社会热点和焦点问题，围绕社区居民实际生活当中遇到的实际问题，组织教育培训活动和专门的知识讲座活动，用来对科学文化知识进行有效的普及推广；给广大老年人群体提供针对性强的文化娱乐和休闲活动，满足他们的精神文化需要；在假期时间或节假日给学生提供服务和学习方面的帮助，比如提供作业辅导服务，组织知识讲座活动和故事交流活动，抑或开展科普制作的实践活动；针对广大社区居民生活当中带有特殊价值的事件，开展有关的帮助和支持，比如给社区居民的沟通互动提供良好的平台，让他们将生活趣事和生活体验进行交流与共享，对人们的文化导向以及价值观进行有效的引导。

（2）社区信息中心。公共文化服务机构扮演着社区信息中心的角色，给广大居民和相关团体提供基本信息支持，同时为信息资源的开发保存以及沟通和利用奠定坚实基础。结合居民生活工作以及日常学习当中的信息需要提供基本的信息服务和信息咨询方面的支持。比如给社区居民提供社会动态信息、生活服务信息、交通出行和旅游信息等；为社区的企业以及团体提供信息和咨询服务，团体机构名录，企业需要的社区和周围地区的信息资料；给社区当中的特殊群体提供必要的信息服务与支持，例如给盲人提供盲文资料，给残疾人提供电话咨询类的服务，给其他的特殊群体提供必要的音像资料等，让整个社会信息实现无障碍的沟通与共享，满足人们日益增长的信息需求。

9. 科学研究

公共文化服务机构辅助科学研究，支持学者针对特定问题进行研究，帮助其收集整合相关信息，开展社会调研，获取公众支持等。自身也可承担一些社会性课题研究工作，对当前社会的热点、难点进行追踪研究，收集到的一、二次文献分析研究、归纳整理，将研究成果用综述、书评、研究报告以及专题总结等形式编写出来供有关部门参考。

二、公共文化服务体系

（一）公共文化服务体系的概念与内涵

1. 公共文化服务体系的概念

公共文化服务体系指的是由政府部门主导，社会各方面普遍参与，以公共财政为主、社会资本为辅，以公共文化类机构为主，以其他机构与社会组织为辅，给广大人民群众提供普及性的科学文化知识，促进先进文化的传播推广，有效供给精神与文化方面的产品与服务，满足群众的文化需要，确保群众的文化权益具备公益性质的文化服务与文化产品的总和。公共文化服务体系是一个综合性的概念，而且这一体系当中包含的内容非常丰富和全面，如公共文化的政策法规、基础设施、生产供给、资金保障、文化人才保障、评估监督体系等内容。

公共文化服务体系构成了现代政府公共服务体系当中不可或缺的构成要素，同时倡导把发展文化和维护广大群众的基本权益进行有效整合，彰显了文化建设，提倡以人为本的突出特点，还将服务型政府关注执政为民表现得淋漓尽致。建设公共文化服务体系的重要目标是让广大群众的文化权益得到有效保障，所以供给的公共文化服务就是以维护公民文化权益，满足其文化需求为目的的文化产品与文化服务的一个总称。公共文化服务，把立足点放在提升大众文化素质以及文化生活质量方面，让他们的精神文化需求得到有效的满足，也让他们能够形成社会生存发展必不可少的能力，提高对社会的适应力。

2. 公共服务体系与公共文化服务体系

公共服务体系包含的内容非常丰富，涉及公共教育、卫生、文化服务、社会福利体系等和民生密切相关的事项。公共服务与公共文化服务体系存在着彼此依存和共同发展的关系，共同为社会建设和社会的繁荣发展提供必要支持。

建立公共服务体系是打造公共文化服务体系的根基所在，通过打造公共服务体系，能够有效展现政府的执政目标以及方向。公共文化服务体系涉及公共文化、政策法规、设施设备、组织机构、技术手段、资源配置等多个方面的要素，要保证诸多要素的实现，必须要有服务型政府做好相关的战略规划工作，并结合工作实践当中的反馈信息进行优化调整，并给予财政以及政策方面的必要支持。

公共文化服务体系是政府打造公共服务体系不可或缺的构成要素，也是政府为了让人民群众不断增长的社会文化需求和文化权益得到保证而推进实施的制度和政策。在国家积极推动全民社会化服务机制构建的背景下，公共文化服务体系成为企业中占据核心地位的内容，也彰显了我国对于人权的关注，为信息公平和公民文化权益的保护提供了坚实平台。

3. 公共文化服务体系的基本内涵

公共文化服务体系将政府作为主导，由公共文化服务机构提供重要载体，为广大人民群众提供基本的公共文化产品与服务，让公民的文化权益得到有效保障，同时也让他们的文化诉求得到最大化的满足。该体系运转的核心任务和重要宗旨是为公众提供公共文化服务，尽可能地缩小各地尤其是城乡之间公共文化服务之间的差距，实现文化知识和文化服务更大范围的普及推广，传播先进文化和思想理念彰显人文关怀，让群众享受到均等的公共文化服务与文化产品，实现社会公平，促进和谐社会建设。

在积极建设和推动公共文化服务体系的运行过程中，始终将服务放在中心地位，给群众提供优质满意的服务，而且倡导在打造公共文化服务体系时一直要把公民的文化权益保障放在首位，所有工作的开展都要考虑群众的实际情况，将群众的实际需要作为根本立足点以及出发点。该体系担当着至关重要的社会服务职责，提供让人民满意的文化服务。利用文化服务传播马克思主义理论观点以及有效方法，树立正确的三观，明确科学发展观，担当着利用科学的马克思主义理论，引领中国特色社会主义事业建设的功能；传承民族文化与精神，促进文明传承发扬，提高人民文化自信心与自豪感，调动群众主动投入国家建设积极性的功能；提供文化产品与文化服务，同时供给文化空间，满足群众不断增长的精神文化需求，承担让群众的文化利益得到切实满足的重要职责；用一系列的文化实践活动，调动人们的创造力以及想象能力，担当着提高人文精神和情怀的责任；利用创作文化产品的方式，推动文化产业进步，支持文化产业繁荣发展的作用。正是因为有了文化服务，才让人们在良好的文化体系支撑之下获得更好更快的发展，为社会建设和国家的繁荣发展贡献一分力量。

（二）公共文化服务体系的构成

1. 公共文化服务体系的要素构成

我们要研究公共文化服务体系，除了要从概念和功能的角度进行剖析之外，还需要对该体系的构成要素进行细致的研究，具体涉及以下几个基本要素：第一，公共文化政策法规要素。政策法规给公共文化服务工作的顺利开展提供了重要的制度根基，而政策法规主要涉及极力维护以及扶持公共文化服务建设的内容，使得公共文化服务活动的推进实施有法可依、有据可循。第二，公共文化基础设施或基础机构。这些设施主要指的是政府利用财政预算投入的不同类型的文化设施设备，当然其中也涵盖社会自愿参与并且主动投入的担当文化服务职能的设施设备。其中我们非常常见的有图书馆、文化馆、美术馆、博物馆等，可以为公共文化服务的开展提供重要的物质平台和有效载体，而且要完成这项任务，必须发挥以上机构的积极作用，在机构的实际工作当中进行贯彻和落实。第三，公共文化组织机构与人才。任何事业的建设，都离不开人才和机构建设。组织机构主要指的是以文化管理与服务为职能的政府，以及文化类的事业单位。人才则主要涉及投入公共文化服务领域的专门技术人员，以及支撑该体系运营发展的管理人员与辅助工作人员等，这些人才是建设落实公共文化服务体系的核心以及重要动力。第四，公共文化活动主体。群众是大众文化建设的主体，同时也是推进实施公共文化服务体系建设的根基所在，想要保证文化在共建当中实现共享，在共享过程当中完成共建的任务与目标，就必须有人民群众作为根本支撑和保障。第五，公共文化活动方式。主要指的是提供公共文化服务的方法、设施、设备、手段等。在如今的社会现代化水平不断提升的进程中，人们对于科技的重视程度不断增强，同时对于服务的重视程度也在增加。例如全国实施的文化信息资源共享工程，实际上就是从活动方式角度出发，积极拓展服务范围，提供延伸服务的重要表现。第六，公共文化事业经费。这笔经费是由政府划拨的不同类型的资金，能够为公共文化服务的开展和有效运转提供必要的资金支持。

想要真正建成公共文化服务体系，使得该体系的积极作用得到更好发挥，不单单要在文化服务方面进行有效的转变和改进，更为关键的是要革新治理方法；不单单需要给群众提供并且创造一个拥有优良氛围的文化环境，更为关键的是要为国家与社会的全面进步提供良好的公共文化产品与服务，促进社会协调发展。我国倾力打造公共文化服务体系，必须与时俱进和中国特色社会主义事业与小康社会建设密切整合与和谐社会呼应，调动全社会的参与，保证公共服务体系全覆盖，让群众享受到最为直接和实在的文化权益。在服务体系的建设当中，需要严格遵照以下几项原则：第一，体系当中各个要素必须组织恰当和结构合理，为体系的科学化运转打下坚实基础。第二，发展平衡性原则。在体系建设当中，必须把均衡发展和协调一致作为重要原则，不能够单一关注一个方面或几个方面，而是要把各项公共服务事项做好贯彻服务目标。第三，网络健全原则。这一服务体系是一个完整健全的工作网络，必须走系统性和网络化建设道路。第四，运行有效原则。在建成公共文化服务体系之后，必须创造和优化条件保证该体系的有效运转，使得这一体系在实际工作当中发挥最大的作用。第五，惠及全民原则。公共文化服务体系建设的最终目标是让广大人民群众的文化权益得到保障，满足他们日益增长和变化的文化需求，而这里所提到的广大人民群众是所有公民，只有保证服务惠及全民，才能够得到全民的支持与认可。

2. 现代公共文化服务体系的行业构成

公共文化服务主要由以下几类行业构成。

（1）文艺精品创作服务体系。主要包括：戏曲、音乐、舞蹈、书法、美术、摄影、民间文艺等创作演出单位或机构等。

（2）文化知识传授服务体系。如美术馆、少年活动中心、公办教育单位与机构等。

（3）文化知识传播服务体系。主要包括：各级公共图书馆、博物馆、文化站、文化讲座、报刊、电视台、广播电台、通讯社、公益出版社、文化产业博览会、公办科技馆、国家信息网络等。

（4）文化传承服务体系。包括文化遗产、自然遗产等旅游景点、纪念馆等。

（5）基层文化娱乐服务体系。主要指社区文化中心、群众文艺演出团队、文化大院、乡镇综合文化站、农村电影放映工程、农家书屋等。

（三）加强公共文化服务体系建设的意义

现如今我国在公共服务体系建设当中增加的成本和精力都在逐步增加，全力建设公共服务体系，而在体系建设当中不可忽视和要特别关注的一个构成部分就是公共文化服务体系，其中也凸显了文化的重要性。不管是中央还是地方的党政领导与文化部门都高度关注公共文化服务体系建设，还在国家的相关发展规划以及文化建设规划当中，将其摆在了关键地位，也由此出台了大量公共文化项目工程建设的内容。在共产党组织召开的十六届五中全会当中，就明确指出要大力推进文化事业与产业要求政府部门加大对文化事业发展的重视，增加相关的投入和支持，以便逐步建立覆盖社会并且惠及全民的完善化的公共文化服务体系。在这之后，党中央和国务院又在国家文化体制建设方面进行了有效的部署，强调要加大对公益文化事业发展的投入力度，对各项资源进行优化配置，为公共文化服务体系的建设创造良好条件。

打造公共文化服务体系是落实科学发展观的重要举措，同时也是建设和谐社会的必然要求。

构建公共文化服务体系是传承发扬社会主义先进文化，建成和谐社会所提出的必然要求，还是实现和维护群众文化权益的重要方法，在提升全民思想道德素质与文化素养，建设富强、民主、文明、和谐国家等诸多方面，发挥着不可替代的作用。也正是因为公共文化服务体系建设工作如火如荼地进行，才让我国文化建设看到了曙光，并且逐步步入到一个全新阶段。

（四）图书馆在我国公共文化服务体系中的地位和作用

在信息化时代以及知识经济的快速发展进程中，图书馆的功能显现出被淡化、忽略、转移的情况，影响到图书馆资源价值和服务功能的发挥，同时也在很大程度上损害了图书馆的工业服务形象，无法凸显图书馆各项服务工作的公益性特质。在新世纪的初期阶段，伴随公共服务体系理念的提出，重新强调公益性组织的价值回归，这个属于公益性组织的图书馆带来了巨大的发展契机，使得图书馆可以对功能和定位进行重新调整，并获得更好的发展。这一举措为图书馆赢取社会公众的信任和肯定以及重新评价自身的行业地位和作用等赋予了难得的时代机遇。

1. 图书馆是公共文化服务体系的基础机构

2018 年，我国公共图书馆 3173 个，总流通 84529 万人次，比上年增加 10079 万人次。2018 年我国图书总藏量 9.70 亿册。据推算，2023 年我国公共图书馆机构数量将增加到 3260 个。随着全国公共图书馆数量的不断增长，中国公共图书馆每万人拥有公共图书馆建筑面积也呈现逐年增长的态势。数据显示，2012 年，中国公共图书馆每万人拥有建筑面积约为 78.2 平方米，到 2018 年已达到 114.6 平方米。可见图书馆无论是在馆藏量、建筑面积还是覆盖率方面都十分可观。图书馆遍布各地的馆舍网络、对读者的超大容纳量以及巨大的图书资料储存量是我国公共文化服务开展的重要基础。

2. 图书馆承担着综合性文化普及功能

公共服务理论中最具代表意义的当属新公共服务理论，它强调服务的均等和平等，更注重人民或公民的权利。新公共服务理论对于实现"倡导全民阅读，建设书香社会"目标的研究具有十分重要的社会意义。图书馆作为国家公共文化服务体系组成的一部分，应充分借鉴新公共服务理论的理念和价值追求，发挥学术资源、技术资源、人力资源等优势，向社会公众敞开胸怀，开展公共服务，推动全民阅读活动，加快建设学习型社会。

3. 各类型图书馆的合作与共享是人民文化权利最有力的保障

进入 21 世纪以来，美国著名行政学家登哈特夫妇在对新公共管理理论缺陷的反思、批判基础上，构建并提出了一套新公共服务理论，为进入知识社会以来多国实施的服务型政府建设提供了直接的理论支撑。新公共服务理念的核心是：调动公共部门为社会大众服务的积极性，视社会民众为服务对象，按照社会民众的需求来提供相关的公共服务。

多年来，图书馆的存在是以服务读者来体现其重要价值的。在新的社会形势下，图书馆的服务理念、核心价值的理论研究已深入开展并取得较大成果，如提高馆员服务质量、转变服务理念、拓展服务领域等。因此，各级各类图书馆以公共文化服务理论为指导，以"读者第一"的服务理念，打破管理体制和行业壁垒的束缚，在资源建设、管理技术、服务内容等方面开展充分的合作与共享，必将为人民群众基本文化权利的实现提供最有力的保障，也为图书馆的建设和发展开辟一片新天地。

第二章　互联网时代的公共文化服务

第一节　互联网时代公共文化服务的理念变革

一、我国公共文化服务发展现状

（一）近年来我国公共文化服务建设成绩

21世纪以来，我国公共文化服务体系建设进入了快车道，获得了长足发展。党的十九大报告指出："完善公共文化服务体系，深入实施文化惠民工程，丰富群众性文化活动"。基层公共图书馆是基层文化惠民的主阵地，在完善公共文化服务体系、建设学习型社会中发挥着不可替代的作用。围绕满足人民日益增长的美好文化生活需要提升基层公共图书馆质量、创新服务形式和内容，是新时代加强基层公共图书馆建设的重要着力点。一时间全国上下积极推动公共文化服务体系建设，各地积极探索创新，取得了很大成就，主要体现在以下几个方面。

1.公共文化基础设施网络基本实现全覆盖

我国公共文化服务体系建设是从公共文化基础设施的建设开始的。党中央以及国务院都特别关注基础设施建设，指出硬件设备的推进实施是保证公共文化服务工作顺利开展的基本载体和重要保障。在基础设施建设过程中，需要不断地扩大范围，广泛开展网络化延伸，有效提升基层的文化服务供给能力，让基层人民同样也能够享受到良好的文化服务，尽可能地缩小城乡在文化服务方面存在的差距，为城乡一体化和社会公平正义的实现提供必要支持。县级和乡镇的公共文化服务机构是基层的重要公共文化设施和硬件条件，也是促进文化繁荣发展，建设先进文化，维护群众文化权益的阵地。比如可以通过发挥县级体育馆的积极作用，满足群众身体锻炼和休闲娱乐的需要。从很早开始，我国在文化基础设施建设方面就逐步加大力度，各项设施设备不断完善，哪怕是重大的设施建设也进入了一个稳定实施的新阶段。其中最为显著的成果是国家博物馆改扩建工作和国家话剧院剧场等重要工程的相继建设完成；国家美术馆、非遗展示馆等重要的工程项目成功得到了立项和审批。基层在建设文化基础设施方面获得了显著成果，同时也得到了国家以及全社会的支持与帮助。其中在支持基层文化设施建设方面的措施，主要体现在设置乡镇综合文化站建设的专门资金，给县级的图书馆以及文化馆等机构的修缮工作设置专项资金支持，为城市社区活动室和文化中心购置相关设施设备提供专门资金等。正是这一系列的设施建设工作，给基层文化设施设备的建设和整体优化带来了宝贵成果，从整体上优化了文化设施建设的面貌。

2. 文化事业经费投入稳步增长

财政方面给予必要的资金支持，在推动文化事业发展方面发挥着关键性作用，也是最为基本的保障。现如今我国在大力推动经济发展，而我国的经济建设工作也进入了一个迅猛发展的新阶段，国家方面针对公共文化服务体系构建的经费投入，呈现出稳步上升的趋势，正是因为有了经费的支持，使得国家的公共文化服务有保障，也有强力支撑，为服务体系的建设和有效运转创造了良好条件。从2005年开始，全国范围内投入到文化事业当中的费用以及人均费用都显现出持续增长的态势，而且每年费用的增长幅度都高于10%。

除了在经费方面给予了重要的支持和帮助，同时还注意对文化投入的结构进行优化调整，改变过去经费投入不均衡的情况。在投入以及分配文化事业费用的过程当中，朝着西部和基层地区倾斜，有效彰显公共文化服务的公益性质。农村文化建设是整个服务体系建设的重中之重，只有把这一重点工程做好，才能够增强服务体系的发展与建设活力。基于这样的考虑，国家在政策方面特别关注农村公共文化服务的发展，在农村文化的建设当中给予扶持，并且要求各级政府要严格落实均等化和公平正义的原则，统筹部署城乡文化服务一体化，有效缩小城乡文化服务建设当中的差距，让广大的农村地区和农民能够切实享受到良好的公共文化服务与产品。其中中央财政着重关注的文化服务建设领域涉及五个方面：第一个方面是促进广播电视的推广，实现广播电视的"村村通"工程全面落实。第二个方面是实现全国文化信息资源的共享，将共建和共享进行密切整合，最大化地挖掘和发挥信息资源的利用价值。第三个方面是乡镇综合性文化站点以及基层文化阵地建设工作，让乡镇和基层的广大地区，享受到文化发展建设的成果，分享这一宝贵成果。第四个方面是农村电影放映的推广和全面覆盖，给广大农村接触资源信息、享受公共文化服务提供必要支持。第五个方面是建设农家书屋，让广大农民可以获得必要的图书资源，满足信息需求。

3. 文化惠民工程实施效果显著

随着时间的推移，特别是近几年，由于国家大力推动公共文化服务体系的构建和运行工作，大量的文化惠民工程逐步推进落实，同时在优化国家公共文化服务体系方面的作用也在不断增强，让各地群众便捷享受到我国的优秀传统文化成果以及当代的先进文化发展成果。文化惠民工程给基层群众的发展和基层的建设带来了巨大的实惠以及动力。

伴随全国性文化信息资源共享工程的建设，整合多元化数字资源，有效依托各级公共文化设施，文化惠民工程已然覆盖了超过90%的行政村，此项工程的普及度和普及效果都是非常惊人的。从2002年开始，全国文化信息资源共享工程启动实施，2017年末，文化共享工程建立了覆盖中国城乡的服务网络施，在全国设立了32179个乡镇基层服务点，70万个村、社区基层服务点，在数字平台上进行群众文化展演展示交流活动，增强了群众的参与感。就送书下乡这项工程来说，中央财政负责统一购置各种各样的图书资料之后，将其配送到592个国家级的扶贫开发县以及乡镇。在行政村当中构建公益性阅读场所，让广大农民群众自主管理以及自主使用，积极打造农家书屋工程，让农民看书的问题得到妥善解决。另外，各地还积极推荐实施内容丰富以及形式多元的文化惠民工作，让文化和百姓的实际生活进行有效的融合，也让广大人民群众充分感受到文化发展和繁荣给他们带来的精神愉悦与享受。毋庸置疑，正是因为文化惠民工程的大力推进实施，缩小了城乡文化差距，而且在极大程度上转变了农村文化生活过于贫乏的现状，培育出了大量的新型农民。此项工程也备受群众欢迎和支持。

4. 文化民生品牌深入人心

为了保证基层地区的公共文化服务共建共享机制可以得到有效的落实，让基层人民享受到共享共建机制给他们的文化生活带来的福利，各地积极打造文化民生品牌探索研究，实现城乡统筹建设的出路以及方法，现如今已经建立和培育出了大量带有浓郁地方特色并且有一定影响力的文化民生品牌。通过品牌的确立有效提升了当地知名度水平，同时也为当地群众带来了良好的文化享受，让群众的精神文化生活变得更加丰富多彩。

文化民生品牌变得日益响亮，深入人心，推动群众文化实践活动不断发展，而且更加丰富多样。这些文化活动涉及范围很广，涉及的内容也是非常广泛，比如社区文化活动、剧院芭蕾舞活动、民俗文化活动、相声俱乐部活动、旅游文化节活动、周末大舞台活动等这些文化民生品牌，让广大城乡居民的精神需求得到了有效满足，也让他们真正受益于这些文化实践活动。其中城乡的基层群众小品和戏曲节目的一系列展出表演活动，将近些年来群众文艺创作的成果进行了有效的展示，而这些文化作品也在社会范围内引起了热议，得到了热烈反响。春雨工程为民族文化的沟通互动提供了重要平台，让越来越多的文化志愿者愿意到边疆组织大讲堂和大舞台等实践活动，给他们带去先进的文化和文明，促进民族之间的文化与信息沟通。还有不少地点已然实现了月月有主题、周周有活动的局面。同时民营性质的文艺表演团体，因为在实际运行和管理方面机动灵活，表演的成本相对较低，因而在农村文化市场当中站稳了脚跟，并且各项实践活动办得如鱼得水。在这其中一个非常典型的例子是胡嫦娥与团里的演员抬着各项演出工具上矿山、去山庄、进农家，他们的足迹踏遍了山西、内蒙古、陕西等几十个县和村庄，观看他们表演的观众达到了上千万人。正是因为文化民生品牌的建设和有效的开展，提高了公共文化活动的生动性以及持久性，同时也让越来越多的文化爱好者进入社团、步入舞台，将自己的文化激情进行释放同时表现文化才华，这样的做法也让广大人民群众得到了优秀文化的熏陶与感染，让群众的文化素质得到了全面的提升。

5. "数字文化村村有"基本实现

借助文化与科技融合，落实数字文化建设工程，使全国范围内基本实现了"数字文化村村有"的局面。利用各级各地的公共文化设施，比如文化站点、图书馆，农村的广大党员干部可以受到远程教育培训，提高他们的业务素质和综合素养，更好地服务于农村的发展建设和现代化发展；农村中小学校可以在远程教育的支持与帮助之下，获得先进的教育信息和教育资源，有效改善了农村的教育条件，提升了农村教育水平；文化信息资源共享工程已经基本建成的五级信息传输网，能够为信息资源的共享和有序流动提供便利条件。与此同时，广播电视村村通工程是自新中国成立之后，全国在广电系统建设方面投入最多、耗时最久、覆盖范围最广泛而得益人数最多又最受群众欢迎的工程。此项工程的全面推进落实，让广播电视的覆盖率到达了极高的水平，也让群众可以接触到更加丰富多样的广播电视节目。1997年广播和电视的综合覆盖率分别是86.02%和87.68%，到了2017年则一跃达到了98.71%和99.07%。

通过对当前的实际情况进行分析，由于文化信息资源共享工程作用的发挥，目前我国已经基本实现了数字文化服务体系的基本建设，落实了村村通建设的重要目标，让基层群众同样可以享受到文化成果，让他们的文化权益得到了有效保障。尤其是在工程的推进实施和全面落实当中，逐步缩小了城乡在文化建设和数字化工程建设当中的鸿沟，为公共文化服务体系的建成和作用的发挥创造了良好条件。

6.公共文化服务组织系统进一步完善

公共文化服务组织系统是为广大公众提供文化服务，满足人们基本文化需求的重要组织力量以及动力所在。就目前而言，整个组织系统当中包括政府文化部门、文化事业单位、文化企业、文化志愿者、社会组织等。第三方社会组织参与和投入到公共文化服务体系建设，是从 21 世纪开始，我国为了适应市场经济体制，提高服务体系建设效果，而提出的一项历史性和进步性举措。第三方社会组织，包括文化社团、基金会等。在政府积极转型和转变职能的进程中，第三方社会组织在服务体系建设过程中发挥的作用也进一步显现，尤其是在生产、供给、管理公共文化服务产品与文化服务等方面发挥了至关重要的作用，为服务型政府建设提供了重要的动力支持，也显著提高了文化服务专业水准。除此以外，文化志愿者或义工义务向广大群众提供无偿性质的文化服务的个人给我国文化服务体系实施工作的开展提供了重要的补充力量。社会组织以及志愿者在大中城市当中已然到了非常普及的程度，而且其规模还在不断地发展壮大，特别是在大型文化活动、社区文化建设、文化场馆建设等诸多方面扮演着不可替代的角色。

（二）公共文化服务发展中的问题

长时间受到"唯 GDP"考核机制影响，很多的基层政府在发展过程当中忽视了公共文化服务职能，一味地追求政绩，这样的职能边缘化问题，严重影响到了公共文化服务的创新和发展。长此以往，政府，特别是县级政府，并未真正意识到自身在公共文化建设方面应发挥的积极作用，不具备主体思想，更没有主观能动性，不能够切实履行文化建设当中的基本责任，正是因为这些落后的情况，使得公共文化服务在实际发展过程当中受到了很大的阻碍，也影响到服务体系的建设与发展。主要表现在以下几个方面。

第一，公共文化服务体系尚不完善。从资金投入看，随着财政对公共文化服务的持续投入，文化事业经费显著增长，但由于长期以来经费基数偏低，财政投入增长与文化发展的需求之间仍存在较大差距。2016 年，文化体育与传媒支出为 3163.08 亿元，仅占全国财政总支出（18.77 万亿元）的 1.68%，全国人均文化体育与传媒支出仅为 228.76 元。而教育、卫生、科技的支出水平分别为 14.95%、7.01%、3.50%。我国文化服务支出占比过低，难以保障人民日益增长的精神文化需求。从设施方面看，虽然基本实现了省、市、县、乡行政层级的覆盖，但是在广大农村基层特别是城乡接合部、贫困地区、少数民族地区、边疆地区仍存在盲区。从资源方面看，公共文化资源总量不足，无法满足城乡居民的需求，缺乏资源统筹整合能力。基本公共文化服务项目种类少、产品不丰富、质量有待提升。从队伍方面看，基层文化队伍存在着门类不全、规模偏小、结构不当、素质偏低等问题。

第二，公共文化服务效能不高。近些年，公共文化服务设施在各地建设成果显著，成为城镇化进程中的一大景观。但是重投入轻产出、重硬件轻软件、重建设轻管理、只管建不管转的现象仍然存在，公共文化设施利用效率普遍不高。以四川阿坝藏族羌族自治州为例，该州人口大多以自然村寨、牧区的形式分布，导致县、乡固定文化设施的利用效率不高，流动文化设施和公共数字文化建设也相对滞后。

第三，公共文化服务均等化水平不高。从城乡看，广大乡村由于底子薄、基础差以及其他的资金来源渠道较少等原因，城乡差距仍然非常大。从区域看，东、中、西部地区的发展也不均衡。中、西部地区的文化投入总额还是远远低于东部地区。就各地文化事业费占财政支出的比重来看，全国平均维护事业费占财政支出比排名前 5 位的省、市、自治区分别是：浙江 1%、上海 0.69%、海南 0.63%、北京 0.62%、广东 0.52%；排名最末位的地区分别是：西藏 0.3%，黑龙江 0.29%，河北 0.28%，江西 0.26%，安徽 0.23%。

二、公共文化服务的中国式治理

在现代国家，政府既是"社会福利的提供者"，也担当着"经济稳定和增长的主舵手"的角色。政府支配着庞大的社会资源，自然对福利保障、教育、交通、医疗、文化、环境、治安等方面承担着不可推卸的责任。社会期待政府能在尽可能节约公共财政的情况下提高服务效能，使得公共资源可以更为有效运转。

（一）政府在公共文化服务体系建设中的重要性

公共文化服务建设是政府义不容辞的责任，是衡量政府管理水平和能力的重要指标。政府的文化福利承诺与文化责任担当必须兑现。因此，强化政府在公共文化服务当中的主导地位是应有之义。"政府失灵"是现有公共文化服务机制的突出弊端。财政支出权重心下移、收入权相对集中、均等化转移支付不完善等制度性失灵导致的直接后果就是公共文化服务发展滞缓，城乡区域发展失衡，甚至造成某些不发达地区出现公共文化服务"真空化"和"荒漠化"的严重后果。

现代公共文化服务体系建设，需要强化政府的"掌舵"职责，发挥政府的主导作用，着力营造环境吸引社会资源进入公共文化服务领域并积极促进资源跨体制流动，同时引入市场竞争机制，形成政府主导、社会参与的复合型公共文化服务体系，通过制度设计强化政府的"掌舵"能力，积极推进公共文化服务社会化，从根本上解决"政府失灵"的问题。以政府为主导建设现代公共文化服务体系的同时，要解放思想，创新工作手段，建立开放式的参与机制，积极引导其他社会资本进入公共文化建设领域，保障各类主体竞争的公正公平，从而形成文化服务均等享受、文化发展同步推进的城乡文化一体化发展格局。

（二）服务型政府在公共文化服务中应秉持的理念

作为对传统行政理论和新公共管理理论的反思和修正，登哈特夫妇提出和建立了一种更加关注民主价值和公共利益、更加适合现代公民社会发展和公共管理实践需要的理论选择——"新公共服务"理论。传统行政理论以政府为中心，强调改革完善政府本身，"新公共服务"理论将公民置于整个治理体系的中心，新公共文化服务强调服务于公民、追求公共利益、重视公民权和人的价值。政府职责既不是单一的"掌舵"，也不是"划桨"，而是通过充当公共资源的管家、公共组织的保护者、公民权利和民主对话的促进者以及社区参与的催化剂来为公民服务。

新公共管理与公共服务理论在西方政府积极推行行政改革运动方面发挥了至关重要的作用，也提供了思想方面的指导。这些宝贵的成果对于我国来说是非常值得学习和借鉴的，我们可以从中得到启发，并把先进的思想成果和行动经验作为改革的有效工具。从改革开放开始，我国总共进行过七次规模较大的政府机构改革工作，这七次改革当中的前四次在改革思想方面仍旧是以集权性行政管理为原则，把关注点放在了打造政府行政管理体系方面，要求提升政府的办事效率，保证政府机构的有效运转，约束行政管理的行为。这样的改革并未把政府社会管理和公共服务的职能进行有效的强化，也影响到了政府职能的全面性建设。在2003 年之前，政府担当的职责是创造环境与财富。2003 年，政府开始积极推进机构改革，此项改革是重要的转折，要求政府创造环境，由人民创造财富。通过大量的实践研究和积极探索，开始把政府的职能确定为四个方面，分别是市场监管、经济调控、社会管理和公共服务。党的十六届六中全会，特别强调要打造服务型政府，保证各级政府部门充分履行公共服务及社会管理的职能。建设服务型政府的目标是在借鉴西方公共管理理论的前提条件之下，整合我国国情后制定的，因此服务型政府能够带领我国人民走向更为富裕和幸福和乐的生活。

1. 以人为本是我国建设服务型政府的灵魂

公共管理把根本出发点以及落脚点都放在了人的身上，强调要把尊重以及理解人作为根本前提条件，在此基础之上有效创造条件，满足不同人的合理化诉求，只有这样才可以促进公共管理目标的实现，保证公共管理工作落到实处。以人为本倡导要努力消除城乡的鸿沟以及巨大差距，建设公共文化服务体系，保证该体系实现全社会覆盖，消除盲区和死角，让城乡居民的文化权益都能够得到切切实实的保障，并且可以顺利地实现权益，都能够受到阳光普照。以人为本强调要发挥城乡居民的主体性价值，有效调动人民群众发挥主观能动性和创造力，积极主动地投身于服务体系的建设工作，使所有人都能够享受到共享共建的成果，并成为创造成果的一员。以人为本要求把城乡居民的文化需要作为根本出发点，给群众提供能够满足他们实际需求的多元化的文化产品以及文化服务，为人民的全面综合发展提供必要支持。

2. 责任意识是服务型政府责任担当的驱动力

在全力打造公共文化服务体系的过程中，政府要坚持以人民为中心的工作原则，倾听人民的声音，并对人民提出的合理要求进行积极主动的回应，使人民拥有选择的机会。坚持提升责任意识，坚持公共文化服务的建设是为了人民，实现服务体系发展要依靠人民，而最终获得的成果要由广大人民共享。尊重群众在服务体系建设当中的主体地位，发挥其在文化建设过程当中的主体性价值，让群众在该体系建设当中进行自我教育和服务，让服务体系能够有效地丰富他们的精神与文化生活，强化社会沟通与互动，促进对现代公民社会主义核心价值观的培育。

3. 为人民服务是我国服务型政府的核心理念

为人民服务特别指出并且强调，公共管理权力合法性的来源是人民，人民的满意度是政府管理实践的衡量与判断标准，同时强调只有不断提高政府服务意识，最大化发挥政府的服务职能，才能够让政府的积极作用得到有效发挥。就目前而言，服务体系发展建设当中还存在着很多限制性问题，其关键点是没有把服务理念作为根本出发点，而是一味强调管理本位，不能够真切地获知群众的实际文化需要，获得的信息不够真实和全面。打造文化服务体系，一定要把人民评价作为考核体系效能的核心依据，只有这样才能够为群众建立起坚实的保障，让人民群众的切身权益得到维护。

公共文化服务的立足点是服务，所以其应有之义必须包括服务职能与服务意识。伴随文化体制改革工作的如火如荼进行，打造服务型政府，优化国家治理体系，提升国家治理能力，走现代化发展道路，已经成为一种必然。政府在文化建设方面发挥的职能应该从"办文化"转为"管文化"，从运用具体化的管理手段到宏观指导方面，充分发挥政府的指导和宏观调控作用，积极号召全社会各方面力量的普遍参与。同时要积极理顺文化行政部门和企事业单位之间存在的关系，保证政企分离、管办分离，实现多元社会主体的普遍参与，最终让社会化治理由理念变成现实。

（三）互联网推动政府在公共文化服务上的职能转型

互联网大大降低了公共文化服务信息公开的技术门槛，倒逼公共文化职能部门和公共文化机构建立透明、通畅的反馈通道，应加速政府职能部门从高高在上的管理者回归到以人民为中心的服务者。互联网就像一个放大镜，把公共文化服务体系中的每个细节都暴露在社会公众面前，供人们审视、检阅、评价和参与。从公共文化需求的表达；公共文化设施的建设运营；公共文化资源的更新；公共文化场所的使用；公共文化活动的组织开展；公共文化服务效果的评估到公共文化服务的服务流程、服务方式、服务内容都将成为公众的关注点。

解群众文化之忧，必须将公共文化服务的内容与群众的文化需求相对接，主动适应互联网的趋势，自觉提高"用户意识"、运用"用户思维"，从群众的文化需求出发，提供更多差别化、有特色、有针对性、便捷优质的公共文化服务。如浙江省嘉兴市图书馆利用千兆网络的网速及遍布城乡总分馆的公共电子阅览室，为春节期间返乡购票的外来务工人员提供免费、快捷的网络通道。图书馆工作人员对外来务工人员进行全程免费购票的培训及辅导，对于不了解网络的外来务工人员，图书馆的工作人员还会代为购票。这种服务意识值得广大的公共文化设施借鉴学习。

服务理念内化于心，外化于行，机制上的保障是基础。从制度设计上对公共文化服务的考核评价要从"量"到"质"进行转变，立足于效能建设，以群众的满意度为出发点进行公共文化资源的配置、公共文化设施的布局和公共文化人才的培养。公共文化服务本身所具有的文化涵养功能更应该充分运用到公共文化服务队伍的自身建设上，逐渐提升公共文化服务管理者的服务意识和服务理念。

三、文化事业与文化产业同步发展

（一）文化事业和文化产业的联系与区别

在新中国成立后的 30 余年间，我国文化领域几乎是单一的国有制，文化机构作为事业单位完全服从计划经济模式的管理。改革开放之后，开始在实践当中对文化机构实行"事业单位，企业管理"，但文化的经济属性一直是被回避的，在传统观念中文化就是"事业"。但事实上，从 20 世纪 80 年代中期开始，由个体劳动者和私营企业带动的文化市场如雨后春笋般发展起来，到 20 世纪 90 年代，我国的文化市场体系已经初步成型。

文化事业是以社会公益为目的的，而文化产业则具有经营性和市场性。文化事业是依靠国有资产举办的、在文化领域研究创作精神产品生产和公共文化服务的公益性活动及相关组织机构。其大致包括以下内容：九年义务教育、党和国家重要的新闻媒体和社会科学研究机构、体现民族特色和国家水准的重大文化项目和艺术院团、重要文化遗产和优秀民间艺术、老少边穷地区和中西部地区的文化发展、面向大众的文化基础设施建设等。

文化产业是与文化事业相对应的概念，两者都是社会主义文化建设的重要组成部分。文化产业是社会生产力发展的必然产物，是经营性行业，就需要充分尊重市场、适应市场经济的规则，充分发挥市场在配置文化资源中的积极作用，生产提供文化产品和服务以获取盈利来保障企业自身的可持续发展。

文化事业与文化产业之间存在紧密的联系，两者互为依托、相互促进。

第一，文化事业与文化产业的目的是高度一致的，都是以建设社会主义核心价值体系为根本任务，以满足人民精神文化需求为出发点和落脚点，培养高度的文化自觉和文化自信，提高全民族文明素质。

第二，文化事业与文化产业相辅相成。文化事业是文化产业的基础和源泉，文化产业是文化事业的提升和成果，两者皆不可偏废。文化事业一方面是为了满足人民群众的精神文化需求，另一方面又可以激发创作者的创作灵感并为其提供创作的素材，形成文化产品。文化产业通过对这些文化产品进一步开发来满足人民的文化需求。同时，文化产业所生产的文化产品不断积淀之后转化成文化资源进入公共文化消费领域，之后政府通过购买服务的形式把优秀的文化产品转化为公共文化产品。这些文化产品和服务最终都会作为文化的积累和积淀进入到文化事业。

因此，文化事业和文化产业的关系可以分为三个方面：一是文化事业为文化产业提供素材；二是文化产业生产的文化产品经过积淀以后形成文化资源进入到公共文化消费领域，推动文化事业的发展；三是政府可以通过购买服务的形式把当期的文化产品转化为公共文化产品。从这三个方面来看，文化事业和文化产业存在着内在联系，这个联结点就是文化资源。文化事业为文化产业提供生产制作文化产品的文化资源，而文化产业的产品经过积淀成为文化资源后通过各种方式进入文化事业。

（二）推动文化消费

现代公共文化服务体系建设的一项重要任务是培育和促进文化消费。其既可以通过公共文化服务的涵养和教化作用，提升国民的文化素养，陶冶国民的艺术情操，培育国民的文化消费需求，又可以通过公共文化服务体系自身的完善和发展促进大量优秀公共文化产品和服务的生产和消费。公共文化服务体系不应该只是一种文化支出和文化基本保障，除此之外也应是激发文化生产活力、促进文化产业发展的重要动力基础。

公共文化服务体系对各种文化产业资本、文化产业资源、文化智力资源、文化产权资源产生集纳和集聚效应，以与公共文化服务密切关联的培训教育、体育健身、演艺会展、旅游休闲等产业表现最为明显。充分重视和挖掘公共文化服务与关联产业的深层关联和转换，有助于推动关联产业发展，产生文化产业效应。

文化消费是人们为了满足自己的精神文化生活需求而对文化产品和文化服务的占有、欣赏、享受和使用。根据西方发达国家的规律，文化消费水平随收入水平的变化而变化（详见表 2-1），当人均 GDP 达到 1000 美元后，文化消费开始活跃；当超过 4000 美元后，文化消费不断攀升；当达到 12500 美元以上之后，文化消费将会呈现出繁荣发展的状态。当居民的基本生活需求得到充分保障之后，其文化、娱乐等精神需求将会大大增加。

表2-1　收入标准与文化消费特征

世界银行收入标准	低收入组	下中等收入组	上中等收入组	高收入组
人均 GDP（美元）	1000 以下	1000~4000	4000~12500	12500 以上
文化消费特征	文化消费较低	文化消费开始活跃	文化消费攀升	文化消费繁荣发展

资料来源：世界银行网站，德勤研究。

在数字时代，大众阅读方式也发生了改变。目前很多传统纸媒都逐渐转向电子版，《华尔街日报》推出了网络版与 App 应用，《新闻周刊》也放弃了纸质版而专攻电子版。随着互联网的快速发展、智能终端市场的兴起，网络平台已经替代传统的文化信道成为未来文化产品的核心消费管道，文化消费者逐渐转向通过网络获取信息。同时随着移动终端技术的不断进步，基于移动互联网、面向终端设备的应用服务的开发，智能终端逐渐成为数字化内容集成消费的核心平台，带动和刺激全新的文化消费需求，突破了传统的文化消费终端管道的时间、空间的限制。随着人们生活水平的不断提高，个性化的文化需求日趋增多。

但目前，我国文化消费总体状况不尽如人意。从消费总量上看，虽然居民文化消费规模增长很快，但居民文化消费占 GDP 的比重一直是在低位徘徊，总体规模较小；从消费观念上看，文化消费观念落后，抑制了文化消费倾向；从消费结构上看，文化产品品种少，导致不同收入群体、不同消费偏好的消费需求无法得到满足；从消费品位上看，文化消费的思想性及艺术性尚待提高。因此，无论是公共文化事业还是文化产业，在扩大文化消费方面都需要做更多努力。

四、提高全民参与公共文化服务意识

现代化的国家治理体系和治理能力必然要求改变以往政府单方面支配管理社会的治理机制，通过制度改革和制度创新实现政府与社会的有效互动和相互制衡。重构政府公共文化服务管理机制，是政府公共服务职能创新发展战略中的重要问题。

互联网迅猛发展所掀起的不单单是技术革命，还掀起了重大的社会革命。公共文化服务将会最终形成具备虚拟化以及数字化特性的服务网，逐步打破服务提供者和接受者的身份界限，拓展服务提供者的范围，让主流渠道、民营企业、文化社会组织与个人可以充分参与到这一体系的建设当中，让公共文化服务成为全民参与，人人可成为提供者的体系，从政府单向提供公共文化服务到多元主体互动提供公共文化服务。可以说正是因为互联网时代的到来，能够给公共文化服务的创新改革提供巨大的便利，最终促进社会化治理体系的建设，给公共文化服务工作的长效发展注入生命力。

经济发展水平的不断提高，让人们的生活质量以及生活方式发生了翻天覆地的变化，相应地，人们的精神文化需求也呈现出不断增长的趋势，而且精神文化方面的需要开始凸显出个性和多元化的特征。受到资源的诸多限制，政府想要满足人们的文化需要是不可能也是不现实的。而之所以大力打造公共文化服务体系，是同为政府想要最大化地提供公共文化资源，让群众的基本文化权益得到保障。

不过在整个过程当中，政府不必包揽全部的产品与服务提供工作，可以大力发动社会力量，号召多元社会主体的参与。具体来说，政府方面可以利用购买服务的方法，激励企业主动参与公共文化服务建设，在这样的情况之下，公共文化机构或文化类企业都可成为服务提供者，给群众文化需求的满足提供巨大的便利。

政府在服务体系的发展建设当中，应该彻底摆脱过去生产者的角色，努力成为服务者以及合作者，发挥指导性作用，成为服务体系建设当中的重要催化剂。要是可以借助市场力量解决实际问题，那么政府就不用介入其中。只要是社会组织可以自行解决的实际问题，政府就要避免插手其中，要切实发挥企业与组织的积极作用，把政府大力提倡管理的机制转变成为指导和协调机制，让政府和市场以及全社会都参与到公共文化服务治理当中，打造社会化的治理机制，这样可以更好地促进文化服务的全覆盖，降低服务体系建设的难度。

2015 年 4 月，环北京经济特区最大的社区图书馆在永定河畔孔雀城开馆。该馆建筑面积约 2000 平方米，藏书多达 20000 册：图书馆不仅作为独立的阅读空间而存在，更成为社区甚至整个区域的文化栖息地，在加强社区居民邻里友好、丰富居民精神文化生活方面都起到重要的推动作用。伴随着人们精神文化需求的日益增长，企业更加重视产品的文化体验，主动参与公共文化服务设施建设的例子越来越多。充分激发市场主体的活力是公共文化市场繁荣的基础。通过完善市场环境，促进企业公平竞争，有利于丰富公共文化产品的种类，提高公共文化服务效率和水平，从而增强社会公共文化服务的整体供给能力，促进公共文化服务的全覆盖。市场主体理所应当成为现代公共文化服务治理的重要力量，同时政府要坚定主导作用，注重规避市场资本非理性趋利的风险，加大对公共文化服务社会化体系的规范和监督。

第二节　互联网时代公共文化服务的内容变化

一、公共文化在基层民众间的普及

2006 年，中共中央宣传部、中央文明办和国家新闻出版广电总局（现为国家广播电视总局）为贯彻落实党关于建设学习型社会的要求，发起"全民阅读"文化普及活动，推动全民阅读进家庭、进社区、进校园、进农村、进企业、进机关。全民阅读活动自开展以来，受到了全国各界广泛参与与关注，从城市的图书馆到乡镇的读书室，从校园的琅琅读书声到工厂社区的自动借书装置，各地图书馆纷纷采取各项措施将书送到社区、送到学校、送到工厂企业，农村方面也开展了形式多样的农家书屋建设。

但是，与相关文化机构热火朝天搞活动形成鲜明对照的是：在城市，平时到社区图书室借阅的人寥寥无几，除非有集中的文化娱乐活动；在农村，许多农村书屋建成后就"锁"之高阁。造成这种现象的原因是多方面的：在城市，年轻人工作忙，老年人打牌、跳舞文娱活动丰富；在农村，一方面图书室的书刊由上级部门统一购置和配送，书籍内容雷同、单一，对各村发展特色产业的帮助不大；另一方面，许多村干部怕上级检查时图书数量减少、损坏严重，往往把书屋一锁了之，只在寒暑假时对学生开放。

这些现象表明，公共文化服务的"最后一公里"需要进一步做实。公共文化服务"最后一公里"应重点关切群众实际的文化需求，把国家对公共文化服务的投入切实地落到实处，让基层群众实实在在地享受到公共文化服务。而由政策制定的"最初一公里"到基层执行的"最后一公里"，仍然迫切需要我们制定更多更灵活的策略方法。充分借助"互联网+"的思维和技术发展公共文化服务，应该是解决这"最后一公里"的有效手段。

二、公共文化服务设施的转型发展

（一）我国公共文化设施的不足

公共文化设施是公共文化服务的重要载体。近些年来，我国在公共文化设施建设方面取得了丰硕成果，但是其服务效能与人们现实的文化需求还有很大距离。目前，我国公共文化设施发展主要存在以下问题。

1. 服务总量不足，地区分布差距较大

从全国范围而言，公共文化设施总量依然不足，尤其是大型公共文化服务设施仍然较为贫乏。目前完善的公共文化设施大多分布于市区和城镇建成区，而在人口众多的农村基层，公共文化设施却不尽如人意，镇（街道）综合文化站的公共文化设施依然薄弱。2016 年，我国公共图书馆人均书籍 0.65 册，与联合国教科文组织人均 1.5～2.5 册的建议性标准，差距还很大；2017 年我国博物馆数量为 4873 座，美国博物馆数量为 35144 座，我国博物馆数量仅为美国的 14%；数字化公共文化服务在北京、上海、广州、深圳等发达省市已非常普及，但在不发达地区尤其是农村地区才刚起步。

2. 缺乏科学规划，软硬件不配套

有些地方政府非常重视公共文化设施建设，建造了很多大型的图书馆、美术馆，但缺乏对于这些公共文化设施的更新完善和经营管理的长期科学谋划。有的城市新建的图书馆建设在城市边缘地带，市民享受公共文化服务要承担大量的交通成本和时间成本；有的城市兴建的博物馆规模很大，外表华丽且壮观，但馆内藏品匮乏，对参观者也缺乏有效的组织，出现了许多有馆无展的情况。这些情况不同程度地反映出，在文化设施建设中盲目追求高大上的建筑形象，没有真正把保障人民群众的文化权益、维护民众文化基本权利作为公共文化服务建设的出发点进行考量。

3. 运营方式滞后，效能不足

基层政府在公共文化设施管理运行中存在"政绩观"思维习惯：首先，往往以应付上级的考评检查为重，而不是以服务对象为中心。管理者缺乏提升服务质量、丰富服务内容的内在动力，场馆具体负责人也难以根据群众需求和喜好调整服务项目和内容。其次，公共文化设施管理机构习惯了原有的"政府财政"，万事都指望政府拨款。但地方政府，特别是某些贫困地区的政府，囿于财力，没有足够资金维系场馆运营。所以公共文化场馆缺乏组织文化活动的动力，从而导致场馆效能极为低下。此外，由于政府的重视不够，不少公共文化设施至今还停留在出租房产收取租金的被动状态。部分镇（街道）、村（居）图书室图书结构不合理、更新速度慢、大量图书基本无人问津。

4. 监督管理不到位，缺乏群众反馈机制

大多数公共文化设施没有日常运营和维修资金，导致设施利用率低或过度商业化等问题。监管主体的"隐身"现象导致服务规范缺失，公共文化设施的开放时间、方式、运营主体等都方面都缺乏必要的约束和标准。同时，这些公共文化服务机构的绩效考评机制缺位，很多公共文化服务机构中仍然存在"干多干少一个样""创新与否一个样"的情况；群众对于公共文化活动的建议、意见等缺乏反馈渠道，公共文化设施单位和群众还没有形成良好的互动机制。

要在今后的公共文化服务建设中有效解决上述问题，一方面需要加大公共文化设施的覆盖率和达标率，另一方面要盘活现有的公共文化资源和公共文化设施，优化资源配置。在目前六级公共文化服务网络体系下，数千个图书馆、博物馆成为开展公共文化服务的重要场所，尤其在不发达地区，为人们提供公共文化服务

的主要手段还是传统的模式。但是随着时代的前进，互联网技术不断创新发展，实体文化设施所承载的功能可能将发生根本性变化。各级政府应充分利用互联网资源丰富、传输更新速度快，可实现集中建设、无限分享等优势，着力建设公共文化服务云平台。

（二）互联网时代公共文化设施的转型发展

普适计算机之父马克·韦泽曾经说过，最为高深的技术是无法让人察觉的技术，这样的高深技术将它们编织到实际生活当中，直到你不能够发现其影踪为止。这里所说的高深技术，实际上在我们的生活当中就存在着，互联网就是这样的高深技术，现如今互联网已经渗透到了我们的生活中，成了生产生活以及学习工作等诸多领域不可或缺的构成要素，使事物的形态以及功能发生了翻天覆地的变化。这也是我们积极探索互联网时代背景下，如何保证公共文化设施适应新时代实现转型发展的重要原因。

1. 博物馆的华丽转身——智慧博物馆

有了信息通信技术手段的全力推动和广泛应用，智慧博物馆产生，为博物馆的转型升级创造了良好的条件，也让博物馆从数字化层次转型到了智慧化层次，更让博物馆穿越时空，带给人更加生动直观的体验与感受。智慧博物馆实际上是智慧城市的一个衍生概念，通过积极发挥智慧博物馆的积极作用，可以有效完善以及加深实体博物馆在信息交互以及文化传播方面的积极作用，而且智慧博物馆也是实体博物馆未来发展建设的大趋势。未来博物馆将会拥有更为开放和更带有历史与文化温度的活态与动态空间。特别是在虚拟现实技术的支撑之下，通过将该技术和博物馆进行有效整合，能够让博物馆带给人沉浸式的体验，有效拓展和完善博物馆的功能。

智慧博物馆在表现展览主题时运用动静整合的方法，让广大观众可以参与其中，同时把观众引入体验与参与之中产生发现和思考的一种双向传播模式。这样观众就不再是单一地对博物馆当中的事物进行观察，以获得的直观信息为体验。互动技术的产生和应用，能够让博物馆根据观众的兴趣爱好以及知识层次等情况，设计个性化和针对性强的欣赏路线，对观众的参观行为进行有效的引导和帮助。智慧博物馆同样能够利用大数据技术手段，优化调整馆内的文物陈设与展览情况，把备受观众关注和喜爱的展品放在更为显眼的位置，从大量的观众观赏信息当中抓住关键问题，因人而异地供给服务，让观众获得更为深刻而又丰富的文化体验。智慧博物馆在展示活动当中强调把趣味性和智慧化进行整合，并保证二者并重，视频动画、动漫人物、互动活动等都可以有效提高观众和文化的密切联系程度。

另外，智慧博物馆在发挥作用的过程中，对博物馆当中的各个构成要素进行有效的梳理与重构，让博物馆的各项服务以及管理工作朝着智能化的方向发展能够明显提升博物馆工作的效率和质量，优化博物馆的整体文化服务。例如，运用计算机技术手段对光照系统进行有效调节，让智慧博物馆当中一直拥有自然柔和的自然光，也让展品的观赏条件得到有效的优化，减少对展品的光线伤害，让各项展品得到更好的保护。

2. 公共图书馆——城市文化引擎

现如今我们正处在一个全民阅读的时代，在这样的时代背景下必须坚持与时俱进的原则，尤其是要和互联网进行积极整合，最终实现整合式发展和共同发展。图书馆行业在发展的进程当中，很早就已经开始和多种多样的信息通信技术进行结合，其中就包括互联网技术，而且在公共文化服务范畴之中，图书馆的信息化建设水平是很高的。站在学科发展的角度进行分析，很早的时候就已然将图书馆学当作信息科学当中的重要构成要素。不过站在实践的角度进行分析，当前我国在公共图书馆的数字化转型发展方面还处在较低的水平，不管是在资源还是在服务与管理层面都没有转型成功。现如今把图书馆和互联网联系起来，首要目标就是让传统图书馆转型成为全媒体复合型的图书馆，充分发挥互联网技术的优势，提高传统阅读的便捷性，优化数字阅读体验。互联网技术的支持还能够让读者自由选取与自身阅读需求相符的阅读方法和资源。

有了互联网技术作为根本支撑，能够让数字阅读突破时间和空间的限制，而且通过将互联网技术手段和互联网思维进行合理化应用，还能够明显改善图书馆的管理与服务，让纸质阅读体验得到明显优化。而这样的转变对于推动全民阅读来说是有积极作用的。比如，2017 年 1 月 8 日，上海首个以社会化合作模式运行的 24 小时开放的公共图书馆延伸服务点——"我嘉书房"建成开放。截至 2018年 10 月，已开放的 14 个"我嘉书房"接待读者逾 55 万人次，借还图书逾 15 万册次，开展"阅读马拉松"等阅读推广活动 260 余场。从 2000 年开始，上海三级公共图书馆以及一部分的高校图书馆逐步实现了大流通，建立了图书馆集成管理信息化系统，使得人们可以通过一卡通方便快捷地借阅图书。正是基于这样的措施，让上海的国民阅读率在国内处于领先水平，并创造了国民阅读一个又一个的奇迹。

其中更为关键的一点是，要怎样利用互联网实现阅读无所不在。在我们看来，这是一个非常美好又迫切希望达成的愿景。书籍是承载文明以及知识的重要载体，阅读是人们获得知识与信息、获知人类文明历史的主要方法，不管是谁，都要终生阅读。阅读本身就是无所不在的，在信息化时代的发展之中，从纸质阅读到数字化阅读，从计算机阅读到移动阅读，从电子书到平板电脑，从微博到微信，再到阅读多元化，让阅读无孔不入。虽然在信息技术的推动之下，阅读获得了很大的发展，但是距离实现阅读无所不在，还有很大的差距。不管技术怎样向前发展和进步，公共图书馆都应该利用"图书馆+"战略给广大读者提供主动性的服务和全天候的服务，把阅读文化服务推送到所有的领域与场所。哪怕是组织机构以及各个行业与领域，都需要具备"阅读+"意识和思想观念，积极探究怎样将阅读推广和行业实践进行密切整合，怎样把多元化的阅读元素和行业建设密切整合。现如今图书馆和公交、餐饮、购物等方面进行结合的事例，已经极为常见，已经进入了我们生活的广大空间。

在目前这个数字化特点鲜明的深度信息化社会和全新的时代背景之下，数字化阅读已经成为人们开展阅读活动最为主要的方法，在这样的情况之下公共图书馆要想获得更好的发展，必须做到顺应时势，有效适应互联网技术的发展，和互联网技术进行密切的结合，从物理建筑转变成开放性空间，让公共图书馆和互联网做加法的同时，将互联网精神与互联网思维进行有效的发扬，积极落实"图书馆+"互联网战略，实现人们想要让阅读无处不在和无孔不入的愿景。可以说在网络时代条件下，公共图书馆在网络的推动之下，能够获得一个更加多元多彩的未来，可以成为城市文化发展的重要引擎，成为社会实践当中不可或缺的文化乐园，满足人们日益发展变化的文化与阅读需求，让全民阅读时代带动阅读和图书馆等文化服务机构朝着更深远的境界发展。

三、公共文化服务与城市建设

（一）公共文化空间

文化空间是度量城市的另一种尺度。作为人类文明的容器和磁体，城市不仅以物质的形态显现着强大的储存功能，还以精神的方式展示着极具吸引力的磁场功能。文化空间是在新的理论视角下观察城市的另一种尺度，体现了人们对空间作用在城市发展中的观念变化。从具象意义说，"文化空间"指为公共文化生活提供场所的各类设施；从抽象意义看，"文化空间"是弥漫于城市中的一种文化环境。文化空间依托于具体位置，既具有物理形态，又蕴含象征意义，构成了城市的文化氛围与气质，深刻地影响着城市的日常生活，它同气候、地理、经济、政治等条件一样，对于一座城市的成长及其风格的形成，以及其在区域文化中的地位意味悠远。

城市公共文化空间往往与这个城市的文化品质、城市居民的文明素养和生活幸福指数息息相关。城市的现代文明不仅仅只是密集现代的高楼大厦、四通八达的公路等硬件设施，城市的文化品位更体现在城市居民的文化生活、城市的文化氛围上，将公共文化服务融合到城市的硬件和软件中，更能体现一个城市的文明程度。

（二）城市公共文化服务与智慧城市建设

当前，我们正处在一个日新月异的世界，智能终端、大数据、云计算、云存储、5G 移动网络、物联网等高新技术不断刷新现代文明的面貌，经济产业结构发生深刻变革，以互联网为标志的新兴产业不断变革着这个时代。新兴技术已经成为政治、经济、文化发展的强力推手。而城市的急剧扩张也产生了一系列严重的城市病，随着城镇化的加速推进，未来的城市将承载更多人口。破解城市发展难题，推动城市可持续发展，"智慧城市"已经成为世界各国城市建设的共同选择。智慧城市是依托现代化的信息技术，以数字化的信息平台为基础，结合其他相关的创新技术，实现环境资源、公共服务、社会生活、公共空间等相关领域智能化、科学化管理为目标的城市形态与实践过程。无论是科技型智慧城市还是管理型智慧城市，都将在极大程度上满足城市居民的公共需求，提升现代城市居民的生活质量。而人文型智慧城市更是深度契合"以人为本"的城镇化发展理念，把文化注入城市发展的血脉，让城市生活更加美好。

前瞻性地对未来城市发展做出预判和布局，大力推动信息技术带动战略，创建适应、引领未来发展的智慧城市，是实现新型城镇化的重要内涵，将大力推动信息化与城镇化、工业化、农业现代化协调发展。智慧文化即围绕居民对公共文化服务的需求，搭建文化云平台，汇聚整合城市文化活动、文化展示、文化演出、文化培训、场馆导览、图书阅读、非物质文化遗产等公共文化资源，以供居民在任意时间、任意地点一站式享受公共文化服务。

四、互联网时代的数字鸿沟与特殊群体公共文化服务

（一）互联网时代的数字鸿沟

互联网时代的迅猛发展，导致了数字鸿沟的出现，而且这一现象日益明显和日益突出。所谓数字鸿沟，简单来说就是信息落差、知识分隔等问题。受到网络信息技术应用水平与应用程度差异化的影响，在信息获得和知识获取等方面会显现出很大的差别，这样的差别会在不同的国家、地区、行业、人群等之中出现。数字鸿沟是网络时代背景下不能避免的问题，也是当今社会发展差距的全新表现。

我们需要清醒地认识到，数字鸿沟是信息化社会背景长足发展和建设的必然产物，是不可避免的。因为在全新的时代背景下，信息资源的重要性在不断凸显，而且信息的价值正在超过物质以及能源。人们目前正在积极开发利用多种多样的信息资源，推进信息经济实践活动的开展，这也给国民经济的创新发展提供了方向，为国家经济建设和经济战略的提出提供了重要根据。毋庸置疑，信息化高低已经成为评估国家现代化的标志，也是评定一个国家综合国力水平的重要指标。处在信息社会，一部分人拥有获取丰富信息、掌握信息技术的条件和能力，还有一部分人则受到他们的教育背景、经济条件、生存状况等因素的限制，无法自由有效地获取信息。这种信息分化使得在两类人群之间形成了信息不对称，即数字鸿沟。贫富差距的拉大以及信息技术更新速度的日新月异，产生了信息获取的马太效应，强者更强，弱者更弱。当前，如何消弭数字鸿沟，建立公平和充满活力的信息社会已经成为世界各国在全球化、信息化发展当中不得不面对和解决的重大社会问题。

信息科技存在的最大化潜能是能够有效降低教育成本，让教育机会得到拓展，促进平等开放，教育机会的供给，让广大群众可以得到良好的教育平台，实现终身学习。要想真正意义上消除城乡在文化领域出现的二元结构问题，切实突破在基本公共文化服务领域均等化无法实现的难题，只依靠党中央以及各级政府的帮助支持是远远不够的，只依靠农村力量也是不可能解决实际问题的。而信息科技为这些实际问题的解决提供了巨大的便利和机遇。随着社会经济的发展，互联网的普及，广大人民群众对公共数字文化的需求日益增强。公共文化服务的均等性、便利性等基本原则决定了公共文化数字化服务也必须实现我国东中西部地区之间、城乡之间、各类群体之间的均衡发展。仅仅靠硬件设施投入无法消弭数字鸿沟，要解决这个社会问题必须从政策扶持、环境营造、权益保障等多方面共同努力。

（二）特殊群体的公共文化服务

2001 年 9 月，在新加坡召开的"全球背景下的文化权利"亚洲研讨会上，与会代表们曾列出如下 15 项文化权利和责任清单：

（1）文化认同的权利。

（2）自由参加所在族群文化生活的权利。

（3）享受艺术并受益于科学发展及其应用的权利。

（4）保护文化作品的道德或者物质利益的权利。

（5）保护文化财产或文化遗产，承认原住民知识产权的权利。

（6）文化创造的权利。

（7）思想、意识和总结自由的权利。

（8）自由表达的权利。

（9）少数民族和原住民接受教育和建立自己媒体的权利。

（10）文化群体不屈服于灭亡的权利。

（11）尊重和珍惜所有文化的尊严的权利。

（12）发展和保护自己的文化的权利。

（13）传播知识、激励智慧和丰富文化的权利。

（14）彼此间达成对彼此生活方式更为理解的责任。

（15）提高人类精神和物质生活水平的责任。

以上清单相当程度上代表了人类对文化权利认知的共识，而文化权利应该平等地体现在每一个个体身上，无论他是什么阶层、什么年龄。国家公共文化服务应充分保障特殊群体的基本文化权益。2015 年 1 月，中共中央办公厅、国务院办公厅印发《关于加快现代公共文化服务体系建设的意见》明确规定："将老年人、未成年人、残疾人、农民工、农村留守妇女儿童、生活困难群众作为公共文化服务的重点对象。"

1. 老年人

互联网的普及改变了人们的生活方式，但是互联网世界并非现实社会在互联网上的直接映射。中国互联网络信息中心（CNNIC）第 36 次报告显示中国网民中 60 岁以上老年人所占比例仅为 2.4%。但是根据第六次人口普查数据显示，现实社会中 60 岁以上老年人口的比例为 14.3%，远高于互联网中老年人的比例。根据联合国世界卫生组织的统计，到 2025 年，中国人口的 13.2% 将为 65 岁以上的老年人；到 2050 年，这个数字将为 22.7%。老龄化社会不期而至。老年人因为各种制约条件对于新科技的适应能力不足，而智能科技的发展似乎更加剧了年轻人和父辈们的代沟。在公共文化服务不断与互联网融合的过程中，如何使老年人能便捷地享受公共文化服务发展的成果，满足老年人的文化需求是公共文化服务必须正视和解决的问题。

2. 农民工

随着工业化进程的加快，在城市务工的农民也逐渐增加，但是他们的文化生活贫乏、文化消费不足、文化需求不能得到基本满足。农民工在农村与城市社会生活中不断游离却难以找到文化身份的认同和归属，难以被纳入城市公共文化服务的保障体系当中，基本文化需求难以得到满足。在农村人口转移到城镇、农村转变为城镇的进程中，农村人口必然要实现生产方式、生活方式和思想观念向城镇现代化的转变，城镇人口则需要接纳新市民的融入。在这样错综复杂且具有颠覆性的变革当中，加强文化建设成为缓冲变革压力、增强社会承受力的必然选择。因此，无论是通过庞大的人口迁徙还是推动农村转型来实现城镇化，弥合城乡之间的文化裂缝、消除城乡观念的差异，推动农村人口尽快向市民转变，促进城乡人口的深度融合的重要意义不容置疑。

2016 年 3 月 17 日，文化部、国务院农民工工作领导小组办公室、全国总工会发布了《关于进一步做好为农民工文化服务工作的意见》，提出研究制定将农民工纳入城镇公共文化服务体系的政策措施，提出具体目标、重点任务和实施步骤，逐步实现城镇基本公共文化服务覆盖在城镇常住的农民工及其随迁家属，使其平等享受市民权利。

3. 农村留守儿童

农民工数量的增长也导致了大量留守儿童的出现。儿童是中国的未来，丰富的文化生活对于儿童未来的成长和性格塑造有着重要的影响。农村留守儿童长期缺少父母陪伴，加上农村社会文化生活相对匮乏，留守儿童的文化权利不同程度地受到淡化或漠视。这一庞大群体得不到身心的全面发展，将给社会发展带来重大隐患，也将给每一个农村留守儿童家庭带来苦难。

目前农村留守儿童的文化权益保护障碍重重。随着工业化进程的加快，中国传统的乡土社会结构发生变化，乡土文化发生嬗变。传统的乡土文化日渐式微，但现代的乡土文化又尚未建立。"求富裕成为乡村人压倒一切的生活目标，经济成为乡村生活的强势话语，乡村生活逐渐失去了自己独到的文化精神内涵，赌博、买马、暴力犯罪盛行。"乡土文化是留守儿童唯一的精神家园，社会文化生活趋于物质和庸俗，给留守儿童的文化困扰自不必说。家庭生活中父母的缺失使得儿童失去了最重要的教育者，家庭的教育功能薄弱甚至丧失。留守儿童身心最有力的引导者缺位，而乡村学校教育的师资水平又远低于城市，儿童文化资源更是严重匮乏。我国农村互联网普及率仅为 23.7%，远低于城镇互联网 60% 的普及率，留守儿童借助网络自主学习的通道也趋于狭窄。因此国家应当对留守儿童的文化困境予以重点关注，为留守儿童提供更加丰富、便捷的公共文化服务。

4. 残疾人士

《中华人民共和国残疾人保障法》明确指出："国家保障残疾人享有平等参与文化生活的权利。残疾人在政治、经济、文化、社会和生活等方面享有同其他公民平等的权利。"对于一个国家而言，能否让特殊人群享受公共文化服务直接反映了其均等化程度和社会发展水平，也代表了公共文化服务的保障底线。对于特殊人群而言，如何获取信息和知识，提高素质，平等参与社会活动，既关乎其生存问题，又关乎其发展问题。

特殊人群的文化权利需要体现在公共图书馆供给服务方面，还应该包括其他公共文化服务设施所应承担的为特殊人群提供公共服务的职能和义务。针对特殊群体的公共文化服务其实离我们并不遥远，无论是生活在城市中的普通人，或者是留守在乡村中的孩子们，或者是对现代科技好奇却陌生的老年人，或者是长期处于亚健康状态的都市白领等。文化的本质是"文以化人"，是通过文学艺术感化社会人，让每一个个体感知社会的温度，这应该是公共文化服务的终极目标，也是最大的意义。

充分保障特殊人群的文化权利，政府文化部门应从以下几方面着手：首先，为特殊人群享受公共文化服务制定相应的法律和制度保障，使之常态化。其次，通过科学技术不断提升公共文化设施的服务能力和手段，使之便捷化。最后，以特殊人群需求为目标，定制创新多样化的公共文化服务供给方式，方便特殊人群获得适合自己特点的服务产品。

第三节　互联网时代公共文化服务的发展趋势

互联网时代的到来是信息技术革命的必然产物，它给各个行业、各个部门都带来了巨大的变革，影响着人们生产生活的方方面面。公共文化服务是我国基本公共服务的主要内容之一，它涵盖文化领域的方方面面，是人们获得基本公共文化权益的重要途径，国家采取多种方式满足人们对文化产品与文化服务等的精神需求。公共文化服务以其特有功能影响到国家的稳定与发展，提供有效的公共文化服务是实现政府存在伦理、价值、方式的必要前提。当前在互联网条件下，政府文化部门职能僵化、非文化部门缺位、社会力量乏力等现象凸显，它在现实运作中出现一些形式化、片面化、局部化的问题，公共文化服务的公共利益保障属性无法得到充分实现，结果则表现为民众利益的受损。因此，必须利用大数据的技术革命、信息优势，不断完善各方服务功能和模式，实现公共文化服务在民意表达与回应、政府内部组织协调机制、政府部门与非政府组织合作、社会组织参与等方面进行体制机制与模式的创新。

一、国内外公共文化服务数字化建设现状

（一）国外文化资源采集和资源共享工程

从世界范围来看，文化资源的数字化大部分还是集中在图书馆、博物馆、艺术馆等项目上。国外典型的文化资源数字化项目主要包括：世界数字图书馆（The World Digital library）、谷歌艺术计划（Art Project）、美国记忆（American Memory）、加拿大国家图书馆（The National Library of Canada）、"数字欧洲 2002"行动计划（e-Europe 2002 Action Plan）、日本国立国会图书馆等。其中，最为知名的谷歌艺术计划就是把世界上著名博物馆里的名画以 70 亿像素分辨率上传网络，这就使得用户可以非常清楚地看到名画的质感，感受更为深刻，进而能够更好地形成一个互动交流的网络平台。

（二）服务数字化与设施数字化

公共文化数字化的发展现状可以从服务数字化和设施数字化两个角度去剖析。①公共文化服务数字化现已可以通过网站、APP 以及其他终端来为公众提供服务。其中服务数字化比较典型的案例是"文化上海云"。②公共文化设施的数字化，是指场馆设施的电子化。例如：敦煌莫高窟的数字展示中心、北京朝阳区的数字自助图书馆以及各类数字博物馆等。数字化技术的发展为公众的文化生活提供了很多便利，使公众能够更加便捷、更加高效地享受到公共文化服务。

（三）我国公共文化数字化建设体系

我国现有的公共文化数字化的建设体系大概分为四个层面。第一是中央政府层面的基础数字化公共文化服务惠民工程；第二是地方政府层面的各种公共文化云平台；第三是基层公共文化场馆信息化建设；第四是数字公共文化场馆建设。

（四）我国公共文化数字化建设存在的问题

1. 文化资源采集过程中存在的问题

在有效收集文化资源时，大量的机构数据库通常是开展自主开发工作。但是因为在这一过程当中没有专门的采集理论作为思想和理论的支持、国家在有关资源收集方面的标准比较落后等问题，使得数据库成了"信息孤岛"，而且这样的"信息孤岛"问题在逐步朝着普遍化方向发展。"信息孤岛"问题的产生不仅仅会

出现数据库和信息系统重复建设的问题，还没有考虑到数字化文化资源利用具有不可预测的特征。另外收集到的各类文化资源没有统一储存起来，因此导致资源信息的利用效率处于较低水平。对于一些资源来说，一个机构在对其进行采集之后，另外的机构也采集这些资源，造成资源重复采集，很多数据资料重复的情况，就会造成时间和空间的浪费，也会给资源的管理存储及备份工作带来很大的难题。同时假如海量的数据资源不能够得到维护和保障，很容易因为介质损坏或者是技术创新等情况，不能够读出这些信息，原本具备高价值的资源只能够成为数据垃圾，无疑是做了很多无用功。

2. 公共文化数字化共享平台有待完善

文化资源数字化整合和共享是拥有极大的覆盖范围，并且具备多元主体的综合性工程。通过积极打造科学有效的资源整合共享模式，不单单能够扩大资源整合共享的范围以及规模，还能够保证各个机构开展协同性作业。现如今不同的机构之间，在数字化文化资源建设当中还存在着很多共性问题，那就是资源库的互联互通能力较低。这一情况的原因来自多个方面：其一是因为资源的开发者运用的标准存在很大的差异，进而发生系统不兼容的情况，也正是因为这一问题的存在，让数字资源的整合共享变得过于随意和无序。其二是因为文化机构之间存在着各自为政的问题，尚未打造统一化的工作平台，并且只是向着当地用户开放。受这些问题的影响，导致了数字化资源的整合共享无法顺利推进、实施。

3. 文化资源智能化传输有待提升

通过对相关数据资料进行整合研究和分析调查发现，现如今我国广袤的农村还没有建立系统健全的网络基础设施。另外，针对基层群众的免费性质的公共上网设施设备建设，还在初期阶段，真正可以享受到免费计算机设备服务的村镇数量少之又少，这些网络基础设施的不健全和不能够大范围普及让村民可得到信息的路径非常单一。

二、互联网时代公共文化服务发展的趋势

（一）职能转变

胡税根在《我国公共文化服务政策发展研究》一文中指出："公共文化服务属于国家基本公共服务的一部分，政府履行公共服务职能是政府公共性的重要表现，由于公共文化服务具有很强的公益属性，因此，政府应在公共文化服务运行过程

中发挥重要的政策主导作用。"互联网的迅猛发展，不可避免地引起政治、经济、文化、生产方式、经济模式、管理方式等各个方面的大变革。在大数据背景下，公共文化服务不可能独善其身，必然受到挑战和冲击，只有适应数字化发展趋势，积极变革，创新发展，才会有出路。

我国原有的公共文化服务发展水平比较有限，政府文化部门大多是以"我"为主布置工作，服务意识较差，以管理为主，甚至管理还不到位。面对互联网的挑战，政府应转化角色，由主动"端菜"向群众征询"点菜"转变，进行菜单式管理，逐步由"办"文化转变为"管"文化，再由管理向服务转变。我们可以通过大数据和新媒体技术，方便快捷、准确地了解群众需要什么、喜欢什么，有针对性地为其提供优质的文化产品和文化服务，同时开展公共文化服务单位与民众的互动，缓解信息不对称造成的弊端，改变文化服务"供方市场"的现状。而海量的信息、合理高效的数据分析结果又为政府进行科学决策提供了信息源的保证，在技术上给予支撑，政府文化部门可以实现遵循"数据"进行管理，克服盲从性，增强公共文化服务的针对性、管理的科学性，进而提高公共文化服务的效率和质量。

（二）顶层设计

政府应积极应对并与互联网接轨，进行顶层设计，逐步建立公共文化服务数字化平台，充分利用现代信息技术打造"文化数字云"，整合公共文化信息资源，将文化设施、资源的供应和百姓的需求实现有效对接，为民众提供一站式服务。

我们可以综合利用大数据、云存储和云计算等技术，建立一个金字塔式的公共文化服务平台模式，即顶部是一个总平台，下面依次根据行政区划建立若干个子平台，从而建立起立体化、全覆盖、全方位的公共文化服务平台体系。这个总平台可以是市级（或省级）设立的互联网平台，以下各个行政层级的相关公共文化服务部门建立自己的子平台（可以利用已有的政府网站或电子政务平台），以此与上级总平台实现有效链接。同时可以采取建立各种网站、各种专题 APP 应用软件、文化专门频道等数字化方式，实现各种数据的互动和共享，以期达到用户无论从哪个数据终端如端或移动终端或电视终端等进入任何一个服务平台，都可以实现各个平台的有效链接，从而迅速获得整个公共文化服务体系提供的服务和便利，提高公共文化服务的覆盖广度、深度和速度。这里的关键词就是"链接"，即横向、纵向的相互嵌入和链接。利用互联网的及时性、无障碍性，使民众可以随时随地地获取本辖区或其他相关地区的各种文化信息，充分享受互联网带来的快捷性。同时通过大数据，利用公共文化服务平台可以拓展各种公共文化的增值性服务，如APP信息发布、各种文化活动推送、阅读推荐、博物典藏、在线欣赏、视觉艺术、票务中心、个人空间、文化搜索、文化档案等，可挖掘的内容非常多。通过互联网，还可以对图书馆、文化馆、博物馆等各种文化设施的相关数据进行采集，比如，图书馆的图书借阅人次、博物馆的参观人次、美术馆的来访人员年龄结构和知识结构等，通过对各种数据进行分析整理，以便提供精准服务，逐步构建公共文化基础信息资源库和公共文化数字资源数据库。

（三）绩效监督

公共文化服务的关键点是"服务"二字，而群众是公共文化服务的对象，实现公共文化服务的均等化，保障人们的基本公共文化权益既是我国公共文化服务的出发点也是落脚点。因此，在公共文化服务运行过程中必须重视人们对公共文化服务的评价和反馈，建立起合理的绩效考核和监督机制。

目前公共文化服务基本上是按照自上而下式的模式发展，容易造成政策的主导者对人们的具体文化需求，各种文化诉求摸底不透、了解不深，这必将对公共文化服务工作的推进产生一定的负面影响。因此，为了提高公共文化服务的服务精准度，做到有的放矢，提高效率，必须充分利用大数据的技术优势，让互联网为我们提供文化民生解决此类问题可操作的好方法。

具体做法是在准备推行具体公共文化服务项目时，首先运用大数据对民众的各类诉求进行收集整理，然后对数据进行各种可能性分析，以便为科学决策提供根据。喻锋、徐盛、颜丽清的《绩效评价指标设计的价值理性与工具理性探析》一文认为，我们可以充分利用互联网时代"数据海量、数据类型丰富、价值密度低、商业价值高、处理速度快等特点"，在民意收集过程中，逐步"建立一套较为完整的数据分析系统。这个系统还可以设置成与一些电子地图、搜索引擎、社交软件进行对接，通过流动的空间、滚动的时间和动态的信息表达形成对民意进行不间断的集中式追踪和整合，然后在反馈结果的基础上，按照数据最大比例优化原则，建立起科学合理的、民意的回应机制"，最终对公共文化服务项目的设定、资金的投入、人员的分配等方面提出有针对性的措施，从而"提高政府在公共文化服务的效能，提高人们对公共文化服务的满意度"。同时还可以利用大数据对公共文化服务工作进行绩效考核，根据不同级别的指标及其权重不断改进工作，提高政府的工作效能。

（四）社会力量参与

目前我国文化志愿者队伍不断壮大，在构建现代公共文化服务体系建设中发挥着积极作用。2016 年 7 月 18 日，文化部印发了《文化志愿服务管理办法》，进一步鼓励和引导文化志愿服务活动的深入开展。由于公共文化服务面宽点多，单纯依靠政府的力量确实很难保障公民的基本文化服务权益，因此，各种社会力量在公共文化服务提供中的角色越来越重要，其中文化志愿者就是重要分子。

互联网技术可以有效实现文化志愿者服务的信息共享交换和资源整合利用，有利于信息系统互通互联、信息共享，进一步提高文化志愿者队伍建设的科学化、信息化、多元化水平。同时，互联网背景下的文化志愿者工作并不是两者的简单相加，而是利用信息通信技术以及互联网平台，实现"1+1 > 2"的协同效应。互联网为文化志愿者活动提供了多种便捷条件，如郑碧强在《以"互联网 +"助推志愿服务多元化发展》一文中所说的，可以通过电子志愿者、虚拟社区等载体为文化志愿者提供新的活动空间，创造出新的发展生态和生活方式，也可以通过提供各种及时有效的文化志愿服务资讯、针对不同需求群体安排不同层次和水平的文化志愿者，不仅满足不同人群的需求，而且使服务提供者和服务需求者相匹配，避免文化服务的浪费。同时互联网还可以为不同文化志愿服务提供各种专业化、精准化的契机和平台，在文化志愿者服务反馈和激励机制下，不仅促成线下服务高效执行，而且实现线上线下文化志愿服务管理功能的全方位覆盖和融合，让受助者真正得到服务，不断推动文化志愿服务向多元化方向发展。

（五）国际借鉴

互联网的及时性、便捷性和无障碍性使国际的文化交流学习常态化成为可能。客观面对我国公共文化服务发展存在的瓶颈与困难，采取兼容并包的态度以及全球化的视野，才能稳妥且合理地解决我国公共文化服务发展的问题，推动其发展。

西方一些国家的公共文化服务比较发达，积累了很多宝贵的经验。比如，以英国为代表的"一臂之距"公共文化管理模式，采用三级架构形式和分权管理原则，具有政府间接管理、重视公民文化权利和资金来源多样化等突出特点，有利于转变政府职能、发挥民间力量和形成多元化文化产业投融资渠道等优势。法国2016 年文化领域工作的三大关键词是：文化民主化、革新、新媒体。特别指出要对新媒体给予资金的支持，进行创新工程，实现人们享受文化生活的目的。可见，如何利用好在互联网背景下的新媒体是世界性的热点和难点，每个国家都在研究它，关注它，最大限度发挥其优势，大力发展自身的公共文化服务。我国苏州市美术馆建立的大型数字文化墙，就巧妙地将互联网与文化相融合，实现三维互动。国外的先进技术我们可以学习引进，同时更要结合本地的特色，精心设计，用心挖掘，打造自身的特色模式，在公共文化服务内容和服务效能上不断寻求新的突破。"只有民族的,才是世界的",千万不能拿来就用,否则有可能变成东施效颦。因此,积极建立和保持国际文化交流与合作,相互学习,取长补短,一定会使我国的公共文化服务工作日臻完善。

第三章 互联网时代的高校图书馆

第一节 互联网——图书馆信息共享的高效渠道

一、计算机网络技术的发展

（一）计算机网络的定义

计算机网络是以各种通信设备和传输介质将处于不同位置的多台"独立"计算机连接起来，并在相应网络软件的管理下实现多台计算机之间信息传递和资源共享的系统。计算机网络建立的主要目的是实现计算机资源的共享。互联的计算机之间可以没有明确的主从关系，每台计算机既可以联网工作，也可以脱网独立工作；联网计算机可以为本地用户服务，也可以为远程用户服务。

根据计算机网络的定义，计算机网络技术由计算机技术与通信技术两部分组成，计算机技术以高效处理信息为目标，而通信技术追求的是以最快速传输最大的信息量，二者都属于信息技术的范畴。

（二）计算机网络的发展

1.第一代计算机网络

具有通信功能的单机系统是早期计算机网络的主要形式。它将一台主计算机（host）经通信线路与若干个地理上分散的终端（terminal）相连，这种连接不受地理位置的限制，系统可以在千里之外连接远程终端。主计算机一般称为主机，它具有独立处理数据的能力，而所有的终端设备均无独立处理数据的能力。在通信软件的控制下，每个用户在自己的终端上分时轮流地使用主机系统的资源。

上述计算机网络存在两个问题：第一，随着所连远程终端数目的增加，主机的负荷加重，系统效率会下降；第二，线路利用率低，费用也较高。

为了解决这个问题，20 世纪 60 年代出现了把数据处理和数据通信分开的工作方式，主机专门进行数据处理，而在主机和通信线路之间设置一台功能简单的计算机，专门负责处理网络中的数据通信、传输和控制。这种负责通信的计算机称为通信控制处理机。此外，在终端聚集处设置多路器或集中器。集中器与前端处理机功能类似，它的一端通过多条低速线路与各个终端相连，另一端通过高速线路与主机相连，这样也可降低通信线路的费用。20 世纪 60 年代初，具有通信功能的多机系统在军事、银行、铁路、民航和教育等部门都有应用。

2. 第二代计算机网络

20 世纪 60 年代中期，计算机网络利用通信线路将多台计算机（主机）连接起来，实现了计算机之间的通信，由此也开创了"计算机—计算机"通信的时代，计算机网络的发展进入第二个时代。

第二代计算机网络与第一代网络的区别在于多个主机都具有自主处理能力，它们之间不存在主从关系。第二代计算机网络的典型代表是 Internet 的前身 ARPA 网。

ARPA 网（ARPAnet) 是美国国防部高级研究计划署，并与许多大学和公司共同研究发展起来的。ARPA 网是一个成功的系统，它在概念、结构和网络设计方面都为今后计算机网络的发展奠定了基础，ARPA 网也是最早将计算机网络分为资源子网和通信子网两部分的网络。

3. 第三代计算机网络——互联网

20 世纪 70 年代，局域网技术得到了迅速的发展。特别是到了 20 世纪 80 年代，随着硬件价格的下降和微型计算机的广泛应用，一个单位或部门拥有微型计算机的数量越来越多，各机关、企业纷纷将自己拥有的为数众多的微型计算机、工作站、小型机等连接起来，从而达到资源共享和互相传递信息的目的。这种在有限地理区域内构成的计算机网络就叫局域网。

局域网的发展及其网络的互联促成了网络体系结构标准的建立。但是，随着网络互联需求的出现，这些不同的标准成为网络互联的障碍，最终促成了国际标准的制定。20 世纪 70 年代末，国际标准化组织（ISO）成立了专门的工作组来研究计算机网络的标准，制定了开放系统互连参考模型（OSI），它旨在便于多种计算机互联构成网络。这一阶段计算机网络的特点是：互联、高速、智能和更广泛的应用。

二、计算机网络技术在图书馆中的应用

计算机网络技术是通信技术与计算机技术相结合的产物，因此两者任何一方面技术的进步都会引起计算机网络的变革与发展。计算机网络技术及其在图书馆中的应用与研究最早源于美国，而且美国信息技术发展和图书馆自动化水平一直处于世界领先地位。因此，我们以美国为例来分析计算机及网络技术发展对图书馆事业的影响。

（一）大型联机网络与机读目录的出现（20世纪60年代中期至70年代中期）

20世纪60年代中期，美国图书馆界开始将计算机用于提高图书馆工作效率的研究。1967年，美国国会图书馆率先将原来向全国各地图书馆提供的纸质卡片目录，改为以计算机可读的磁带进行发行，由此拉开了图书馆自动化的序幕。

计算机在图书馆中最早的应用就是用来处理大量的图书目录信息，机读目录就是在这一背景下产生的。机读目录是文献编目内容（数据）经过计算机处理，以代码形式记载在一定载体上而形成的一种目录，是实现计算机处理书目信息及资源共享的基础。

1967年，美国俄亥俄州的高校联合组建"俄亥俄州大学图书馆中心"（OCLC），开始了计算机联机实现多图书馆合作编目的研究。OCLC设立中心目录库，成员馆分工编制书刊目录并将处理好的机读目录记录输入中心目录库，供所有成员馆通过联机网络访问、检索并开展馆际互借活动。

由于这一阶段的计算机是价格高昂的大型机，一般中小图书馆无力单独实行业务流程自动化的探索。

（二）中小型计算机与图书馆局域网的普及（20世纪70年代末期至80年代）

这一时期，随着中型和微型计算机的问世，图书馆自动化的领域不断扩展。特别是20世纪80年代以后，许多中小型图书馆除了仍通过OCLC完成合作编目及馆际互借业务外，开始联合计算机厂商开发设计适用于中型机的系统来实现图书馆的全面自动化。

1. 联机检索目录

联机公共目录检索系统是20世纪70年代末由美国一些大学图书馆和公共图

书馆共同开发的。最初的联机书目检索（OPAC）仅仅是传统卡片目录的计算机化，之后，逐步发展为应用于图书馆局域网的读者检索系统。

2. 图书馆局域网与自动化集成管理系统

随着计算机微型化与网络技术的发展，中小型图书馆往往购置多台计算机用于处理不同业务，并逐步发展成图书馆内部的局域网。随之，通过局域网实现图书馆全面自动化的集成管理系统开始出现，如美国西北大学的 NOTIS 研发了自己的自动化集成管理系统。

（三）互联网与数字图书馆（20世纪90年代至今）

随着互联网技术的发展，数字化技术、大数据技术、云计算等为图书馆的发展带来了全新面貌。数字图书馆、信息资源中心等概念产生。

数字图书馆（Digital Library）是用数字技术处理和存储各种图文并茂文献的图书馆，实质上是一种多媒体制作的分布式信息系统。通俗来说，数字图书馆就是虚拟的、没有围墙的图书馆，是基于网络环境下共建共享的可扩展的知识网络系统，是超大规模的、分布式的、便于使用的、没有时空限制的、可以实现跨库无缝链接与智能检索的知识中心。信息资源中心则是依托于网络平台的大量信息资源集合，可向用户提供资源搜索、查询、阅读、下载等服务。

综上所述，我们可以得出如下结论：计算机为处理信息而生，网络为传递信息而设计，互联网为信息共享提供了最高效便捷的通道，数字化技术是信息全面共享的基础。

第二节　信息技术新成果在高校图书馆的应用

一、物联网技术及 RFID 的应用

（一）物联网技术简介

1. 物联网的定义

目前，对物联网比较通行的定义是：物联网是通过射频识别（RFID）、红外感应器、全球定位系统、激光扫描器等信息传感设备，按约定的协议，将任何物

品与互联网相连接，进行信息交换和通信，以实现智能化识别、定位、追踪、监控和管理的一种网络技术。物联网技术的核心和基础仍然是互联网技术，是在互联网技术基础上的延伸和扩展的一种网络技术。

2. 物联网的主要特点

物联网技术的组成方式，使得它具有以下四个方面的特点。

（1）全面主动感知。互联网是把感知作为根本目的，保证人和人、人和物、物和物实现全方位互联的一种网络。充分借助二维码、传感器等技术手段，能够主动获得和感知物体或只与物体状态位置等密切相关的信息资料。实现原理是在物体上植入微型的感应芯片，利用传感器得到物理世界的信息资料之后再利用局部的通信网络完成信息的互动和传递，最终实现主动全面地感知世界，获得周围世界各个方面的实际信息。

（2）可靠连通与传送。从本质上看，互联网本质是连通，假如不具备了连通性这一特征，那么物联网也将不复存在。分析和掌握物联网的连通性特征，我们可以从三个维度出发，分别是任意时间、任意地点与任意物体的联通性。互联网可利用有线或无线的多元化传输方法，把物体的实时信息资料进行分类管理之后，再将这些信息准确全面地传递给信息处理的设备和环境，随时随地地进行信息交互共享，有效适应差异化的应用需要，将物联网的连通性和信息传送性发挥得淋漓尽致。

（3）智能分析处理。在对物联网进行实际应用的过程中，常常会有无法计数的传感器问题，各个传感器依照特定频率周期性收集各项信息资料，得到很多的新数据。在收集到海量的数据资源之后，开始用计算机技术对信息进行分析处理，以便从中归纳总结出更加新颖而又全面的信息资源，用来解决特定问题，让特定的知识能够运用于特定的行业、场景与方案，给用户的决策和实际行动提供必要的支持。在互联网广泛推广应用的过程中，终端数量快速提高使得我们能够充分利用云计算方法，对大量信息进行优化处理和研究，为决策和行动提供重要的辅助。

（4）嵌入灵敏服务。物联网为移动通信和互联网带来了新的服务体系，将通信或传输业务扩展成了一个综合性服务，这样的服务带有非常明显的嵌入性特征，主要表现在多元化的物件被嵌入到人们的生活环境中，物联网提供的网络服务被无缝嵌入到工作和生活中。这样的服务灵敏度很高，物联网的应用需要拥有高于常规应用的智慧，拥有超越人类感官的极高灵敏度，才能够有效地进行规律的感知和判断，让人们得到更加灵敏智能的服务支持，将物联网的实际利用价值得到更好的展现。

3. 物联网产业在我国的发展

2009—2010 年，是我国物联网产业发展最迅猛的时期，工业和信息化部副部长奚国华指出百分之八九十的省市把物联网作为自己的支柱产业，根据《中国RED 与物联网 2009 年度发展报告》，中国物联网产业链初步形成，物联网应用逐步推进。2017 年，全球物联网技术和应用进入创新活跃期。我国物联网初步确立系统性竞争优势，迈入"重点突破、系统创新、跨界融合、协同发展"的新阶段。据中经社最新发布的《2017—2018 中国物联网发展年度报告》统计，我国物联网市场规模突破万亿，物联网云平台成为竞争核心领域。

（二）高校图书馆物联网技术应用现状

物联网技术在高校图书馆的应用与研究起步于 2010 年前后，随着其技术不断发展成熟，物联网在图书馆中的应用也从理论到实践均取得了明显进展。物联网技术应用于图书馆，主要效用有三方面：其一，实现了图书馆书刊管理在借还、流通和清查等多个方面朝着自动化、简约化、集成化、高效化的方向发展。其二，打破了图书馆的传统服务模式，拓展了图书馆的服务范畴和服务层面。其三，促进了图书馆事业向智能化方向发展，积极推动了国家图书馆事业的发展步伐。

1. 书刊管理

（1）图书管理架构改变。将物联网技术和高校图书馆建设工作进行有效整合后，图书馆的各项图书资源在管理结构方面发生的变化是最为鲜明的，而且这样的改变是本质性变化。过去高校图书馆在管理各类图书资源的过程中，会把图书分类之后，根据各级类目排架管理，在这样的管理模式之下，相邻书架存放的各项图书资料往往是同一个大类别当中不同的小类别。选用这样的管理方法，能够让图书资料的保存以及管理更加清楚直观，结构也非常清晰，不过图书馆的管理人员想要对所有的图书资源进行有效的维护和管理，对相关图书进行归位就会有很大的难度，而且工作量非常大。运用这样的管理模式和管理架构，也会影响到图书资源扩展工作的实施。

通过积极引入物联网技术，图书馆过去的管理结构被彻底打破，图书存放结果的重要性下降，每本图书的存放位置可以在不同区域。图书的管理结构依靠图书内置传感节点和图书馆的信息管理节点进行密切的通信和关联，构建图书管理完善化的逻辑结构和智能化的管理模式。所以在物联网技术的应用过程当中，图书存放位置的重要性就会下降，而图书管理逻辑关联的重要性就会上升。用这样的方法不仅可以确保图书馆工作人员可以准确获知图书的目前状态以及具体存放的位置，还能够明显减少图书馆资源扩展当中遇到的难题，为图书馆的便捷管理提供保障，同时也极大程度上减轻工作人员的工作量和工作负担，保证图书馆管理的效率和质量。

（2）藏书管理能力提升。过去高校图书馆当中的每本图书，无论是存放于书库还是被广大读者借阅，要对各项图书进行有效监控，主要是通过两个环节。第一个是借出环节，利用词条方法扫描图书，并对图书的信息借出信息进行有效记录。第二个是归还环节，通过对词条的扫描记录归还信息，顺利地完成一个流程的图书管理。当前高校图书馆在获得图书借出和归还信息时，主要依靠的是磁条扫描的方法，而这一方法会明显降低图书管理系统的可靠性以及安全性。在图书入库环节，也常常是利用磁条扫描的方法，构建图书存放的信息，另外图书是处在脱离图书馆监控状态之下的。比如，图书在馆内出现损毁的情况，那么图书管理系统是不能够及时发现这一问题的，而图书馆在查找这些信息时极有可能发现无法查找相关信息的问题，给实际工作带来很大的难题，也影响图书资源的完整性保护。而引入物联网技术之后，图书馆的管理能力将大幅提升，由于每一本图书内都被嵌入了信息传感节点，因此，图书馆对图书的管理不再局限于入库、借出、归还等几个阶段，而是能够定期对馆内所有图书进行扫描以检测每本图书的状态，并将扫描得到的结果与最初入库信息和当前借出图书的信息进行对比，找出信息管理过程中是否存在冲突。比如是否有哪些图书既不处于借出状态，也不处于馆藏状态，但是该图书在最初却又有相关的入库信息，这显然就表明当前有图书处于冲突状态。图书馆应用物联网技术进行信息扫描时，可以不用将图书从书架上逐一取下，而是一次性对多本图书并行扫描，因此其扫描的效率和方便程度都很高，这就确保了图书馆能够定期对图书资源进行扫描，并对当前的馆藏信息和借还信息进行调研对比，排查当前图书管理过程中是否存在错误并及时纠正，最终保证图书馆对图书的精确管理效果。

（3）解决图书的排架、错架问题。传统图书馆为了维护这种按层次、按类别存放的线性管理结构，在排架时需要按照图书所属的类目将其存放到指定的位置。在开架借阅过程中，读者经常会把一些图书从书架上取出翻阅，但又不想借阅此书而随手将其放在书架上，从而导致出现图书错架的问题。而借助于物联网技术，在每一本图书内嵌入传感器节点，可以采用专用的扫描设备对书架上的每一本图书进行扫描。一旦出现错架的问题，就会报警提示从而准确定位哪一个书架第几本图书出现错架问题，管理人员通过精确的位置引导信息找到出现错架的图书并将其纠正归位。因此，利用物联网技术能够很好地解决排架错架问题，大大降低了管理人员的工作量，同时也确保了图书在存放过程中的有序整齐。

（4）图书安全管理。传统的高校图书馆安全管理方面采用的保护措施和保护水平各不相同，通常会配备一些防火设备、防盗监控系统，还有部分图书馆配备了温湿度监测系统等，但是总体而言，这些系统的自动化程度不高，有些还是需要依靠人工管理来实现。此外，这些安全防护系统都是独立运行，没有与整个图书馆的管理系统连成一体。而利用物联网技术之后，不仅将每一本图书与信息管理系统以及读者联系在一起，而且也可以将图书馆的安全防护系统联系在一起，形成一个共同的网络。以防火防潮为例，在应用物联网技术的图书馆中，可以在每个书架旁放置一些对周边环境进行监测的信息传感节点，通过这些节点对图书存放位置周围的温度、湿度进行监测，并将监测到的信息通过物联网传递到图书馆的整个信息管理系统中，由信息管理系统对当前所采集到的温度、湿度等环境信息进行处理，判断当前图书存放位置的环境是否安全。如果出现温度或者湿度的异常，则立刻发出报警信息，并采取措施消除这些安全隐患。而对于图书馆的防盗系统则通过将各个监控系统以及在每一本图书内所放置的传感节点进行实时监控，当图书未经借出系统扫描而被带出图书馆时，图书馆出入口放置的远距离图书传感探测器就能及时检测并报警，从而避免图书被盗。

2. 读者服务

（1）24小时自助借还服务。利用物联网技术之后，由于图书内部都被嵌入了信息传感节点，而图书馆的借还扫描系统对这些节点的扫描是非接触式的，能够进行比基于磁条式的扫描更远的有效距离的探测和扫描，因此读者在图书借还时，只需在扫描系统附近经过，即可实现对图书借还的扫描。该扫描过程可以做到完全的自动化，无须人工干预。读者借还图书数量较多时能够实现一次性对多本图书的扫描，因为在物联网技术中传感器节点与节点之间的通信信号是不会发生干扰的，这样将大幅提高图书借还的效率，从而实现24小时无人值守的自助借还服务。另外，在图书馆的出入口放置有传感器节点的远程扫描系统，能够以较远的距离对所有植入图书内的传感节点进行扫描，确保图书在无人值守状态下的安全。

（2）图书的精确定位与自动导航服务。在图书馆的资源服务过程中，读者查阅信息时有相当一部分时间是花费在查找资源内容上，而另一部分时间则是花费在寻找有特定内容的图书上。其中，读者对某些内容的寻找所花费的时间和精力主要取决于对该内容的掌握程度，以及对馆藏资源中所关注的图书内容的了解程度；而对图书的寻找和定位则完全要依赖于图书馆对藏书管理的科学程度。应用物联网技术之后，当图书馆出现大量乱架问题且图书管理人员未能及时纠正时，依靠图书的精确定位系统，则可以为读者准确定位出其想要图书的存放位置。再利用一些自动导航系统，如基于网页的动画演示可以让读者更清晰直观地了解图书的存放位置，也可以让读者在图书馆书库行走过程中，通过对读者借阅卡信息的识别获取读者期望寻找和定位的图书资源，然后再通过语音提示的形式，逐步将读者引至感兴趣的图书面前。因此，在应用物联网技术的高校图书馆中，通过对图书的精确定位和自动导航，大大提高了读者在寻找图书文献过程中的效率。

（3）图书资源的智能推送服务。读者在获取信息的过程中，除了需要花费一定的时间根据已知图书内容去定位图书位置，还将花费更多的时间和精力寻找图书内容，而图书资源智能推送服务可实现数据信息通信的特点和超大容量的数据信息存储空间，改革了图书馆的馆藏管理体系。

尽管物联网在我国图书馆尚未进入推广阶段，但国内外一些图书馆成功应用RFID技术实现了图书馆的物联网，使得图书馆管理和服务更加人性化和智能化。可以预见，未来几十年，物联网技术在图书馆将具有广阔的应用空间。

（三）RFID技术在图书馆管理中的应用设计

对于国内图书馆的数字化建设，应用RFID技术进行管理是一个很好的手段。它可以应用在以下方面：①门禁监控系统。可以根据需要在图书大门及阅览室都设置门禁系统，不仅起到限制非授权读者入馆入室的作用，还可以监测读者的入馆入室情况；②简化借还书作业。设置读者自助借还书通道，读者只需持借阅证及书刊走过RFID阅读器，书刊的借出处理就完成了。而读者归还书刊更加简便，只需要把书刊投入还书箱就可以了；③目前图书馆除用光学条形码作为每一本书的标识码外，为安全起见还需加贴磁条以防图书未经许可被带走；④加速盘点作业。条形码阅读器盘点时须自书架上将每一种书取出进行记录。而RFID技术以无线电波传递信号，并可一次读取数个RFID标签数据，简化盘点工作；⑤容易寻找不在架上或归错架位的图书。利用无线电波感应，使得图书寻查工作较为容易；⑥对电子阅览室的上机机时进行管理。简化学生入室手续，自动识别上机读者身份并自动分配机位，提醒读者下机时间。

1. RFID技术在图书馆门禁系统的应用设计

门禁管理分两种情况，分别是图书馆大门的门禁管理和阅览室的门禁管理。

（1）大门门禁系统设计。读者进入图书馆时，持RFID卡借书证在大门的RFID识读器的识别范围内即可识别验证。若为合法用户则门禁机驱动道闸放行，若为非法用户则门禁机鸣叫报警。大门通道控制的工作流程如图3-1所示。

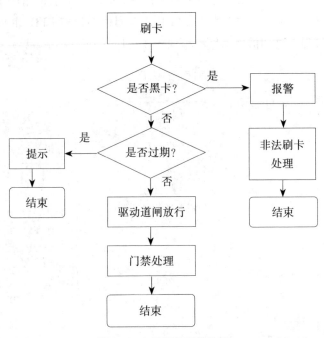

图 3-1 大门门禁系统流程

（2）阅览室门禁系统设计。阅览室可分为两类：一类是对所有合法读者开放的普通阅览室，不必单独设置门禁；另一类是对特定读者开放的特定阅览室，可以通过卡级别的设定来解决。阅览室门禁工作流程如图 3-2 所示。

2. RFID 技术在图书馆书刊流通中的应用设计

（1）书刊借出模块。为保护系统原有

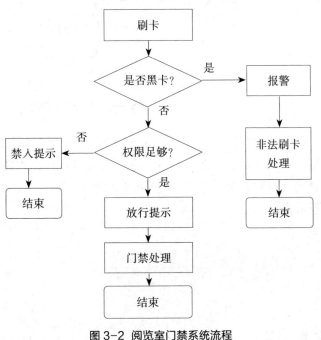

图 3-2 阅览室门禁系统流程

投资，借书管理基本沿用原有的借书管理模块，只需将原有的条码卡阅读器读取借书证条码及书刊条码的过程替换为 RFID 卡阅读器读取 RFID 卡借书证及书刊 RFID 标签的过程。书刊借出工作流程如图 3-3 所示。

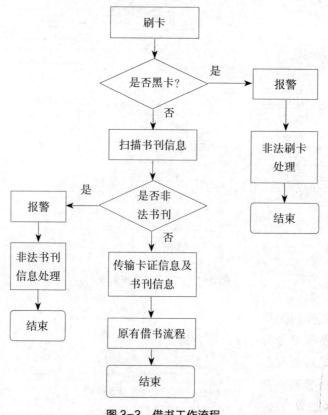

图 3-3　借书工作流程

（2）书刊归还模块。还书处理则是 RFID 阅读器先读取被投入还书箱的书刊信息，判断是否为非法书刊信息，确认有效后办理还书手续，并将还书信息存储到后台数据库。可以一次进行多本书刊还回处理。书刊还回工作流程如图 3-4 所示。

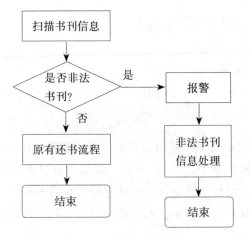

图 3-4　还书工作流程

3. RFID 技术在电子阅览室上机机时管理中的应用设计

读者在持 RFID 读者证经过 RFID 阅读器扫描后，即可看到由系统自动分配的机位，读者按分配的机位上机。机时管理微机实时采集读卡的信息并开始计时，在某机位上机时间到则管理微机自动向管理员提示。上机机时管理流程如图 3-5 所示。

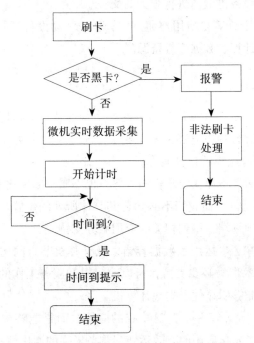

图 3-5　电子阅览室上机机时管理流程

二、云计算在高校图书馆的应用

（一）云计算概述

1. 云计算的提出

2006年8月9日，谷歌首席执行官埃里克·施密特在年度搜索引擎大会上首次提出"云计算"的概念。2007年10月，谷歌与IBM开始在美国大学校园推广云计算的计划，该计划旨在降低分布式计算技术在学术研究方面的成本，并为这些大学提供相关的软硬件设备及技术支持，而学生则可以通过网络开发以大规模计算为基础的研究计划。

2. 云计算的定义

对云计算的定义有多种说法。对于到底什么是云计算，至少可以找到100种解释。现阶段广为接受的是美国国家标准与技术研究院（NIST）的定义：云计算是一种按使用量付费的模式，这种模式提供可用的、便捷的、按需的网络访问，进入可配置的计算资源共享池，这些资源能够被快速提供，只需投入很少的精力到管理工作，或与服务供应商进行很少的交流。

从本质上讲，云计算是指用户通过计算机、移动设备等终端通过远程连接的方式，获取存储、计算、数据库等资源。

3. 云计算的特点

(1) 超大规模。"云"计算最为显著的一个特征就是规模巨大。例如谷歌的云计算，具备超过1万台的服务器，另外微软、雅虎等云计算的服务器有几十万台。"云"让广大用户拥有超大的计算能力。

(2) 虚拟化。"云"不存在固定化的位置，也不属于固定化的实体。"云"在一个虚拟的空间当中运行，而我们不必知道其具体所处的位置。云计算可以让用户在任意地点利用各种终端，得到相关的应用服务支持。

(3) 可靠性强。"云"运用了数据容错以及计算机节点同构互换等先进的技术手段，有了这些技术作为必要支持，可以明显提升服务工作的可靠度，而且通过对云计算进行应用能够明显优于本地计算机。

(4) 通用性强。云计算并不针对特定的应用，而是能够构造出千变万化的应用，可以有效支撑多元化应用的有效运转，具备极强的通用性特征。

（5）可扩展性高。"云"的规模能够实现动态伸缩，满足应用持续扩大和用户持续增长的需要。

（6）按需服务。"云"是异常庞大的资源池，用户可以根据自身的需求进行购买，根据用量进行实际计费。

（7）成本低廉。"云"的自动化集中式管理能够明显提高资源利用率，同时用户也不必耗费过多的时间和精力对数据资料进行管理以及维护，因而可以得到低成本的良好服务。那是因为有了云的支撑，让过去需要过高花费和过长时间才可以处理完成的任务，可以在降低费用和较快速度之下顺利完成。

（8）潜在危险性。现如今云计算服务大多是私人机构进行垄断的，在知识经济时代及社会化背景之下，信息的重要性日益凸显，掌握了信息收集和利用的主动权，就拥有了适应这个时代和在激烈竞争当中获得优势的主动权。云计算数据对数据拥有者外的其他用户是保密的，但是对于攻击云计算服务的机构却没有秘密。也就是说这些机构能够轻松获得数据所有者的各项数据资料。那么政府商业机构等若选择云计算服务，必须要认识到信息泄露的潜在风险，并对此保持高度警惕，以免带来不可逆转的损失。

4. 云计算的类型

从云计算的架构和业务模式来看，云计算分为以下类型。

（1）公共云。公共云为公众提供开放的计算、数据、存储等服务，公共云部署在公司的防火墙之外，由云供应商进行维护和管理。

（2）私有云。私有云部署在公司的防火墙之内，为某个特定组织或企业内部提供相应的服务。私有云由组织或企业自己维护和管理。私有云具有以下优势：数据管理安全、服务质量稳定、硬件资源和软件资源可充分利用、不影响 IT 流程的管理。但建立私有云比较困难，且持续运营成本较高。

（3）混合云。混合云是公共云和私有云的混合。一般来说，混合云由企业内部创建，由企业和公共云提供商共同完成维护和管理任务。混合云可以为其他弹性需求提供一个良好的平台，如灾难恢复。

（二）云计算在图书馆中的应用与实践

1. 云计算为图书馆带来的发展机遇

云计算理念和技术与图书馆资源共享的服务目标高度契合，云计算的发展必将改变图书馆的管理与服务模式，为中小图书馆建设快速实现自动化管理与服务提供最大便利。

(1)"云存储"降低了数字图书馆的管理成本。云计算简化了信息技术架构的实施，图书馆内大量的电子资源都可以存储在"云"上。"云存储"化解了电子资源剧增与存储空间不足的矛盾，有效降低电子资源管理成本，提高电子资源的利用率。

(2)加快资源整合进程。云计算最重要的思想是"整合"。云计算具备全部的硬件能力，还可以将其存储的数据进行整合应用。在图书馆系统内，各种资源（如网络资源、馆藏书目数据、自建数据库等）可以通过"云"整合在一起实现信息高度融合，构筑"行业云""区域云"等信息共享空间，可以使读者享受到更全面、更专业的信息服务。

(3)促进"泛在图书馆"服务的实现。"泛在图书馆"是图书馆未来的发展趋势。"泛在"指出了未来图书馆服务的便捷性和广泛性，而云计算恰恰为这种新兴的图书馆形式奠定了技术基础。随着云技术的深入应用，随时随地地获取信息资源将不再只是一个美好的构想。

2. 云计算在国内外图书馆中的应用

2009年4月23日，美国联机计算机图书馆中心OCLC宣布推出基于WorldCat书目数据的Web级协作型图书馆管理服务，这被认为是一项云计算服务。此举被认为开创了云计算在图书馆界应用的新纪元。同年，我国的CALIS(中国高等教育文献保障系统)提出数字图书馆云战略。2010年9月，CALIS正式向全国高校图书馆推出了基于云计算的两级云数字图书馆共享服务平台。该平台支持馆际协作和服务获取，支持用户聚合参与，支持资源的共建、共享，实现虚拟化服务。

3. "图书馆云"展望

"OCLC云"的到来，意味着图书馆云计算已经开始，但是，"OCLC云"只是一朵"私有云"，还不是人们所希望的那朵"公有云"。

图书馆云平台，就是要利用云技术，把数字化资源通过移动终端设备展现给任一地点的用户，实现海量的数字浏览、阅读、下载等服务，使用户能够在任意时间、任意地点以任意终端实现以上需求。在图书馆"云"服务时代，图书馆既是云计算的使用者和受益者，也是云服务的开发者和提供者。图书馆的"云"平台应包括以下服务。

(1)软件服务。指各种软件应用都可以网络服务的形式提供给用户。

(2)存储服务。指各种数字资源都可以放在"云"端上，不再需要做本地镜像。

（3）数据服务。中心图书馆作为"云"服务的供应商，提供本地数据或者其他业务的服务。

（4）平台服务。引入"云"基础设施，利用云计算解决方案，搭建"私有云"，满足本地或局部应用。

（5）网络整合服务。图书馆作为服务供应商将本地资源上传并整合进云资源体系，为所有读者用户提供更全面的服务。

总之，"云"的迅速发展，必将带来图书馆建设与服务的重大变革。未来大多数图书馆将无须配备庞大的机房设施和专业系统维护人员，只需让少数财力和人力资源雄厚的"中心图书馆"来担当重任，提供"云"服务，其他图书馆的业务管理、资源建设与服务等功能都可以通过"云"来实现。未来，读者以个人身份信息登录"云"系统，就可以获得图书借阅、信息查询、参考咨询等服务。

第三节　互联网时代高校图书馆的资源建设合作

一、图书馆信息资源概述

（一）信息与信息资源的概念

1. 信息的概念和内涵（information）

信息存在于自然界，也存在于人类社会，它来自物质世界，也来自精神领域。从远古的"结绳记事"到后来的"举烽火为号"，从近代的电话通信时代到今天飞速发展的互联网时代，人类对信息的认识越来越深入，信息也在人类社会生活中发挥着越来越重要的作用。

那么，究竟什么是信息呢？

关于信息的定义，目前能搜到的多达几十种，不同学科的专家从不同角度出发，对"信息"给出了不同的解释和界定。美国信息论创始人香农（C.E.Shannon）认为，信息是用来消除不确定性的东西。哲学家认为，信息是物质存在方式和运动状态所蕴含的间接存在物的标志；经济学家认为信息是提供决策的有效数据；图书情报学家认为，信息应该是文献、情报、知识、数据和新闻的总称。目前，哲学界和科学界较为公认的看法是：信息是世界上一切事物的运动状态、特征及其反映，它与事物共存、存在于整个自然界和人类社会。其中的含义有两方面：①从本体论（客观世界）来说：信息泛指一切事物存在的状态和运动的方式，它与物质、能量一起构成了客观世界的三大要素；②从认识论（主观世界）上说，信息是事物存在状态和运动方式的（在人脑中的）反馈，是构成人类文明的最主要原材料。

2. 信息资源的概念和内涵

就像是上文所提到的，信息具有普遍存在性特征，但是并不是全部信息都能够被称作信息资源，所以在此处我们需要探讨信息资源的定义究竟是什么。通过对诸多的定义内容进行归纳分析，并对各种不一样的观点进行总结，当前得到的比较一致的观点，有两种，分别从广义和狭义这两个角度出发，对信息资源下的定义。狭义层面上的信息资源指的是信息内容本身，而广义上的信息资源则是指参与信息活动的各个要素的总和。我国图书情报学的专家通过多年来的研究和相关成果的归纳指出，信息资源是人通过系列认识与创造之后，用符号形式存储在一定载体上能够进行利用的所有信息的总和。

我们要加强对信息资源的认识和理解，就需要知道信息资源的内涵是什么，其内涵主要包括以下几个部分：第一，信息资源是附加了人类劳动的一种信息，也就是说只有加入了人类劳动，才能够将这些信息归入到信息资源的范畴。那么没有得到个人开发组织，没有被他人使用的信息，都不能够被叫作信息资源。第二，信息资源包括四个基本要素，分别是信息、人、符号以及载体。信息是信息资源的来源，人是认识主体生产信息资源，同时又对生产的这些资源进行优化利用，而符号则是人们生产与利用信息资源过程当中使用的媒介手段，载体是存储利用信息的工具。第三，信息资源属于动态性的概念内容，信息资源数量和范畴，受到生产力和研究水平的影响。

（二）信息资源的分类

鉴于信息资源分类的重要性，人们从多种角度其进行研究并提出了不同的分类方案。

所有信息资源按照其附着载体的不同可以划分以下三大类。

（1）体载信息资源：以人的大脑为载体的信息资源，它一般通过人体各种表达方式来传递，包括口头语言（报告、授课、讨论、交谈等）和身体语言（手势、表情、舞蹈表演等）。体载信息资源属于一种潜在资源，不主动传递，他人无法获取。

（2）实物信息资源：通过实物（如自然物质、文物、产品、模型等）形式来存储和表现的信息资源。可分为自然实物信息资源，如河流、山川、花草等；人工实物信息资源，如雕塑、模型、建筑物等。

（3）文献信息资源：以文字、图形、符号、声频、视频等方式记录在一定固态载体（区别于声波、光波、电磁波等瞬时信息附载物）上的信息资源。包括图书、连续出版物、会议文献、专利文献、政府出版物、技术档案、手稿、乐谱、软件等。

文献信息资源（又称文献资源）是当前数量最大、利用率最高的信息资源。通常我们所说的图书馆信息资源，指的就是文献信息资源。因此，在图书馆学科中，又对文献信息资源进行了进一步的研究和细分。

文献信息资源按其内容加工程度可分为以下几类。

① 0 次文献资源：未经正式出版发行的最原始的信息记录。特点是具有原始性、内容新颖，但不成熟、分散、难以检索和利用。

② 一次文献资源：以作者本人的科研工作为依据而创作的原始文献，具有新颖性、创造性和系统性特征，参考和使用价值较高。

③ 二次文献资源：查找一次文献资源的工具，具有浓缩性、汇集性和有序性，它的作用不仅在于报道信息内容，更重要的是可以提供原始和一次文献的线索。如：书目、题录、文摘、索引等。

④ 三次文献资源：对一次文献资源进行综合分析、研究和评述而编写的成果。如各种知识手册、百科全书、年鉴以及其他综述和评论性文章。

0 次文献资源是一次文献资源的素材，二次、三次文献资源是对一次文献资源进行组织、加工、综合后形成的，便于人们对一次文献的查找和利用，但信息的创新性不强。

文献信息资源按记录信息的载体材质可分为以下几类。

① 印刷型文献资源。印刷型文献资源即纸质文献资源，以纸质材料为载体，以印刷为手段记录文字信息内容。由于印刷型文献的普及性，目前是高校图书馆信息资源的主要构成。

② 缩微型文献资源。缩微型文献资源即以印刷型文献为母本，采用光学摄影技术，把文献的影像固化在感光材料上的一类文献。缩微型文献资源由于阅读必须借助专门的阅读设备、使用极不方便等原因，逐渐被数字型文献资源所取代。

③ 数字型文献资源。数字资源是指一切以数字化形态存在的文献信息资源。数字型信息资源又分为电子文献资源和网络文献资源两种。电子型文献资源，是指以声、光、电磁等手段将文献信息记录在磁带、磁盘、光盘等载体上，并通过计算机或其他设备加以利用的文献资源。高校图书馆购买的学术期刊光盘、声像资料等均属于电子文献资源。网络型文献资源，是指以数字化形式记录的、以多

媒体形式表达的、存储在网络计算机磁介质、光介质以及各类通信介质上、并通过计算机网络通信方式进行传递的信息资源。相对于电子型文献资源的看得见、摸得着，网络文献资源则是看不见、摸不着的，它需要通过计算机网络收集、整理和传输利用，又称虚拟型文献资源。

（三）数字型文献资源的发展分期

1. 国际联机阶段

我国高校从 1980 年开始利用国际联机机构提供的信息服务，到 1989 年共有 18 个国际联机检索系统投入使用。其中使用率最高的是美国 Dialog 国际联机检索系统，以其庞大的信息量在我国图书情报界赢得了良好的口碑。在互联网网络普及之后，其基于互联网的多种检索平台也投入使用，时至今日，Dialog 国际联机检索系统在我国仍具有很大的用户群体，但其高昂的检索费用也令很多用户望而生畏。

2. 单机版光盘数据库阶段

1986 年，在美国芝加哥召开的国际联机检索会议上，CD-ROM 第一次被人们所认识。它以大容量、易于保存和检索等特点从一开始出现就受到很大欢迎。我国最早引进的光盘数据库是 1986 年美国国立医学图书馆（NLM）医学文献分析和检索系统数据库（MEDLINE）。随后的几年中，引进的数量逐渐增多。对于单机版的光盘来说，其信息不容易共享，光盘本身容易损坏，同时对读取设备有一定的要求。随着网络时代的到来，单机版光盘数据库逐渐被淘汰。

3. 网络学术数据库阶段

网络学术数据库是指基于互联网技术进行访问、检索和传递的信息资源。目前高校图书馆购买或收集的网络型文献资源可分为电子图书、电子期刊、工具型软件、学习型数据库、文摘索引数据库、数值型数据库和集成商全文数据库 7 种类型。

二、国内外大型网络文献数据库与检索系统

（一）国外主要网络文献数据库与检索系统

1. Elsevier Science Direct 全文数据库

Elsevier 出版社的全文数据库平台，是高校教学科研的重要文献保障来源之

一，通过 Science Direct 可以链接到 Elsevier 出版社丰富的电子资源，其期刊涉及 24 个学科，包括数学、物理、生命科学、化学、计算机科学、临床科学、环境科学、材料科学、航空航天、工程与能源技术、地球科学、天文学及经济、商业管理、社会科学等。目前本校读者可访问的学科有：商业管理和财务、计算机科学、决策科学、经济计量经济学和金融、工程、数学、社会科学。

2. EBSCO 书目与全文数据库

EBSCO 公司的全文数据库 Academic Source Premier（ASP）和 Business Source Premier（BSP），是 CALIS 最早引进的数据库（最初为 Academic Search Elite 和 Business Source Elite）之一。2009 年 EBSCO 公司又推出综合类集成全文数据库 Academic Source Complete（ASC）和 Business Source Complete（BSC），ASC 和 BSC 是目前 CALIS–ASP/BSP 集团的升级版本，除完全覆盖原 ASP 和 BSP 的所有收录内容外，还在全文文献收录种类和内容上做了大幅度升级与扩展。

3. Springer 数据库

Springer 出版公司是世界著名的德国出版公司，其网上出版系统 Springer Link 收录 439 种学术期刊(其中近 400 种为英文期刊)，内容涉及数学、物理和天文学、化学、医学、生命科学、计算机科学、地理、法律等学科。

4. SCIE 科学引文索引

Science Citation Index Expanded（科学引文索引扩展版，SCIE）是 Science Citation Index（科学引文索引，SCI）的网络版，目前包含在 Web of Science 数据库中。它是全球知名的科技文献检索工具全球知名的引文索引数据库，被称为三大检索系统之首。它作为世界知名的引文索引数据库，SCIE 收录了包括自然科学和工程技术、临床医学等领域的 170 多个学科 8800 多种有影响力的学术刊物，回溯数据可达到 1900 年。

5. Wiley Online Library

Wiley Online Library 是一个综合性的网络出版及服务平台，提供全文电子期刊、在线图书和在线参考工具书及专业数据库等服务，收录有 1500 多种在线期刊、19000 多种在线图书，以及多种过刊集、参考工具书、实验室指南等。学科范围包括：工商管理、化学、计算机科学、地球与环境科学、教育学、工程学、法律、生命科学、数学与统计学、医学和卫生、物理和天文学、高分子与材料科学、兽医学、食品科学、艺术、人类学、心理学、社会学等。该出版社期刊的学术质量很高，是相关学科的核心资料，其中被 SCI 收录的核心期刊超过 1200 种。

（二）国内主要网络文献数据库与检索系统

1. CNKI 数字图书馆

CNKI 工程是以实现全社会知识资源传播共享与增值利用为目标的信息化建设项目。在党和国家领导以及教育部、中宣部、科技部、新闻出版总署、国家版权局、国家发改委的大力支持下，在全国学术界、教育界、出版界、图书情报界等社会各界的密切配合和清华大学的直接领导下，CNKI 工程集团经过多年努力，采用自主开发并具有国际领先水平的数字图书馆技术，建成了世界上全文信息量规模最大的"CNKI 数字图书馆"，并正式启动建设《中国知识资源总库》及 CNKI 网格资源共享平台，为全社会知识资源高效共享提供最丰富的知识信息资源和最有效的知识传播与数字化学习平台。

CNKI 数字图书馆涵盖了中国自然科学、工程技术、人文与社会科学期刊、博硕士论文、报纸、图书、会议论文等公共知识信息资源；用户遍及中国和欧美、东南亚、澳大利亚等各个国家和地区，实现了中国知识信息资源在互联网条件下的社会化共享与国际化传播，使中国各级各类教育、科研、政府、企业、医院等各行各业获取与交流知识信息的能力达到了国际先进水平。

2. 超星数字图书馆与读秀学术搜索系统

超星数字图书馆成立于 1993 年，是国内专业的数字图书馆解决方案提供商和数字图书资源供应商。超星数字图书馆，是国家"863"计划中国数字图书馆示范工程项目，2000 年 1 月，在互联网上正式开通。目前拥有数字图书 80 多万种。读秀学术搜索系统是超星集团全资子公司，北京世纪读秀技术有限公司研发的新技术产品，是全球最大的中文文献资源服务平台，集文献搜索、试读、文献传递、参考咨询等多种功能为一体。

3. 维普期刊资源整合服务平台

维普期刊资源整合服务平台是维普公司集合所有期刊资源，从一次文献保障到二次文献分析再到三次文献情报加工的专业化信息服务整合平台。它拥有国内规模最大的文摘和引文索引数据库，主要有 4 个功能模块：① "期刊文献检索"模块，提供检索查询、文献传递、检索历史、参考文献、基金资助、期刊被知名国内外数据库收录的最新情况查询、查询主题学科选择、在线阅读、全文快照、相似文献展示等功能；②"文献引证追踪"模块，是目前国内规模最大的文摘和引文索引型数据库；③"科学指标分析"模块，是目前国内规模最大的动态连续分析型事实数据库，提供三次文献情报加工的知识服务，有助于显著提高用户的学习研究效率；④"搜索引擎服务"模块，为机构用户基于谷歌和百度搜索引擎面向读者提供服务的有效拓展支持工具。

4. 万方数据资源系统

万方数据资源系统包括中国学位论文全文数据库、数字化期刊全文数据库、中国学术会议论文全文数据库、中国专利全文数据库、科技信息子系统等子数据库。中国学位论文全文数据库由中国科技信息研究所提供，收录了自 1980 年以来我国自然科学领域博士、博士后及硕士研究生论文，其中全文 100 万余篇，每年稳定新增 15 万余篇，是我国收录数量最多的学位论文全文库。数字化期刊全文数据库目前集纳了理、工、农、医、哲学、人文、社会科学、经济管理与教科文艺 8 大类 100 多个类目的约 6800 种各学科领域核心期刊，实现全文上网，论文引文关联检索和指标统计。中国学术会议论文全文数据库是收录了 1998—2004 年国家一级学会在国内组织召开的全国性学术会议 7000 余个会议，75 万余篇会议论文全文，是目前国内收录会议数量最多，学科覆盖最广的数据库，是掌握国内学术会议动态必不可少的权威资源。中国专利全文数据库收录从 1985 年至今受理的全部发明专利、实用新型专利、外观设计专利数据信息，包含专利公开(公告)日、公开(公告)号、主分类号、分类号、申请(专利)号、申请日、优先权等数据项。科技信息子系统汇集中国学位论文文摘、会议论文文摘、科技成果、专利技术、标准法规、各类科技文献、科技机构、科技名人等近百个数据库，其上千万的海量信息资源，为读者提供丰富、权威的科技信息。

三、网络环境下高校图书馆信息资源建设的策略与方式

信息资源是现代化以及数字化图书馆建设的根基所在。其中现代化图书馆信息资源主要来自对各类文献的揭示，而数字图书馆信息资源是对数字资源有序组织整合并利用网络信息技术给公众提供信息资源服务的模式。积极推进信息资源建设是发挥图书馆作用、保证图书馆建设与时俱进的重要举措。

（一）传统文献资源的建设原则

传统文献资源是我们所熟知的纸质资源，以纸质资源的选择作为核心内容，当然其中也包含音像和缩微型的文献资料内容。在全力打造现代化图书馆的过程

中，一定要做好对这些资源的收集整理和保管工作，才能够为资源建设和图书馆的可持续性发展提供必要的支持与保障。

1.纸质文献资源的建设

就目前而言，图书馆馆藏当中的电子出版物数量在持续上升，不过就趋势而言，纸质文献资料在总体数量方面不仅不会下降，反而会持续上升，纸质文献资源仍旧是信息资源建设和发展当中不可或缺的构成要素。主要是因为纸质文献资料具备以下几项突出优势，而以下优势是其他文献不存在的。纸质文献资料是对传统图书馆资源的拓展延伸，拥有法律效力，尤其是具备可视性、人文性、舒适性、永久性的特征，而这样的特点是其他文献资料不能比拟的。这就强调公共图书馆以及其他图书馆，在发展建设的过程当中，都需要把纸质文献建设作为重中之重，始终把握文献资源建设的重点。通过对国家图书馆最近几年纸质文献收藏的实际情况进行分析，得到的结果是每一年都在以 50～60 万册的速度上升，这是一个重要的趋势表现，证明纸质文献资料具备突出价值。再如，在我国的国家图书馆当中，有很多代表性的珍贵馆藏，比如南北朝的敦煌遗书、明朝的《永乐大典》、清朝的《四库全书》等仍然保存得非常完整。在最近一段时间，文化部门和财政部门积极推进实施的中华善本再造工程，是想要把超过 1000 种宋元明清时的课本，利用高技术手段进行再现，通过这样的方法，让越来越多的图书馆接触到珍贵的纸质文献资源，同时也给纸质文献的保护提供全新的渠道和方法。

2.缩微文献、音像资料的建设

这两个类别的文献资料极具特色，主要表现为体积较小，在对其进行保存时能够节约空间；能够让原始资料得到长时间的保存和保管；具备法律效力。研究和实践数据表明，胶片的保存时间是 100 年。音像资料的保存时间也是比较长的，不过这些资料的可视性程度较低，在对其进行实际应用时，一定要依靠专门设施设备才能够达到目的。不过我们也需要看到这两类文献资料是纸质资料的补充，因此也应该予以重视，并对这样的资料进行有效的发展和建设。就拿缩微文献资料来说，从 1985 年开始，我国就开始运用技术手段对公共图书馆当中的诸多文献资料进行抢救，同时针对该技术进行专门的研究，并在全国范围内建立了 20 多个省级缩微拍摄网点，并有将近 40 个文献收藏单位参与到各项实际活动当中。截至2001 年，抢救拍摄的各种各样的书籍和文献资料上亿，除了利用复制的方式，让各个图书馆可以对其进行应用之外，原本全部收藏到了国家的缩微品母片库当中。通过这样的发展建设。不仅能够让原本已经濒危的纸质文献得到抢救和保护，还能够让各个图书馆的馆藏资源得到有效的补充。

（二）新型载体信息资源建设的策略与方式

1.适量采购有固定载体的电子资源

新型载体信息资源包括不同类型的数字资源，例如网络和电子出版物。伴随着资源建设工作的开展，新型载体信息资源已经成为资源建设过程当中至关重要的构成要素，而且重要程度和所占比例都在持续上升。就拿国家图书馆来说，到目前为止采选的中英文多媒体光盘，存储超过8000张的大型数据库已超过70个，而全文电子期刊收入超过8000种。在图书馆的发展和建设当中，图书馆要注意立足实际，科学选取新型载体信息资源，保证资源的选择和传统文献资源进行高度匹配和协调一致，以便在动态化发展进程当中优势互补，扬长避短，打造具有高使用率和应用价值的信息资源系统。

2.自建特色数据库

自建特色数据库可以说是高校图书馆的一种独特优势，指的是高校在图书馆建设过程当中有效利用所在地域的优势，积极吸收和运用历史文化资源，将本校的特色学科与馆藏资源作为有效根基，利用现代化技术手段和能力雄厚的专家团队，针对某个学科或专题信息展开归纳整理分析存储同时依照一定规范标准将其进行数字化建设，最终打造成为可以满足读者的个性化需求，让用户可以轻松获取并且利用的网络信息资源数据库。所以特色数据库建设当中，选择的各项资源需要把特色馆藏作为根本基础，将高校的优势学科以及特色专业作为重要的立足点，以用户的实际需要和个性化需求为中心，服务于高校学科建设以及人才培育，打造具备专业性和主题性的数字信息资源。高校在建成特色数据库之后，需要设置专门的机构和专门的工作人员担当起数据库的更新维护以及管理工作，检查数据库的运行情况，及时获得来自用户方面的反馈信息，并对其中涉及的一些错误事项和信息资料进行有效更正，完善系统功能；关注数据库资源建设当中的动态信息，更新网络资源当中发生变化的内容，对无效链接进行查找和修正，使得特色数据库当中的各项信息资源得到更新和换代；管理人员需要做好日志备份工作，完善备份技术，避免出现数据丢失和缺损的问题；通过定期抽查数据库资源的方式，维持数据资料的新颖及有效性，让特色性的数据库资料可以给广大用户提供良好的服务以及必要的信息支持。

3. 根据学科特点采集整合网上免费信息资源

网上信息资源是图书馆收集各项文献信息资料过程当中逐步开辟和拓展的新渠道，也是重要的信息来源，必须要得到图书馆资源建设工作的重视，充分考虑网上的免费信息资源内容。现如今网上的各项信息资料也已经成为公众查找和获得信息的有效途径。对网上的各项信息资源进行处理整合，能够在很大程度上补充馆藏资源不足的情况，为资源建设的完整性和科学性提供必要的支持。网上可以获得大量免费的信息资源，而且这些信息资源具有广泛的来源，涉及的方面也非常广泛。我们要想把图书馆建设成为各项信息资源的集散之地，就要关注网上信息资源的收集和整理工作，让读者多样化和广泛性的信息需要得到有效满足。不过我们在选取网上信息资源时，一定要特别注意解决好信息资源版权问题，注意结合学科的特征和学科信息资源的实际诉求收集信息，保证信息采集的针对性和合理性，消除随意收集信息和随意利用的问题。

4. 按需购置大型网络资源数据检索系统

国内外的大型网络资源数据检索系统很多，前文中也有介绍，但是每个数据库都有各自的优点和缺点，因此，高校应当根据自身的学科特点、地域特点选择合适的网络资源数据源检索系统进行购入，同时也要考虑自己与其他图书馆的共享资源，尽量做到不重复购入，从而提高资源利用率。

现阶段，高校图书馆电子资源的引进主要有以下三种方式：从数据库提供商或信息服务提供商处购买或取得使用权；将馆藏的印刷型资源数字化；搜集网络信息，并进行整理和组织，形成自建电子资源。

（三）高校图书馆合作采购国外电子资源的方式和流程

上述几种电子资源建设方式各有优缺点，很多高校图书馆也会使用后两种方式进行电子资源建设，但最主要的方式是从数据提供商或信息提供商处购买和引进。

对国外电子资源的引进方式，主要是由 CALIS 的文理和工程两个全国性中心组织高校图书馆以"集团采购"的方式进行。这种方式，一方面可以帮助大多数图书馆节约时间，减少谈判等环节的麻烦；另一方面，可以凭借集团的力量从数据库供应商那里争取到更优惠的价格和更好的服务。目前来说，CALIS 集团采购的组团方式有以下几种。

一是 CALIS 用项目经费购买，免费提供给有关院校使用。如 CALIS 一期的

OCLC First Search。

二是 CALIS 用经费部分补贴或没有补贴，各院校按自愿的原则参加集团采购，我国高校组团引进数字资源一般以这种方式为主。如 CALIS 一期对 Ei Village 给予部分补贴。

三是按地区组团。由 CALIS 地区中心组织高校团购，各地区只要付足费用，该地区所有高校都能够使用。如 Springer-LINK，在全国组织了 10 个采购集团。

四是共建共享。2003 年，CALIS 组织中国高校集团引进 Protest 公司 UMI 硕士、博士论文全文数据库时，就采用这种模式，即各馆每年订购 200 篇论文，把这些论文集中放在一个服务器中，所有的成员馆都可以访问和下载使用。以 CALIS 组团引进电子资源的方式，在我国高校图书馆信息资源建设中取得了很大成效，在引进种类和数量方面都超过了日本、韩国等国家，但是这种引进方式也有缺点。电子资源是以数据库或期刊库作为销售单位的，虽然可以组团降低购买成本，但对于中小型图书馆来说购买依然比较困难，这种状况极易导致数字资源的分配失衡。图书馆联盟是组团购买的组织方式，联盟多为以地区或行业为基础建立起来的，规模不大，因此，其达到的规模效应非常有限。另外，对于集团购买只是拥有资源的使用权，而不是拥有资源，不能解决数字资源的本地化永久保存的问题。为了解决以上几个方面的问题，许多国家和政府机构介入到电子资源的建设中，并投入大量财力。我们把这种政府参与的资源建设称为"国家采购"。我国目前有 3 个项目属于国家采购：Science Online 网站、Money 公司与英国皇家学会期刊。

相对于印刷型资源的采购，电子资源要复杂得多，涉及多种因素，加上价格昂贵，一旦采购不当，将带来很大损失。因此，对电子资源的引进，需要一个不断考察、反复论证的过程，是按照一定程序进行的。首先，根据各高校的情况和经费预算，制定各自图书馆的电子资源建设框架，并对相关电子资源进行预评估。其次，CALIS 全国中心向各高校发出数据库试用通知，由学校组织进行对数据库宣传并展开试用，试用期一般为 1 ～ 3 个月。在高校试用过程中，CALIS 全国中心组织各试用图书馆代表就价格、服务等问题与数据库提供商进行谈判，并达成一定的共识。然后，在试用期内，各图书馆根据数据库访问次数、资源下载次数、用户使用情况意见反馈，结合所在学校学科性质与重点学科等方面进行综合考虑，决定是否参与集团购买。最后，若同意，则 CALIS 正式组织高校购买集团，经签订协议后，获得数据库的使用许可。在使用过程中，各高校馆可根据数据库提供商提供的访问统计或报告，并参考其他相关因素来考虑是否进行续订，然后进行新一轮的组团和谈判。

第四节 互联网时代高校图书馆的服务创新

创新是发展的动力,是科技发展的源泉,离开创新,一切事物都没有了发展的属性,在"互联网+"环境下,更是对创新提出了不同的要求。高校图书馆是我国高等院校为教学科研服务的重要学术机构,在我国现代化建设人才的文化素质培养中发挥着基础的作用。传统图书馆的服务理念和服务模式已经不再适用于互联网时代图书馆发展的要求,因此,必须要从根本上对高校图书馆进行服务理念与服务模式的创新,构建完善的图书馆服务体系。

一、高校图书馆信息服务现状

高校图书馆是高等学校的文献信息中心,是为学校教学和科学研究提供服务的科研机构。在科学信息技术日益进步的今天,高校图书馆也不甘落后,运用最新科学信息技术不断完善自己的硬件、软件设施,让自己走在信息技术应用的前沿。同时,高校图书馆积极提升自己的软实力竞争力,提升馆员素质,转变服务观念,逐步将图书馆由传统的以图书馆为中心的服务方式向以用户为中心的服务方式转变。利用计算机技术、网络技术,完善馆藏信息资源,购买数据库,应用QQ、微信等公众平台与读者互动,成立了学科服务馆为教师提供学科服务等一系列平台,经过不懈努力,图书馆在创新服务工作方面取得了一定的成绩。但是这些依托于网络信息技术的服务方式与服务内容还停留在服务的初期阶段,目前仍然是基于馆藏书目数字信息资源检索、馆藏搜索引擎数据库检索的用户主动提问的一种被动信息服务模式,QQ、微信与读者的互动服务也局限在"你问我答"的咨询方式上。在这样的服务模式下,图书馆主动考虑用户的个性特点、为用户提供的主动服务很少。

(一)高校图书馆服务现状调查分析

本节选取北京大学图书馆、西安交通大学图书馆、哈尔滨工业大学图书馆、同济大学图书馆、厦门大学图书馆、华东师范大学图书馆、东北师范大学图书馆、西北农林科技大学图书馆、安徽医科大学图书馆、西南科技大学图书馆、山东财经大学图书馆、广西民族大学图书馆、沈阳大学图书馆、甘肃政法学院图书馆、大理大学图书馆15座大学图书馆为样本,对我国高校图书馆服务现状进行调查分析,调查结果分析如下。

1.传统服务成熟

在传统的高校图书馆服务项目调查中包括以下几个项目：书刊借阅、资源导航、馆藏目录检索、科技查新、查收查引、馆际互借、文献传递。经过调查发现，在传统的服务，项目方面高校图书馆均有不同形式的开展。

如表3-1所示，高校图书馆这两个传统的服务项目——资源导航和馆藏目录索引服务发展得比较成熟，高校图书馆服务中均有这两个服务项目；科技查新、文献传递、馆际互借服务在这15所高校图书馆中，已有超过半数的图书馆都在开展，体现了高校图书馆为服务用户传递和提供知识信息的职能。而查收查引服务并不是所有的高校都能开展，能开展此项服务的高校需要有出具证明的资格，因此开展情况比较薄弱，能够开展该服务的院校也主要是"985"和"211"院校，普通院校对该服务的开展有待加强。

表3-1 传统服务调查汇总表

传统服务项目	高校图书馆数量	所占比例
书刊借阅	15	100%
资源导航	15	100%
馆藏目录检索	15	100%
科技查新	13	87%
查收查引	7	47%
馆际互借	9	60%
文献传递	10	67%

2.个性化服务各有千秋

表3-2 个性化服务调查汇总表

个性化服务项目	高校图书馆数量	所占比例
个人定制	1	7%
RSS 定制	1	7%
推送服务	1	7%

个性化服务项目	高校图书馆数量	所占比例
预约服务	8	53%
空间服务	9	60%
特色馆藏	9	60%

　　高校图书馆提供传统服务的同时，也开始注重开展有特色的个性化服务，如表 3-2 所示。例如华东师范大学开展的创意空间预约，同济大学开展的立体阅读等服务，这 15 所高校中有 9 所学校都建立有自己学校特点的特色数据库，这都充分体现了高校图书馆在服务上的个性化。调查发现，在预约服务、空间服务和特色馆藏的服务方面，所调查的高校中开展的比例在 50% 以上，由此可见高校图书馆逐渐开始重视用户的个性化服务。而关于个性化服务中深层次的个人定制、RSS（Really Simple Syndication）定制和推送服务，由于开展难度较大，所以只有极少数高校开展此类服务。

　　3. 基于新技术的服务层出不穷

　　如表 3-3 所示，通过统计发现，移动图书馆服务的开展比例非常高，随着智能手机和平板电脑被使用的越来越普及，移动图书馆服务也受到了各高校的重视，用户通过移动图书馆可以随时随地体验图书馆的服务。自助服务和数字体验服务在高校开展的比例不高，开展该服务的主要是一些"985"院校。

表3-3　基于新技术的服务调查汇总表

基于新技术的服务项目	高校图书馆数量	所占比例
移动图书馆	13	87%
自助服务	6	40%
数字体验服务	5	33%

（二）高校图书馆服务的不足

1. 服务理念缺乏创新

图书馆的服务理念是用于指导高校图书馆服务工作的根本方针，是图书馆整个服务工作的重要组成部分，是高校图书馆服务方式、服务水平和服务态度的集中展现。高校图书馆的传统服务理念是重视资源、轻视服务。许多高校图书馆在服务方面仍然被这一观念所影响，在服务上仍主要采用被动的服务模式，不能及时积极深入了解读者的精神，不能及时掌握读者需求的变化，这种理念严重影响到图书馆的服务效能，更影响到高校图书馆的长久发展。

对于高校图书馆来说，服务对象不仅是高校的学生和老师，还应该面向社会上的读者。在许多发达国家，高校图书馆对社会公众都是开放的。例如，芬兰赫尔辛基大学的图书馆被称为大学的公共图书馆，它打破了公共图书馆和高校图书馆的界限，来自不同职业、不同年龄、不同兴趣爱好的人都可以参观这个图书馆。美国的俄亥俄州大学的图书馆也是全方位为市民服务，该图书馆没有围墙，任何人都可以来看书。然而，在我国许多高校图书馆信息资源仅仅是为本校的师生所利用，没有对社会公众开放。

目前，传统的高校图书馆服务方式向多元化、自动化、系统化的方向发展，管理手段向网络化、现代化转变，馆员向专业化、知识化的方向转变。而高校图书馆传统的服务理念已经不能适应这些改变，高校图书馆如果想更好地生存和发展，适应网络环境下的变化，就必须对现有的服务理念进行不断的改革和创新。进入 21 世纪以来，整个社会都提倡以人为本的人性化服务，高校图书馆也应该顺应这一理念，把"以人为本"作为图书馆创新服务的基本理念，使馆员能够成为与读者沟通的桥梁和纽带，为读者提供更便捷的服务。

2. 服务内容缺乏创新

通过对高校图书馆的网站进行调查和文献研究发现，目前高校图书馆在服务内容方面的问题主要体现在以下两个方面。

第一，馆藏资源与用户需求的矛盾。高校图书馆的传统服务是借阅服务，即图书馆为用户提供书籍、报刊等文献资源，是一种被动的服务。高校图书馆传统的服务内容主要局限于馆藏资源，但是随着用户需求的提高，馆藏资源和用户需求的矛盾日益突出，高校图书馆的馆藏资源满足不了用户日益增长的需求。实际上，高校图书馆的大部分服务内容仍然集中在传统的书籍借阅、书刊阅览等被动服务上，在服务内容上缺乏创新，从而制约了高校图书馆服务的发展。

第二，信息资源缺乏共享。由于高校的专业数目多、科研领域范围广，很多专业和领域之间都具有相似性和交叉性。因此高校图书馆之间的资源可以进行共享，实现共同发展。但通过研究发现，目前大多数高校图书馆的资源利用仍然是以本校为主，高校之间的信息资源出现了严重的重复配置、建设的现象，导致大量财力和物力的浪费。虽然目前在很多高校之间实现了馆际互借和文献传递，但是这种资源共享只是在传统意义下进行有限的共享，共享的内容只局限于文献的整体交流，并不是进行直接的信息资源共享。

3. 服务方式缺乏创新

通过调查可以发现，高校图书馆的服务方式仍是以传统的服务方式如图书借阅、馆藏目录检索、馆际互借等服务方式居多，开展新型的服务如智能化的自助服务、多样的个性化服务、移动图书馆服务、数字体验服务等服务方式的还比较少。比如上述调查的 15 所高校图书馆中，开展移动图书馆的比例达到了 87%，证明大多数高校图书馆已经开始注重了移动图书馆服务的开展，这是由于网络的快速发展和移动设备的高度智能化使得这项服务能够被用户快速接受并深入使用，但是这些已开展的移动图书馆服务多数是以二维码的扫描方式、WAP 访问方式、App 软件客户端的访问方式等进行开展，采用出借移动设备这种方式的并不多。这种移动服务的方式在国外的大学图书馆里是非常普遍的，可以将笔记本电脑、平板电脑、Kindle阅读器等移动设备像图书那样出借，有的按小时计算，有的按天数计算。

4. 创新服务人才缺乏

创新人才的培养对于高校图书馆创新服务的开展至关重要，在移动互联网蓬勃发展的今天，即使拥有丰富的数字馆藏资源，具备科学的管理方法，但是如果没有与之相匹配的较高管理水平的创新人才队伍，图书馆的创新服务水平也很难跟得上时代发展的速度。图书馆创新服务人才不仅应当拥有图书馆知识与技能，更应该具备适应互联网时代的信息技术知识与能力。在目前大部分高校图书馆中，一直以来都存在人员素质和能力参差不齐的情况，主要表现在：女性人员比较多，学历低的人员比较多，人员的年龄普遍偏大，现代化技术人员比较少，图书专业知识人员比较少。虽然近几年人员的素质和水平有所改善，但是绝大部分馆员仍然不具备提供深层次服务所具备的素质。在人才管理方面高校图书馆也常常忽视馆员作为服务主体主观的能动性，大多数馆员的服务工作都处于被动的状态，缺乏行之有效的激励机制和压力机制，导致工作人员缺少进取精神和创新意识。

在当今飞速发展的网络化时代，知识的更新速度非常快，高校图书馆工作人员的知识老化情况也十分严重，人员缺乏专业技术知识已经成了一种非常普遍的现象，导致图书馆工作人员无法适应网络环境下读者需求的多样化、人性化和个性化的特点。因此高校图书馆必须建立长效机制，培养出一批能够掌握新的网络技术、新的图书专业知识，具有开拓进取的精神和创新意识的创新性人才，充分发挥馆员的主观能动性，使工作人员做到"以人为本、读者至上"，在服务中提升服务质量，使每一位读者都能感受到图书馆创新服务带来的新变化。

二、"'互联网+'图书馆"创新服务发展要素

（一）大数据分析

大数据指的是需要新的处理模式才能具有更强的决策力、洞察力和流程优化能力的海量、高增长率和多样化的信息资产。互联网时代的到来，使人们之间的交流越来越密切，物物互联、人人交互，数据无处不在。尤其是以平板电脑、云计算、手机、物联网、互联网、PC等为代表的各类传感器更是遍布全球，都可以作为大数据的重要来源和载体而存在。全球互联网巨头都已意识到了"大数据"的重要意义。我国互联网巨头马云就曾提到当今时代正在从IT时代朝着DT时代迈进。如今，大数据已经通过各种方式和渠道渗透到社会各行各业当中，成为新时期社会又一重要因素，人们对于海量数据的处理运用是互联网化行业创新决策的支撑。图书馆具备"互联网+"的大数据特征，它的馆藏数据、资源利用、用户数据等共同组成了图书馆整个庞大的大数据系统，在对这些数据进行综合分析、挖掘、存储的基础上，快速"提纯"出有价值的信息为用户提供服务是图书馆创新服务发展的方向之一。

（二）互联网技术的有力支撑

互联网技术的发展，使得计算机、通信、移动、云计算等技术被充分运用在图书馆的服务中，为新时期图书馆的服务创新做出了巨大的贡献。在"互联网+"的环境下，图书馆文献资源的存储方式、信息传递方式、图书馆与用户的交互方式都发生了重大的改变，互联网技术使用户与用户、用户与图书馆、图书馆与图书馆之间的联系更加紧密。移动技术的应用与发展带来的移动交互，为普适计算、随时随地在线连接、通信联络和信息交换提供了可能。通信技术随着互联网、光纤技术、数据传输技术的快速发展，数据信息存储与传输方式都发生了重大改变，这也促使图书馆不断转变自己的服务方式。云计算技术在图书馆中的运用，提升

了图书馆资源的有效利用，有助于实现图书馆创新服务的深层次服务。

（三）创新服务理念的转型确立

"互联网+"时代，科学信息技术高速发展，图书馆的文献资源结构、馆藏结构等都发生着巨大的变化。新技术的应用与互联网环境下的图书馆发展理念，使图书馆的服务内容、服务方式、服务手段呈现出新的特点。近距离通信、无线传感、RFID 等作为物联网系统三大核心技术，可以实现远程图书与用户之间、图书与图书之间、用户与用户之间的互联和信息交换。在这种情况下各种新型图书馆服务模式得以出现，如可视化、移动化、个性化、专业化等服务，图书馆服务理念正经历着前所未有的颠覆性巨变。创新服务理念的确立，是保障图书馆实现新时期创新服务的重要基础。

三、互联网时代高校图书馆的服务创新

（一）加强高校图书馆服务理念的创新

"互联网+"环境下高校图书馆服务理念的创新，应从两方面着手：其一，高校图书馆要全面树立"以人为本"的服务意识。以人为本的服务意识要求高校图书馆要把读者作为核心，及时跟进并了解读者的需求，帮助读者实现需求。要实现高校图书馆服务理念的创新就要把传统的单纯信息服务变革为现代化的综合服务模式，不能只注重为读者提供全面准确的数据，更要关注读者的使用感受，建立读者对图书馆服务评价的反馈机制，然后根据反馈做出服务改进调整。着重提升高校图书馆服务人员的服务水平，由传统的封闭式服务变为动态的开放服务，构建多元化的服务体系；其二，就是高校图书馆要转向以知识开展服务的意识。创新是为了一件事物的进步，高校图书馆要想进步，就必须要创新服务，通过知识服务提升高校图书馆的服务水平。高校图书馆的知识服务是图书馆发展的重要阶段，为读者提供知识、技术型的创新服务，主要目的就是提升读者的使用感受，也能改变大学生对高校图书馆使用下降的局面，提升高校图书馆的影响力，构建知识服务体系，培养知识服务型的专业人才。

（二）加强高校图书馆服务内容的创新

1. 加快数字资源建设

在网络环境下图书馆资源的信息结构已经发生了改变，图书馆需要加强数字

资源的建设。高校图书馆应该充分利用各种信息渠道，全面充实图书馆的数字馆藏。在此基础上，应加强特色馆藏的建设，特色馆藏建设是提高高校图书馆社会影响力和信息服务竞争力的核心资源。

2. 加强信息资源的整合

大数据时代，高校图书馆信息资源数据呈几何数量的增长，数据结构呈现出多样化。为了更好地满足用户的需求，高校图书馆需要对海量的数据进行搜集和存储，进行服务的数据处理，并在此基础上将这些海量的信息资源进行整合。在当今的网络环境下，单一和0散的信息资源已经不能引起人们的关注了，只有将这些分散的信息资源进行最大限度的加工、整理、使之变成有序的、精细的、专业的资源集合体，才能真正体现出图书馆信息资源的价值，才能真正满足用户信息资源的需求。信息资源整合是高校图书馆服务深层次开展的重要内容，也将成为高校图书馆发展的主要趋势之一。

3. 加强信息资源共建共享

在网络环境下，高校图书馆将共建共享的理念付诸实践，使高校图书馆的建设由传统的分散建设转为以"共建共享"建设为特征的整体建设，走一条图书馆联盟合作之路，实现图书馆共享服务的延伸。高校图书馆应建立高效、快捷的信息资源共享系统，并通过互联网将各个高校的用户、信息资源与信息共享系统连接起来，形成一个综合性、大规模的信息传递与共享的系统。网络化的信息共享系统，使各高校图书馆打破了门户的局限，用户在本馆查询不到的信息资源可以通过信息共享系统查询其他高校图书馆的信息资源，图书馆也可以共同联合起来为用户提供信息服务，从而真正意义上实现了信息的共建和共享。

（三）加强高校图书馆服务方式的创新

在"互联网+"环境下，高校图书馆要结合信息技术发展不断创新读者服务方法与手段，通过特色服务满足读者的需求，提升读者的满意度。

1. 大力开展移动图书馆服务

移动图书馆服务是指面向移动终端用户提供的以智能手机、平板电脑等移动终端设备为载体，通过无线网络、手机4G网络接入的方式访问图书馆资源、阅读电子书、查询书目和接受图书馆服务信息的一种新型服务方式。根据东北农业大学用户调查问卷的结果显示，83.6%的用户群体需要移动图书馆服务，因此高校图书馆大力开展并深化移动图书馆服务是大势所趋。移动图书馆业务应从以下两个方面开展。

第一，积极拓展手机 APP 服务。随着智能手机和平板电脑的全面普及，针对移动终端而开发的应用软件也越来越多，用户通过手机直接下载图书馆定制的移动设备应用软件，并且通过该软件可以获取图书馆的最新资源，其访问原理与访问网站的原理大体上一致，但是用 APP 访问在操作上却更为方便和快捷。

第二，深入开展移动阅读服务。对于阅读来说，高校图书馆在经典阅读方面有着得天独厚的优势，一直被誉为经典阅读的圣地。但是在网络环境下用户的阅读习惯已经开始慢慢变化，传统的阅读方式正在受到移动阅读的挑战。据不完全统计，大学生智能手机使用的比例已经达到了 98%，这些人都可能成为移动阅读的潜在用户。高校图书馆应深入开展移动阅读服务，通过外借阅读器或者联合开发 APP 软件等方式来提供移动阅读服务。

2. 开展基于云计算的服务

在当前网络环境下，大数据、云计算、虚拟化、智能化等一系列技术的发展，使得高校图书馆的网络共享服务成为可能，也是发展的必然趋势。云计算服务是高校图书馆新型的服务，通过云计算服务可以从基础设施层面解决高校图书馆在网络信息资源管理和服务中存在的问题，因此越来越多的图书馆考虑运用云计算来提升高校图书馆的网络服务水平。

第一，构建完善的网络合作信息咨询服务体系，这个体系就是把高校图书馆的咨询作为主结构，结合网络通信技术和互联网技术，构建"云"生态信息数据平台，给使用人员提供更加全面、优质的服务，这种服务模式突破了时间与空间的限制，最大化地放大知识的价值。

第二，通过积极开展云计算服务，图书馆可以利用数据挖掘的结果主动开展有针对性的优化的用户服务。

3. 开展多样的个性化服务

高校图书馆借助现代信息技术开展个性化服务的主要方式有以下三种。

第一，订阅服务。订阅服务也叫作 RSS 服务。RSS 是基于 XML 技术的互联网内容发布和集成技术。RSS 服务最初主要用于网络的新闻频道，由于它具有强大的聚合信息和推送信息的功能，近几年在高校图书馆的应用也越来越广泛，主要的应用包括新书通报、电子期刊的订阅等。用户订阅 RSS 服务后，即时更新的信息便会主动推送到用户的桌面，RSS 服务满足了用户个性化信息的需求，是高校图书馆个性化服务的重要方式。

第二，推送服务。推送服务是高校图书馆提供主动服务的全面体现。推送服务是图书馆根据用户访问行为的相关信息，利用关联技术记录关注的领域，推断用户的兴趣和需求，主动向目标用户推送其需求的信息、感兴趣的资料。图书馆提供的推送服务主要包括：用户的逾期图书信息、用户的借还书信息、专题信息推送、馆藏资源的推送等。推送服务可以减轻用户的检索负担，同时也让用户感受到图书馆服务的个性化和人性化。

第三，预约服务。预约服务涉及的内容比较广泛，涵盖资源、空间、设备预约等不同的方面。资源预约是对图书馆的纸质和数字化资源进行预约，而自动化系统除了可以预约读者借出的图书外，还能够预约在图书馆书架上保存的各项书刊。但涉及的书刊很有可能是对外服务，存在时间有限或地理位置较偏等情况，无法随时获得和借阅。为了让少部分读者的借阅需求得到充分满足，给他们提供专门的资源预约服务，体现出对读者阅读意愿的尊重。空间以及设备预约是所有预约服务当中最为常见的内容，比如预约自习座位、预约研讨教室、预约平板电脑等。空间预约，通常情况下借助预约管理系统的方式完成，其中的预约者先要经过身份验证之后在线选择座位和具体的使用时长。通过发挥预约系统的积极作用，可以有效解决读者排队等候遇到的诸多难题，便于学生妥善安排时间，实现对各项时间和资源的合理化利用，减少时间与资源的浪费。

4. 开展智能化的自助服务

在新技术不断涌现和大范围推广应用的背景下，高校图书馆开始在自助服务建设方面获得诸多显著成果和突破性进展，产生了诸多服务性终端，同时还拥有了可以 24 小时提供服务的自助图书馆。其中依赖的新技术手段有物联网、传感技术、二维码技术等，这些技术手段能够为广大读者提供必要的支持和保障，也让高校图书馆的智能化水平得到了大幅提升。就用户需求而言，智能化自助服务也是读者在全新技术与网络环境之下，给图书馆服务工作提出的新要求，同时也特别强调高校图书馆要在服务手段方面进行优化改进，朝着智能化和智慧化的方向演变。

自助服务是以一定条件作为根本依托，结合用户的阅读兴趣爱好，由用户自主灵活地完成书籍查询、藏书借阅、资料检索、资料打印等活动，进而实现自助服务的读者服务新模式。而在过去，用户要自主完成的这些工作，均是由图书馆中的管理人员支持和供给的服务。图书馆自助服务工作的长效发展和网络技术手段的进步有着非常密切的关联，比如物联网技术为自助借还服务的推进实施提供了重要根基，也促进了图书馆流通服务的全新变革，能够有效节省成本和人力，同时还能够让读者享受到不间断的服务。读者随时有图书借阅的需求，就可以随时利用自助服务平台来满足自己的阅读需求，为高校学生的学习和研究工作提供最大化的便利。目前图书馆主流的资源服务包括自助借还系统、自助图书馆、自助复印、打印、扫描服务等。

智能自助服务，拓展高校图书馆的服务时间和服务空间，提升高校图书馆的服务层次和服务水平，可以让用户自由选择图书馆的时间，实现用户对时间的自主安排，达到高校图书馆的动态服务。

5. 积极拓展数字体验服务和空间服务

数字体验服务是图书馆为适应用户学习环境的变化，以及配合用户对于新设备的需求而开放的服务，旨在让用户体验技术的最新发展，并且使用户能够更加真切地感受新技术在图书馆服务中的实际应用。以北京大学图书馆为例，它的数字体验服务的内容包括：移动图书馆服务体验、多媒体课程点播、数字化经典阅读体验和新设备的体验服务。

随着网络技术的不断发展和新设备的不断更新，数字体验服务将更加代表高校图书馆敏锐的触角，同时将更多涵盖高校图书馆服务的最新领域。由于数字体验服务可以让用户通过体验更加贴近他们学习和生活环境的服务，所以越来越多的高校图书馆都开始关注和开展自己的数字体验服务。

数字体验服务还可以和空间服务相结合，在高校图书馆的空间服务中应该嵌入数字体验服务，让高校图书馆的服务真正地融合到用户的所有行为之中。

（四）创新人才的培养

在图书馆的整个服务体系当中，图书馆馆员是知识及智力的重要载体，他们在图书馆生存发展当中发挥的作用是不可替代的。高质量的图书馆馆员工作队伍，可以为图书馆的持续性发展和建设提供必要的支持和帮助，所以他们是图书馆建设当中最为关键和重要的资源。考虑到这样的情况，高校图书馆要走上创新发展的道路，必须把人力资源改革创新作为重中之重，对人才管理体制和管理模式进行全面变革，有效调动图书馆馆员的工作热情，提升馆员的综合素质，让创新实践活动顺利推进，也让图书馆馆员的个人价值得到最大化发挥。

1. 提高服务人员素质

高校图书馆馆员素质水平的提升是提供创新性服务的基础及前提条件，只有他们的综合素质过硬，才能够在读者提出创新服务需求时竭尽所能地提供，让读者满意，也让图书服务工作的水平得到全面提升。图书馆馆员应树立"以人为本"的服务理念，进一步解放思想，开展服务渠道。为了更好地满足用户的需求，图书馆馆员应具有良好的理解能力和语言能力，为用户解决各种疑难问题；加强对创新知识和技能的学习，不仅包括图书情报方面的知识、还包括网络技术、计算机知识，管理方法。这是新时期图书馆馆员应具备的素质。在此基础上，图书馆应培养出一个现代化的创新服务团队，这是高校图书馆服务创新的需要，也是高校图书馆事业发展的需要。

2. 加强馆员的继续教育

高校图书馆正处于传统的图书馆向数字图书馆转变的阶段，图书馆馆员将在这个过程中扮演更重要的角色，不仅需要在思想上做好准备，而且需要在知识和技术方面不断提高，因此加强图书馆馆员的继续教育是创新人才培养过程中必不可少的环节。高校图书馆馆员开展继续教育的主要途径如下。

（1）研讨会。针对某一主题，邀请专家、学者和图书馆馆员一起做深入的研究和探讨，图书馆馆员在参与讨论过程中深入了解知识，在与专家进行意见交换的同时，加深对该主题的认识。

（2）学术报告。针对某一特定主题，邀请研究该主题的权威专家或学者，对馆员进行讲解，使馆员能够开阔视野，获取新知识。

（3）学历深造。鼓励馆员攻读图书情报、计算机等专业的第二或第三学历或学位。

（4）进修。馆员针对特定技术和特殊技能进行进修。

（5）选修。鼓励馆员选修高校图书馆专业开设的课程，学习图书情报方面的知识。

3. 建立科学的激励机制

高校图书馆创新服务水平的提升需建立激励机制。激励，是指通过客观因素的刺激，引发和增强人的行为的驱动力，简单地说就是调动人的积极性。随着信息技术和网络技术的迅猛发展，衡量高校图书馆服务创新的标准不再仅是看拥有多少资金支持、拥有多少先进的硬件设施，人的因素也越来越多地受到重视。因此通过建立激励机制，增强人的主观能动性，对高校图书馆创新服务水平的提升具有决定性的作用。

激励的方式有多种多样，其最核心的方式无非就是物质激励和精神激励。通过物质激励的方式可以满足馆员的物质需求，物质激励在奖惩制度的配合下进行。例如，对于勤奋工作并取得显著业绩的馆员，对于研究图书领域重要课题并取得成果的馆员等，给予物质或经济上的奖励；而对于馆员的迟到早退、无故旷工，应扣除一定比例的奖金作为惩罚。通过惩罚分明的奖惩制度培养馆员的工作作风，从而调动馆员的工作积极性。通过精神激励可以满足馆员的个人精神的需求，例如，对于取得工作成绩的馆员，图书馆领导给予表扬、同事给予称赞，使得馆员的付出得到尊重，从而获得精神上的满足。

馆员的激励机制的完善是一项长期复杂的工作，需要对馆员的需求和状况进行不断的分析，并做出及时的调整，从而调动馆员的积极性和创造性。

第四章　高校图书馆开展公共文化服务的依据和原则

第一节　高校图书馆开展公共文化服务的理论与现实依据

一、高校图书馆开展公共文化服务的理论依据

高校图书馆开展公共文化服务既不是人们心血来潮的超常设想，也不是单纯弥补供给不足的应急举措，其背后有着多个方面的理论依据，主要包括图书馆的性质、职能及其产品属性。

（一）图书馆的性质

图书馆作为重要的公众文化服务社会机构，纵向上来看是继承和发展人类文明，横向则起着知识创造和知识利用的中介作用。图书馆以收集为手段、以存储为过程、以传递为目标，把知识信息传播给不同的读者，从而达到交流信息的作用。从图书馆的性质来看，其社会性、服务性等都规定着它必须为公众提供文化服务。

1. 社会性

社会性作为图书馆的一般属性，指图书馆是为人们提供传统纸质文献、现代数字资源等服务的社会文化服务机构。图书馆的产生是人类社会发展的产物，它所贮藏的资源是全人类共同的精神财富，是人类集体智慧的结晶，它存在的意义就是通过提供阅读、咨询服务等方式，促成知识的传播和信息的交流；图书馆的服务对象——用户，具有社会性质；图书馆贮存的文献、电子资源也具有社会属性；整个图书馆事业和图书馆的工作都是社会活动的一部分，直接介入社会的政

治、经济、科学、文化领域，因此图书馆也具有社会属性。高校图书馆作为图书馆事业的重要组成部分，当然也具有社会性这一基本属性。因此，高校图书馆在一定条件下向社会公众开放、提供公共文化服务，从根本上来说具有相当的合理性。

2. 服务性

服务性是指图书馆在知识的生产与知识的利用之间所起的桥梁作用。图书馆作为社会知识交流系统中的一个环节所起到的服务性和中介性是这种桥梁作用的最好体现。图书馆并不创造文献，自身也不利用文献，它所做的搜集、整理、加工文献等的一系列工作，都是为后续的信息服务所做的准备，其目的是最大限度地发挥文献的作用，以践行图书馆学的五定律之"每本书有其读者""每个读者有其书"为最高目标。

随着知识经济的发展，人们对信息的需求不断增强，终生学习已成为人们提高生活质量的重要方式。高校图书馆作为知识信息的重要储存机构，应当充分发挥自身资源的优势，成为社区信息中心，为社区民众提供信息支持，满足社区群众的信息需求，为社会经济文化的发展提供智力支持。早在 1999 年 11 月，联合国教科文组织通过的《学校图书馆宣言》就明确指出："学校图书馆必须向学校周边的社区成员提供公平、平等的服务，不管他们年龄、性别、种族、宗教信仰、语言、社会地位等的差别，主动向那些不能正常获得图书馆服务和咨询的用户提供特殊服务。"

（二）图书馆的职能

图书馆作为人类精神文明的集散地，不仅是一个国家和民族文明成果的积累，还是一个国家不断走向文明富强的支撑，肩负着满足科学研究和社会公众教育文化需求的双重职能。图书馆对提高公民的文化素养起着重要的作用。根据国际图联对传统图书馆社会职能的说明，一般将图书馆职能概括为四个方面，即保存人类文明、传播科学文化知识、社会教育职能和开发智力资源。但是伴随着网络技术、信息技术的发展及人们对自身科学文化素养提升的需求，图书馆的职能也不断延伸，国际图联和联合国教科文组织在《图书馆服务指南》中明确提出，图书馆是个人和社会团体正式与非正式的社会活动的中心，特别是在无法提供聚会场所的社区，例如举办各类讲座、为社区民众提供聚会交流的场所等，这对不断促进我国社会主义精神文明和物质文明的建设有着重要的意义。

现代高校图书馆一方面支撑着学校教学、科研，另一方面也是本区域的信息集散地和信息资源中心。高校图书馆在完成其自身为本校师生教学科研提供服务的基本职责的同时，也应当利用自身的信息资源优势，向学校周边区域的人群开放，更好地落实其传播科学文化知识、开展社会教育的职能，发挥知识导航的作用。

（三）高校图书馆的公共产品属性

1.公共产品理论的发展

公共产品理论是新政治经济学的一项基本理论，该理论认为社会产品分为公共产品和私人产品。1954年，萨缪尔森在《公共支出的纯粹理论》中对公共产品的定义是：纯粹的公共产品或劳务是这样的产品或劳务，即每个人消费这种物品或劳务不会导致别人对该种产品或劳务消费的减少。而且公共产品或劳务具有与私人产品或劳务显著不同的三个特征，即效用的不可分割性、消费的非竞争性和受益的非排他性。在此基础上，1956年蒂鲍特（C.M.Tiebout）提出地方公共产品的概念，认为：一些公共产品只有居住在特定地区的人才能享用，因此个人可以通过迁居来选择他消费的公共产品。1965年布坎南在他的"俱乐部的经济理论"中又对公共产品进行了讨论，公共产品的概念再次得以拓宽，认为只要是集体或社会团体决定，为了某种原因通过集体组织提供的物品或服务，便是公共产品。

2.公共产品的三个特性

（1）效用不可分割性。如果是私人产品，我们可以将其分割成大量能够进行买卖的单位，谁购买，谁就能够受益。但是公共产品并非私人产品，是不能够进行分割的，其中国防、外交等是非常典型的公共产品，都是不能够分割的，也是无法分割的。

（2）受益非排他性。私人产品是个人占有的，只有占有人才能够对其进行消费和使用，并从中受益，但是在面对公共产品时，任何人对产品的消费都不能够减少他人对产品消费的价值，而且公共产品并不排除他人对产品的消费，任何人都能够从中受益。

（3）消费非竞争性。评价消息非竞争性，可以通过两个重要指标，其中一个指标是边际生产成本是0，也就是说在已有公共产品供给的水平层次上，新增消费者不必增加供给成本，比如公共照明。另外一个指标是边际拥挤成本是0。也就是说公共产品规模得到确定的情况之下，消费人数发生改变，并不会造成边际拥挤，不会使成本发生改变。边际拥挤成本为0是区分公共产品类型的标准。

3. 高校图书馆公共产品的属性分析

就高校图书馆而言，同样具有一定的公共产品属性。

首先，从高校图书馆消费的特征方面看，排他性是非常显著的一个特点。高校图书馆在对消费对象进行确定时，给出了非常清晰而又严格的界限说明，只有高校的教职员工以及高校学生为图书馆天然读者。学生在入学时开始就要积极学习怎样利用图书馆通过图书馆这一平台获得知识和怎样办理借阅证等，以便成为正式读者。高校教师可随时办理图书馆的借阅证，并且免费进入图书馆当中进行消费和阅读。校外人员不可以进入高校图书馆。哪怕是结合市场原则进行收费，也不能够让校外人员成为正式的高校读者。从这一角度进行分析，高校图书馆消费的排他性特征是非常明显的。

其次，高校图书馆消费具备非竞争性的特征。高校的教师以及学生在图书馆当中进行阅读和消费，属于非竞争的，这是因为在高校这样的人数界限当中，增加一个读者应用图书馆产生的边际成本可以视为0。另外，高校图书馆消费也并非是完全非竞争性的，这是因为图书馆的空间以及文献资源的总体数量还是十分有限的，在一定空间与资源的约束之下，读者容量也是存在限制的。在图书馆消费的读者数量超出临界点之后，那么拥挤边界成本会大于0，并且呈现出上升的状态，产生拥挤消费的问题，于是就具备了一定的竞争性特征。

从整体上看，高校图书馆消费不存在如同纯粹公共产品一般拥有非排他性及非竞争性的现象，也不像私人产品，一般同时拥有竞争性和排他性的特征。高校图书馆消费具有一定的特殊性，在特定消费规模当中带有排他性和非竞争性的特征，因此高校图书馆是介于公共与私人产品间的准公共产品。那么我们可以说高校图书馆具有一定的公共产品属性，而这样的特征也确定了高校图书馆带有公共服务的性质，在给本校师生提供图书服务的过程当中，应该在能力许可的范围之内，给整个社会提供各种各样的知识与信息服务，满足公众的图书服务需求。

4. 俱乐部经济理论下高校图书馆的效率分析

（1）俱乐部理论。俱乐部理论是一种用于研究非纯公共产品供需和均衡数量的理论。布坎南与蒂布特是现代俱乐部理论的奠基者，该理论研究的基本目标是非纯公共品的配置效率问题。这一理论给出的重要观点是：每个社会成员都想要实现个人效用的最大化，对此首先要决定是否要加入俱乐部。而在加入俱乐部之后，还需要决定对俱乐部的利用率。怎样利用俱乐部取决于俱乐部当中的物品量、成员数量、会费等情况。在每一个社会成员均能够保证个人最大化效用的发挥时，才能说实现俱乐部内外的同时均衡。

（2）俱乐部理论视角下高校图书馆的效率分析。以俱乐部理论来看，高校图书馆俱乐部的成员是本校师生；如该图书馆是高校虚拟联合图书馆的成员馆，持有通用阅览证的外校师生也可以进入阅览，则俱乐部成员的外延扩大了；如果高校所在地的地方政府要求其向周边社区民众开放，则俱乐部成员的外延再次扩大。根据俱乐部理论，我们可以把高校图书馆的读者进行分级：一级成员是本校师生，二级成员是持有通用阅览证的其他高校的师生，三级成员是符合条件办理借阅证的社区居民。

在俱乐部理论中，俱乐部成员通过交纳会员费的形式提供俱乐部资金，用来生产俱乐部产品供成员消费。从资金供给来考察，我国高校图书馆的资金供给主体是政府及学生。学生通过入学交纳学费的形式提供图书馆资金来源，并同时成为图书馆的正式读者；教师无须交费就可成为图书馆的天然读者，其费用可看作是政府资金代付用以支持教育事业发展的。目前，我国高校教育多数属于国家或地方政府主办的，深层分析高校图书馆的资金来源是国家或地方税收，而税收归根结底来源于本地区民众。因此，按照俱乐部理论"交纳会费的人员可享受产品服务"的规则，高校图书馆向周边社区民众提供信息服务是义不容辞的职责。

考虑到高校图书馆是一种外部正效应很大的准公共产品，高校所在地政府应该与高校图书馆协商，在一定范围内向社区公众开放。所谓外部正效应主要指高校图书馆能产生巨大的收益外溢。也就是说，读者通过图书馆获得了知识与信息，自身可以获得经济收益，但同时也促进了社会的发展，提高了社会文明程度。1994年，文化部原副部长刘德有明确提出"公益事业不能靠市场调节""盲目给图书馆断奶的做法与图书馆改革的目标背道而驰"的主张。因此，国家或地方政府通过财政补贴的形式为高校图书馆建设提供资金，同时根据高校办学规模和地方社会需求提出高校图书馆适当向地方社会开放，是充分发挥高校图书馆社会效益的最佳途径。

二、高校图书馆开展公共文化服务的现实依据

（一）高校图书馆开展公共文化服务的必要性

1.全面建设小康社会的需要

（1）经济发展的需要。21世纪经济发展进入知识经济、信息经济时代，知识信息在各行各业创新发展竞争中的作用日益突出。与此同时，随着计算机和网络

技术的发展以及在图书馆中的广泛应用，广大用户的信息需求有了明显的变化，他们不再满足图书馆提供的纸质文献或简单的一、二次文献，而是希望图书馆能够提供更为精准的信息和知识服务。对此，许多公共图书馆受资源和服务手段限制不能满足广大用户的知识信息需求，而高校图书馆无论从馆藏资源、文献购置费，还是干部队伍素质和服务设施，和公共图书馆相比都占有非常明显的优势，高校图书馆向社会用户开放的呼声也越来越高。

（2）建设和谐社会的需要。建设和谐社会是党的十六大提出的全面建设小康社会的重要目标。全面小康是经济、政治、文化、社会和生态文明协调发展的小康社会，没有文化的小康，全面建成小康社会就无从谈起。在经济全球化的21世纪，西方外来文化以各种形式对中国民众进行侵蚀，一些与主流文化、传统文化不协调甚至相悖的"快餐文化""虚拟文化""消极文化"在网络和新媒体中流行。对此，以习近平同志为核心的党中央提出了建设"文化强国"，树立"文化自信"的战略要求。对此，高校图书馆一方面应大力加强传统文化、主流文化的宣传和教育，建立起较强的反映主流文化的文献信息资源系统；另一方面还要充分重视多元文化群体，尤其是过去被忽视了的少数或弱势群体，向社会用户提供高质量文化服务。

（3）满足人们日益增长的精神文化需要。在网络信息技术飞速发展、社会经济迅猛进步、人们生活质量持续上升的背景下，人们对于文化生活和精神的追求变得非常迫切，在物质生活得到富足之后，人们渴望在精神方面得到良好的享受，实现精神的富足。面对这些不断上升的精神文化需要，只是通过发挥公共图书馆的积极作用，优化图书馆的各项服务，就会影响到读者内在需求的满足，不能够让他们得到优质满意的服务。在这样的情况下，高校图书馆作为信息与知识的核心，除了要服务于教育以及科研之外，有责任与义务把高校图书馆当中的丰富馆藏文献向广大社会公众开放，有效发挥馆藏优势和高校的特色资源优势，让公众从中获得知识及良好的文化服务，彰显高校图书馆的价值。

2. 我国图书馆事业改革发展的要求

进入新世纪，全社会对图书馆等高层次文化设施的需求增长迅速，但图书馆事业的发展远远跟不上社会需求的增长。第一，总量偏少，我国图书馆的数量还远没有达到国际图联每两万人一个图书馆的标准；第二，在有限的图书馆中，还存在着"东部多、西部少、城市多、农村少"的失衡状况，给一些急需知识服务的用户造成了不便；第三，从行业状况看，公共图书馆虽然数量较多，但其整体的文献资源和服务水平不如高校图书馆。许多省市（区）除了省级图书馆外，其他公共图书馆很难与本省的高校图书馆相抗衡。

因为当前我国在图书馆事业发展过程当中，整体的体制设置是多元等级结构，各个系统间存在着彼此分割而又各自为政的情况，哪怕是处在同样一个系统当中也未建立全面有效的领导体制，最终造成不同类型的图书馆长时间各自为政，在资源建设方面仍然使用的是传统的工作方法，固守小而全或大而全的工作原则，无法有效促进资源共享共建的推广与落实。要想真正意义上解决这样的难题，必须在体制改革和体制创新方面入手，因此国家在这样的情况之下，提出改革文化体制的战略。这一战略给图书馆管理和建设工作，尤其是图书馆事业管理体制的改革创造了良好的条件。所以要把高校图书馆、公共图书馆和其他多种类型的图书馆进行统筹协调，打造全新的机制体制，对图书馆的各项资源进行有效盘活，为图书馆事业的创新发展提供必要的支持，满足公众的文化需要。在积极推动文化发展繁荣的背景下，高校图书馆主动投入到社会公共服务建设当中是国家落实文化体制改革的客观诉求以及必然措施。

3. 读者终生学习的要求

社会服务把高校的教育教学功能进行了有效的延伸和拓展，使得高校除了在育人工作方面发挥积极作用之外，还能够担当起社会责任，为社会文化服务工作的开展提供便利。考虑到当前高校的发展情况，我国在教育改革工作的规划部署当中特别指出要有效提升高校服务社会的能力，强调高校要始终秉持主动服务社会的意识，为社会的建设和发展提供全方位的服务和保障。积极推动产学研的发展，促进科技成果的转化，为校办产业的规范化和持续性发展提供保障，给广大社会成员提供继续教育的服务与支持。有效落实科普工作，努力提升群众的科学文化素质与人文素养。积极落实文化传播工作，对我国的传统文化进行继承和发扬，并对社会主义先进文化进行大范围的普及与推广。高校主动参与到决策和咨询活动当中，主动落实前瞻性以及对策性的研究工作，有效发挥高校思想库以及智能团的优势价值。所以高校图书馆要在高校教育改革要求的引领和指导之下，有效改变传统的发展模式，除了注意给高校教育科研工作提供巨大的便利和优质服务之外，还要立足于社会的广阔视野，在服务教学科研的同时积极拓展服务范围和服务人群，充分发挥高校图书馆的优势，为社会经济的持续健康发展提供良好的支持和保障。

目前我国的全球化水平在不断提高，全球经济也步入了一个改革发展的新阶段，各个国家也都享受到了经济发展进步的成果，在物质生活方面变得更加富足。在人们的物质生活水平不断上升的背景下，广大群众的精神文化需求也日益上升，在这样的情况之下，高校图书馆要积极担当起服务于社会读者的责任，跟随图书馆事业改革发展的步伐，通过发挥高校图书馆的积极作用，为图书馆建设做出贡献。

在当前的知识经济时代，知识更新换代的速度逐渐加快，知识海量增长，怎样从浩如烟海的知识海洋之中查找到能够满足自身需求的信息资料成了一个重大难题。终身学习的必要性和重要性也将在如今的时代背景之下显现出来，只有持续不断地进行学习与充电，才能够获得新知识与新思想，找到解决问题的新方法，解决工作与学习当中出现的问题，提高工作能力，充实精神文化生活。只有持续性地进行学习和充电，做到持续不间断地学习和成长，最终才能够让知识学习跟上时代步伐，跟上知识更新发展的速度。在如今的时代背景下，过去只需要完成学校教育就可以为今后的工作提供必要的支持模式，但在当代没有办法实现，只有终身学习才能够不被社会淘汰，这也是我们积极建设学习型社会，积极推动人们全面综合发展的重要原因。因此信息素养教育扮演着重要的角色。教育部 2014年工作重点第 13 条也提出"要不断改进美育教学，不断提升学生审美和人文素养"。其实提高审美和人文素养不仅是大学生教育的目标所在，更是贯穿于人的一生的追求。大学图书馆无论是在公众信息素养教育还是在提升审美和人文素养方面，都起着举足轻重的作用。大学不应封闭在以校园为界的世界内，大学图书馆应该对社会公众开放，让更多的人受益。

4. 高校图书馆自身发展的趋势

图书馆学五定律将图书馆当作一个持续生长着的有机体，指出图书馆的存在运行发展其根本出发点，是要让所有读者在所有的时间与地点运用所有图书馆的所有资源。图书馆发展建设的最高目标和宗旨是要实现文献资源利用率最大化。不过通过对高校图书馆的发展情况进行总结分析，虽然环境已经出现了很大程度的变化，各项手段和技术变得越来越先进，资源的丰富度不断提高，资源利用效率持续上升，但是只是局限在了纵向对比方面。假如从横向角度进行对比分析的话，人才、设备与文献信息资源等内容，在利用率方面还处于较低水平，甚至还有很大一部分的文献资料长时间滞留在书架当中，根本没有人对书架当中的图书进行阅读和使用。但是广大的社会公众对于高校的很多图书资源是迫切需要的，这就会出现资源浪费的问题。特别是在高校的寒假以及暑假，大部分学生都会离校回家，使得图书馆当中的各项文献资料都处在闲置的状态之下。所以面对这样的情况，高校图书馆可以抓住有利契机，集中性地向社会公众开放高校图书馆资源，让高校图书馆的各项图书资料得到合理化利用。

在互联网迅速普及、图书馆"去中心化"发展的情况下，高校图书馆只有打破封闭的樊篱，走出校园，以先进的技术和丰富的馆藏向社会公民提供知识服务，才能更好地融入地方社会经济文化建设的主流，提高自身的形象和地位，进而实现更好的发展。

（二）高校图书馆开展公共文化服务的可行性

1. 丰富的馆藏资源奠定了坚实的信息基础

高校图书馆和本地区的公共图书馆相比，馆藏资源门类齐全，学科结构合理，数量庞大，具备了专业性、系统性、完备性和实用性的优点，尤其是新型的数字资源，如电子图书、期刊数据库等，近年来在高校图书馆发展得尤为迅速。高质量的、结构合理的馆藏资源，既能满足本校教学科研和师生文献信息的需求，也能为社会提供知识服务。同时，随着我国经济的持续增长和近年来高校本科教学水平评估工作的开展，学校对图书馆的投入大幅度增加，文献资源和职工队伍有了突飞猛进的增长。以西北民族大学图书馆为例，2003 年全馆只有 28 人，藏书 50 万册，报刊 700 余种。从 2004 年开始，为了迎接 2007 年的本科教学水平评估，学校先后给图书馆投资 3000 万元，其中用于纸质文献的购置费用达 2400 余万元。截至 2014 年年底，图书馆新进图书 140 万册，总量达到 190 万册。电子图书由原来的 25 万种增加到 170 万种，2015 年订购报刊达 2000 余种。再如西北师范大学图书馆，近年来购书经费每年保持在 300 万元左右，年购新书 7 万余册，2010 年馆藏总量达 210 万余册，拥有各类数据库 13 个。丰富的馆藏资源为高校图书馆提供了坚实的信息资源基础。

2. 先进的技术手段提供了可供服务的技术平台

随着计算机技术、网络技术的大力发展，大多数高校图书馆都实现了自动化管理，并且以先进的存储设备和网络传输设备建立了电子阅览室、数字图书馆和各种数据库，为广大读者检索图书馆文献和利用电子资源提供了极大的便利。在深化服务方面，正是有了先进的技术手段，高校图书馆才能打破原有的格局，通过远程传递、在线咨询、电子邮件答复等措施提供高层次的服务。例如，西北民族大学图书馆自 2000 年实现业务自动化管理后，不仅使读者能够全面及时地了解到图书馆的馆藏文献，而且可以入库自由选书，使借书的速度也大大加快。尤其是购置和开发了有关电子图书和数据库以后，使用电子文献的读者越来越多，读者可以不到图书馆，而是在办公室、家里或宿舍中，通过网络直接检索和阅读图书馆的电子资源。另外，图书馆还借助网络，开展了课题查新、远程访问、新书推荐和资源共享等多项服务。同时，由于网络环境的便利，图书馆不仅拥有实体的馆藏文献，而且还可以通过"存取"的方式使用外单位的电子资源，从而达到节约经费、资源共享的目的。近几年来，高校图书馆引进并采用的自助借还系统、电子阅报器、歌德电子图书阅读、文献远程传递以及图书馆微信等新技术，更为高校图书馆社会化服务提供了技术上的方便。

高校图书馆具备比较理想的网络化发展环境以及网络化技术手段，因为网络技术与环境的支持，能够提升高校图书馆的社会化水平。伴随着网络技术手段的推广和更广范围的应用，让高校图书馆逐步突破时间以及地域的限制，突破了传统文献收集处理组织与服务的固定化管理模式，建成了带有辐射性特征的开放性服务体系。图书馆个体能够在互联网及局域网的支持之下，成为全球网络当中的一个节点，能够直接给所有网络终端供给信息资源，另外图书馆个体也不必具备无限资源，很多图书馆可以构建图书馆联盟，实现馆际之间的互借以及全文传播，让图书资源的传递突破时间与地域限制，也进一步扩大服务对象，使得高校图书馆不再单一服务于传统读者，而是提供社会化的服务，满足社会化读者的读书需要。

3. 高素质的干部队伍是面向社会服务的可靠保证

伴随高校教育改革的深入开展，高校师生在文献信息需要量方面也在不断地上升，高校图书馆在发展建设的同时特别关注人才团队的组织建设，而且现如今已经建立了一个高素质的干部团队。整个人才团队当中拥有大量学科与学历结构科学合理的中高级专业人员，特别是还有很多的硕士和博士学历人才充实到人才队伍当中。

据《2017年中国高校图书馆发展报告》调查统计，截至2017年底，参与调查的381所高校图书馆馆长中，具有正高职称的馆长过半数，拥有博士学位的沾22.8%，从2016年回溯到2013年，博士馆长比例分别为21.8%、21.6%、21.4%、21.7%；硕士学位馆长占31.6%，从2016年回溯到2013年，硕士馆长比例分别为31.1%、31.6%、30.0%、29.8%。博士和硕士学位馆长所占比例逐年上升。这些优秀人才，或熟悉图书情报知识，掌握网络信息资源的分布情况，或精通某学科和专业，是更好地提供高质量信息服务的坚实力量。正是有了高素质的干部队伍，才能保证高校图书馆为广大用户提供现代化的、高层次的知识服务。

4. 便利的地域环境有利于社会用户享受高校图书馆的服务

之所以提出高校图书馆面向社会提供服务，是因为高等学校一般地处人口众多、经济繁荣的大都市，高等教育的发展也带动着地区经济的发展，从建筑上看图书馆是高校的标志性工程。利用自身优势，为地区经济发展做出贡献，是高校图书馆自身发展与完善的途径之一。例如兰州市有兰州大学、西北师范大学、西北民族大学、兰州理工大学、兰州交通大学、甘肃农业大学、甘肃中医药大学、甘肃政法学院、兰州财经大学、兰州工业学院和兰州文理学院等10余所本科高校及兰州石化职业技术学院等10余所高职高专院校，这些学校一般都比较集中，其图书馆的文献构成了一个庞大的资源体系。所有在兰州生活的人除了利用公共图书馆的文献资源外还可以就近利用高校图书馆的文献资源。地域的方便性为高校图书馆向社会开放提供了有利条件。

5. 比较充裕的资金优势是高校图书馆开展社会服务的保障

近年来，教育部开展的普通高等院校本科教学水平评估，其中有一项非常重要的指标就是生均占有藏书量和生均新书拥有量，这项指标迫使各高校向图书馆加大投入，提高文献购置量。尤其是"985""211"高校图书馆，每年购书经费都在千万元以上，其他高校图书馆每年购书经费也在500万元左右，这比同级公共图书馆的经费要多得多。据有关资料统计，2013年我国部分高校图书馆年度总经费为：复旦大学图书馆5400万元，浙江大学图书馆4000万元，北京大学图书馆3890万元，西南民族大学图书馆2300万元，西北工业大学图书馆2100万元，天津师范大学图书馆1900万元。充裕的经费能够使高校图书馆在保证本校读者文献信息需求的同时，也可抽出部分资金用于开展社会化服务。

第二节　高校图书馆开展公共文化服务的法律依据

图书馆作为社会公益性文化机构，其管理、运行和发展必须有相应的法律和制度保证，才能健康发展、良好运行，正常履行其社会职责。在图书馆立法方面，发达国家图书馆已做出了非常有价值的探索和示范。

一、国内外图书馆法律建设历程

图书馆法是国家立法机关制定或认可的专门针对图书馆事业发展以及各项图书馆实践活动的法律、法规。对图书馆进行管理，针对图书馆的运行发展制定行政法规和有关的规章制度，都必须把图书馆法作为根本依据。所以说，因为这一法律、法规的存在，让国家和图书馆、图书馆和其他组织、图书馆和读者间的各种关系也得到了有效调节，并在法律层面上得到了规范和保障。国家在领导和发展图书馆事业的过程中，需要将图书馆法作为重要的手段，并充分发挥图书馆法的特征，主要包括强制性、稳定性、概括性、规范性。

图书馆法并非自古有之，而是近代图书馆事业规范化发展进程当中逐步形成和建立的专门的法律、法规。在 19 世纪的中期阶段，欧洲的部分国家为了积极助推图书馆的公共化建设，让图书馆在实际运转当中有固定性的经费来源优化图书馆的各项管理流程和管理事项开始着手制定和颁布图书馆法。世界上首部公共图书馆法是在 1848 年颁布的，被称作公共图书馆法案。世界首部全国性质的公共图书馆法是在 1850 年的德国议会当中通过的，给图书馆事业的建设和发展提供了有效的保障和必要的支持，给出了法律上的约束。在 20 世纪 70 年代，英国又公布了《不列颠图书馆法》，此项法律当中特别指出要给公民提供免费性的图书馆服务。

（一）美国

继 1848 年马萨诸塞州颁布公共图书馆法之后，1849 年新罕布什尔州也通过了公共图书馆法。到 1877 年，美国已有 20 个州制定了图书馆法。目前美国各州均有公共图书馆法。1956 年美国颁布全国性的《图书馆服务法》。1964 年将其修订为《图书馆服务与建设法》，包括服务、建设、馆际合作和读者服务工作 4 个部分。

（二）日本

1899 年颁布第一部《图书馆令》，后于 1906、1933 年进行两次修订。此外还公布了《图书馆规程》（1906）、《国会图书馆法》（1947）、《图书馆法》与《图书馆法实施规则》（1950）等。

（三）瑞典

1905 年通过第一部图书馆法，在经济上对图书馆予以支持。1912 年通过在教育部下设立图书馆顾问委员会的法案。1930 年又通过新的图书馆法，增加对各省、市的援助，并决定建立市政区图书馆来帮助小型居民区，1947 年为了增加省、市和市政区图书馆，又通过了对上述法案的修正案。1966 年颁布的新的图书馆法强调把图书馆投资放到基层居民区。

（四）苏联

于 1920 年 11 月 3 日颁布《人民委员会关于集中管理图书馆事业的命令》，

规定所有的图书馆一律交由教育人民委员会（中央政治教育委员会）管辖，宣布人人都能利用图书馆，所有图书馆必须加入统一的图书馆网。1934年苏联政府通过《关于苏维埃社会主义共和国联盟的图书馆事业》的决定。这是苏联第二个综合性的图书馆法律。1984年3月13日，苏联最高苏维埃主席团批准的《苏联图书馆事业条例》规定苏联图书馆的性质、任务、组织原则、领导体制、图书馆藏书、读者利用图书馆的权利以及图书统计报表等。

（五）中国

新中国成立初，我国有关部门多次颁布关于图书馆事业的行政法规，如1957年国务院颁布《全国图书协调方案》，1955年文化和旅游部颁发《关于征集图书、杂志样本办法》和《关于加强与改进公共图书馆工作指示》，1956年高等教育部颁发《中华人民共和国高等学校图书馆试行条例（草案）》等都是新中国成立初期关于图书馆的行政法规。

改革开放后，为适应图书馆事业的发展变化，国家相关部委先后制定多项关于不同类型图书馆的法规条例。1981年，教育部颁发《中华人民共和国高等学校图书馆工作条例》。该条例于1987年由国家教育委员会修订后，改名《普通高等学校图书馆规程》，其后又历经2002年、2015年两次修订。1982年，文化部颁布《省（自治区、市）图书馆工作条例》，这是针对我国公共图书馆的一个法律文件。2017年11月4日，第十二届全国人民代表大会常务委员会通过《中华人民共和国公共图书馆法》，这是我国第一部真正意义上的国家级图书馆法。

二、我国高校图书馆开展公共文化服务的法律依据

（一）国家层面的法律、法规

我国高校图书馆面向社会开展知识文化服务的法律条文，《中华人民共和国宪法》（以下简称为《宪法》）《高等教育法》《中华人民共和国公共图书馆法》《普通高等学校图书馆规程》等相关法规中都有体现。

（1）《宪法》第一章第二十二条规定："国家发展为人民服务的文化事业、新闻广播电视事业、出版发行事业、图书馆、博物馆、档案馆和其他文化事业，开展群众性的文化活动。"据此，高校图书馆作为国家文化事业的重要组成部分，面向群众开展公共文化服务是其神圣权利和不可推卸的义务。

（2）《高等教育法》对图书馆工作并没有直接进行规定，但其中有不少与图书馆工作相关的内容，如第十一条规定高等学校应当面向社会，依法自主办学，实

行民主管理；第十二条规定国家鼓励高等学校之间、高等学校与科学研究机构以及企业事业组织之间开展协作，实行优势互补，提高教育资源的使用效益。这是从立法角度对高校提出的工作要求，图书馆作为学校的一个部门，应当充分利用自身的资源优势，不断提高图书馆资源的使用效益，面向社会，服务社会，满足社会各阶层需求。

（3）2018 年开始施行的《中华人民共和国公共图书馆法》第四十八条规定："国家支持公共图书馆加强与学校图书馆、科研机构图书馆以及其他类型图书馆的交流与合作，开展联合服务。国家支持学校图书馆、科研机构图书馆以及其他类型图书馆向社会公众开放。"这是国家法律中对高校图书馆向社会公众开放最直接、最明确的要求，也是高校图书馆开展公共文化服务的最有力依据。

（4）教育部 2015 年修订印发的《普通高等学校图书馆规程》（以下简称新《规程》）是国家层面直接针对高校图书馆管理运行的法规性文件，其中多项条款都对高校图书馆向社会开放提出了要求和指导。

①新《规程》第二条指出："高等学校图书馆（以下简称图书馆）是学校的文献信息资源中心，是为人才培养和科学研究服务的学术性机构，是学校信息化建设的重要组成部分，是校园文化和社会文化建设的重要基地。"直接明确了高校图书馆具有社会文化建设基地的身份。

②新《规程》第四条第四项，明确将"积极参与各种资源共建共享，发挥信息资源优势和专业服务优势，为社会服务"作为高校图书馆主要任务以法规形式确定下来。

③新《规程》第三十六条规定："图书馆应加强各馆之间以及与其他类型图书馆之间的协作，开展馆际互借和文献传递、联合参考咨询等共享服务。"明确提出了与"其他类型图书馆之间协作"，而公共图书馆是"其他类型图书馆"最主要成员，与公共图书馆合作是高校图书馆参与公共文化服务的有效途径。

④新《规程》第三十七条规定："图书馆应在保证校内服务和正常工作秩序的前提下，发挥资源和专业服务的优势，开展面向社会用户的服务。"对高校图书馆开展社会服务的前提和条件做出了说明。

（二）地方和行业层面的法规政策

（1）1985 年，中宣部、文化和旅游部、国家教委、中国科学院四部委召开全国图书馆工作会议，会议广泛听取了各系统图书馆工作者的意见。经过多次修改，《关于改进和加强图书馆工作的报告》（以下简称《报告》）于 1987 年正式发布。《报告》肯定了图书馆事业发展所取得的成绩，指出了存在的不足，对图书馆事业的发展提出了许多具体的意见和建议。值得注意的是，《报告》提出了各类型图书馆向社会开放的理念。在要求公共图书馆提高开放程度的同时，《报告》也明确指出"其他各类型的图书馆，也要创造条件。使他们按照图书馆的性质和特点，进一步向社会开放"。这是国内可以考证的、较早提出的专业图书馆向社会开放的文件，为高校图书馆向社会开放提供了政策依据。

（2）2002年，北京市第十一届人民代表大会常务委员会第三十五次会议通过了《北京市图书馆条例》。该条例共7章45条，对北京市的各类型图书馆进行了规范，其中第十条明确指出，"本市鼓励学校、科研机构及社会团体、事业单位的图书馆（室）向社会开放"。该条例是我国第一部关于各类型图书馆的综合性地方法规，因此，在综合性法规中提到学校图书馆社会化的问题尚属首次。

（3）中国图书馆学会2008年发布的《图书馆服务宣言》第二条指出："图书馆向读者提供平等服务。各级各类图书馆共同构成图书馆体系，保障全体社会成员普遍均等地享有图书馆服务。"第五条指出："图书馆开展信息资源共建共享。各地区、各类型图书馆加强协调与合作，促进全社会信息资源的有效利用。"第六条指出："图书馆努力促进全民阅读。图书馆为公民终身学习提供保障，促进学习型社会的建设。"这些内容对《普通高等学校图书馆规程》为高校图书馆向社会敞开大门进行了补充规定。

（4）2005年，武汉大学信息管理学院举办了"数字时代图书馆合作与服务创新"国际研讨会暨第三届中美图书馆员高级研究班。在此期间，主办方邀请了北京大学等50多所大学图书馆的馆长，会聚武汉大学，并于7月8日举办了"中国大学图书馆馆长论坛"。"论坛"回顾了我国图书馆界馆际合作与资源共享40多年的发展历程，探讨了在实现信息资源共享道路上尚需克服的障碍与问题，讨论并原则通过了《图书馆合作与信息资源共享武汉宣言》。它虽然是一份提倡社会信息资源共建共享的宣言，但是它在高校图书馆社会化工作方面的推进作用非常明显。

①将社会化上升为高校图书馆的目标。宣言的第一部分指出"最大限度地满足校内外读者的信息需求"是高校图书馆的最终目标，而高校图书馆向社会开放也是信息资源共享的要求。

②为社会化规定了必要的前提条件。宣言第四部分规定，"满足本校读者需求"是向社会开放的必要前提。规避了社会化存在的潜在风险，即影响正常工作的开展，出现本末倒置的情况。

③在此之前，业界关于社会化的提倡多集中于学术领域，鲜有规模如此之大、影响如此之广的"民间"文件会涉及高校图书馆社会化的问题。

④签署宣言的高校图书馆涵盖了我国各个地区、各个层面、各个类型的高校图书馆，涉及图书馆范围和类型广泛，对宣言以及社会化理念的广泛传播创造了良好的条件。

（5）2012年3月，首都图书馆联盟正式成立，联盟由位于北京行政区域内的国家图书馆、党校系统图书馆、科研院所图书馆、高等学校图书馆以及医院、部队、中小学图书馆和北京公共图书馆共110余家图书馆自愿联合发起并成立。联盟成立伊始，便推出了10项惠民措施，如联盟内的通借通还、资源共事；搭建统一服务平台、提供联合参考咨询；开展讲座、展览、流动书车等活动；建立统一的调集书库，实现文献互补；将每年9月的第一周确定为"首都读者周"等。成立大会上，北京大学图书馆馆长、联盟副主席朱强代表北京高校图书馆界向社会宣布，北京大学、清华大学等34所高校图书馆将向社会免费开放。

建成首都图书馆联盟并积极推出10项惠民政策，给高校图书馆社会化服务建设起到了积极的推动及激励作用，其价值主要体现在以下几个方面：第一，突破图书馆领域的系统性限制，给社会化服务提供重要的支持和保障。第二，将区域作为单位，推进全面系统和立体化的社会化服务，涉及的高校图书馆数量之多实属首次，给其他地区推进相关的社会化服务和图书馆联盟建设提供了参考以及经验措施方面的指导。第三，正确认识实际建设当中遇到的困难，坚持实事求是，踏踏实实地把满足社会读者广泛低端的借阅需要作为开端，推进社会化服务的拓展和延伸，不会给能力存在限制的高校图书馆带来较大的负担，就能够增强图书馆的效能，让图书资源得到有效的利用。第四，给高校图书馆和其他各类图书馆进行密切合作开辟了通道和良好的路径，也让高校图书馆最终落实较深层次和更加广泛全面的社会化服务，拥有了更大的可能性和必要的支持。

第三节　高校图书馆开展公共文化服务的基本原则

高校图书馆是国家公共文化服务体系的重要组成，它所具有的准公共产品属性规定了它向社会公众提供服务的社会责任和义务；信息技术发展和互联网的普及提高了高校图书馆向社会开放服务的能力，国家社会经济文化建设也需要高校图书馆做出更大的贡献。因此，高校图书馆向社会公众开放，主动开展公共文化服务，是世界发展大趋势，也是高校图书馆实现自身健康发展的需要。高校图书馆对社会的开放以国家相关法律、法规，特别是现行的《普通高等学校图书馆规程》为指导，遵行下列原则逐步实行。

一、分级管理，本校师生优先原则

就国家的整个图书馆体系而言，各级公共图书馆是面向社会读者提供文献信息类服务和必要信息支持的主阵地。国家特别指出并且强调高校图书馆要面向社会公众普遍开放，至关重要的原因是高校拥有非常丰富的图书馆隐性资源，图书馆当中的管理人员和相关工作人员，具有较高的素质水平，可以供给专业度高的文献信息资源服务，也能够满足社会用户较高层次的信息资源需求，有效弥补公共图书馆在信息资源和服务方面存在的空白。从中我们可以看到高校图书馆发挥的积极作用。但是在 2015 年修订完成的针对高等学校图书馆规程指出高校图书馆需要在确保校内图书资源服务与正常工作秩序的前提条件之下，提供社会化服务。通过对这样的规定进行解读，我们可以看到高校图书馆，把本校师生作为重要和主要的服务对象，将保证学校的教育科研工作有序开展作为主要任务，在向社会公众开放的过程当中坚持校内师生优先的根本准则。

假如根据前面论及的俱乐部理论当中对读者优先级别进行划分，本校师生应是一级成员；其次是图书馆服务联盟当中的成员馆，拥有通用阅览证的外校师生是二级会员；再次是本社区或者是城市居民是三级会员。在这方面的相关工作处理上，国外一些高校能够给我们提供参考和借鉴。比如美国斯坦福大学在图书馆管理当中就给出了明确的规定，在任何情形之下，任何机构与个人侵犯了斯坦福大学师生使用图书馆的优先权利，那么图书馆保留拒绝其应用图书馆的权利。耶鲁大学图书馆则特别强调在对学校的图书馆信息资源进行使用前必须是已经查遍了全部其他可用性资源的情况之下。除非特别说明，耶鲁图书馆不对非耶鲁的本科生、中学生和小学生提供服务。

从社会整体来看，作为收集、整理、保存、提供文献信息资源的文化教育机构，高校图书馆和公共图书馆都是为社会政治、经济及文化服务的，二者从本质上来讲是没有区别的；但从具体某一个图书馆来看，每一所高校图书馆都有其自身特点和主要任务，高校图书馆对社会开放，必须是有前提的，即高校图书馆必须是在满足本校师生的需求、不影响本校正常的教学科研工作的基础上向社会开放。这一前提一旦被打破，高校图书馆将会失去其本身特点，也将无法提供对社会提供具有特色优质服务。此外，高校图书馆对社会开放应秉承本校师生优先原则，不仅仅是高校图书馆职能所在，更是争取高校师生和学校管理层支持的必要条件。只有坚持本校师生优先的原则，才能保证高校图书馆向社会开放服务长期有序实行。

二、对等互惠，共建共享原则

如前所述，高校图书馆对社会公众开放不是完全无条件地开放，在保证本校师生优先权的前提下，高校图书馆的开放服务还需要遵循"对等互惠原则"。高校图书馆依靠学校品牌效应、信息优势、技术优势和人才优势，在向社会开放过程中更有条件取得较大社会效益。但是从经济学角度来看，任何服务都是有成本的，高校图书馆的开放在以社会效益为第一的前提下，也应该关注经济成本和效益。比如，在开放范围和人群的选择上，应优先向与本馆有共建共享合作关系的读者开放，优先向与本校有合作关系的单位（如本校实习基地、就业基地等）开放。高校图书馆在社会信息服务中适当考虑成本问题，在成本和效益之间探索平衡点，以对等互惠原则开展文献信息服务。坚持这一原则必须注意要坚持把社会效益放在首位，不能以任何借口向读者收取不正当的费用或多收费用，同时要形成有利于把社会效益放在首位的环境和条件。只有这样，才有助于保持图书馆充满活力的状态，实现学校与社会各界相互促进，形成良性循环发展。

信息资源共建共享指的是图书馆在平等自愿与互惠互利的前提条件下，通过打造图书馆间和图书馆与其他机构间的合作协调关系，运用多元化的方法路径共同建设和运用信息资源，从而最大化满足读者信息需求的所有活动。资源共建共享是实现高校图书馆和社会共享多元化信息服务的首选方法，也是高校图书馆履行社会化服务职能的重要体现。

图书馆从产生的时候开始就存在着一个非常突出的矛盾，这个矛盾是图书馆用户对信息资源存在着无限需求，而图书馆可以供给的信息资源又是有限的。就图书馆的实际情况而言，用户的信息资源需要具备无限性的特征，但是图书馆本身所具备的文献信息资源一直是非常有限的，要用有限资源满足无限需求是不可能实现的。虽然高校图书馆拥有着丰富的文献信息资源，而且这样的资源优势要明显优于公共图书馆，但是没有哪一个高校图书馆是可以完完全全满足社会读者全部需求的。虽然是这样，利用有限资源最大化满足无限需求，又是可能实现的。而实现的可能在于资源的共建与共享。信息资源共建共享的主要形式包括图书馆网和图书馆联盟。共建共享的内容包括合作建设馆藏、合作开展馆藏文献数字化、合作编目、共同组织整理网络资源、馆际互借、互借馆藏、合作解答咨询、合作储存文献、联合培训馆员、合作开展研究开发项目、信息发布和合作建设图书馆馆舍、合作投入图书馆运行经费等。

要走上共建共享的道路，对此项原则进行全方位的贯彻落实，一定要抓好以下两项工作：第一，健全高校图书馆联盟或本地区域图书馆联盟，利用联手共建的方式提升图书馆的社会化服务水平。通过签署相关协议的方式，运用多元化的方法，强化联盟之间的资源共享与共建关联，并对网络信息资源和多方面的文献资料展开归纳整合和筛选，构建综合性的咨询与服务平台，保证馆际之间进行文献的互借与有效传递，打造系统健全的公共信息服务系统，供给多元化的信息与服务。第二，要和政府、企业等展开密切的合作，充分发挥各自的优势和长处，打造多元化的服务平台，或者是通过和政府、企业合作建立图书馆的方法，得到政府方面的支持，构建互动机制，拓展服务领域，打造高等学校、政府及全社会的良性互动运转机制，最终把共建共享的目标落到实处。坚持这一原则，既要在理论上鼓励建设图书馆联盟，鼓励高校与政府、企业共建图书馆，鼓励高校图书馆向社会开放，又要注重利益分配，尽最大力量为社会用户提供服务。

三、量力而行，循序渐进原则

近年来，随着高等教育大众化的推进，全国高校在校学生人数急剧增加，教学资源紧张匮乏，高校图书馆自习室、阅览室一座难求现象普遍存在。高校图书馆面向社会开展公共文化服务，随着社会用户的不断增多，必将会对本校师生利用图书馆资源与服务产生一定的影响，加剧教学资源紧张匮乏的矛盾。

同时，由于高校图书馆的情况千差万别，"985 高校"、"211 高校"、省级重点高校、普通本科院校等层次高校图书馆的资金保障水平也有很大差距，所以每个馆在实行对外开放进程中绝不能照搬其他馆的方式、方法，应在仔细分析自身经济实力、技术水平、馆藏特点和人员素质的基础上量力而行。在满足本校师生正常借阅情况下合理确定开放范围和程度，做到因地制宜，有所为有所不为，才能取得良好的社会化服务效果。在具体开放范围和项目的选择上，可结合自身的馆舍、资源、设备和人力状况而定，比如，新校区馆舍面积大、资源数量不足，可以选择开辟校外用户自习浏览室，提供报刊和部分图书阅览服务。如果馆舍紧张，但数字化资源比较丰富，现代化设备比较先进，可选择向社会用户提供自助复印、网上数字资源浏览、远程文献传递等服务。

我国高校图书馆开展公共文化服务虽然有政策法律依据，也有一定的实践经验和成绩，但受多年计划经济体制及条块分离和行业管理水平差异较大等诸多因素的影响，大规模、系统化的服务格局尚未形成。不论思想观念、法律法规、运行经费还是馆员素质、技术手段、知识产权等方面，都存在较多的阻碍因素。因此，高校图书馆开展公共文化服务，既要转变观念，主动为社会用户提供服务，又不能盲目行动，全面铺开。各高校图书馆要依据自身实际情况，坚持循序渐进原则，一方面客观评估自身馆舍状况、资源构成、硬件设备水平；另一方面认真分析本馆所处的地理位置及社会用户文献信息需求状况等因素的基础上，有计划、有条件地逐步开展。

四、以人为本，读者第一原则

《图书馆服务宣言》提出："图书馆在服务与管理中体现人文关怀。图书馆致力于消除弱势群体利用图书馆的困难，为全体读者提供人性化、便利化的服务。"人文服务包括两方面内容：一是服务与管理的人性化，即针对所有服务对象，要求图书馆在服务中关爱读者、方便读者；二是保障弱势群体的信息需求，即对弱势群体信息需求的人文关怀，这是图书馆保障人民基本文化权利的一个重要任务。《普通高等学校图书馆规程》第三十五条规定："图书馆应通过加强无障碍环境建设等，为残障人士等特殊用户利用图书馆提供便利。"因此，高校图书馆开展公共文化服务要坚持以人为本原则，制订计划、设置服务项目时既要考虑信息用户的民族、职业、年龄、文化程度等因素提供多元化服务，又要充分考虑弱势群体在信息需求、信息检索、信息利用方面的特殊性，为他们提供特殊服务。

坚持读者第一原则，就是要针对读者的知识信息需求提供服务，只有坚持读者第一的原则，才能保证高校图书馆服务更加切合各类读者实际。高校图书馆在提供社会化服务时，应适应多层次、多样化的信息需求，为读者提供多元化的知识信息服务。在管理中对社会读者进行科学分类，针对不同类别的读者设置不同的服务项目与要求。比如，科研用户需要综述性、专题性和最新的研究资料，可以对他们开放学术数据库，方便他们随时追踪科技前沿进展；政府用户需要宏观政策方面的资料，可以为他们及时推送时政要闻信息；中小学生需要基础性、科普性的文献资料，可以对他们开放书刊借阅等服务。

让任何地方的任何读者，在任何时候，利用到任何图书馆的任何文献信息资源，是整个图书馆界为之奋斗的最终目标。高校图书馆最大限度地挖掘自身的资源与技术潜力，为各类读者提供适合其需求的文献信息服务，不论是为本校的师生服务，还是面向社会提供服务，只要让更多读者的信息需求得到满足，图书馆的目的就达到了。

第五章 高校图书馆开展公共文化服务的实践概览

第一节 高校图书馆开展公共文化服务的历史

一、高校图书馆开展公共文化服务的界定

公共文化服务，是指由政府主导、社会力量参与，以满足公民基本文化需求为主要目的而提供的公共文化设施、文化产品、文化活动以及其他相关服务。公共文化服务所包含的主要内容有读书、看报、看电影、看电视、看戏、公共文化鉴赏、文化素质培训、成人教育、群众性的文化活动等基本文化诉求。图书馆作为文献信息资源收集、整理、传播的文化机构，它能够提供的公共文化服务主要有：馆藏资源查询、纸质书刊借阅、数字化信息资源查阅、信息素质教育、参考咨询服务以及图书馆的空间开放等。

公共文化服务的概念是 20 世纪后期伴随着政府职能转变提出的概念，但早在公共文化服务概念提出之前，国内外高校图书馆已经有采取多种形式向社会开放的活动和措施。目前，对于高校图书馆面向社会开放的服务行动是否都可归入公共文化服务，如何界定某图书馆是否参与了地方公共文化服务，学界尚无明确的标准和定论。笔者认为，按照公共文化服务的定义及其"公益性、基本性和均等性"的特点，高校图书馆开展公共文化服务的界定应考虑以下三个方面：第一，高校图书馆的公共文化服务活动应具有计划性、制度性。也就是说，无论是主动开放还是按政府要求开放，只要高校图书馆面向社会提供的文化服务项目能够有组织、有计划、有制度性保证长期开展，就属于公共文化服务活动。从这个角度来说，高校图书馆服务校外读者的偶然借阅行为、与个别企事业单位一次性合作服务不能当作其参与社会公共文化服务标志。第二，高校图书馆的公共文化服务

活动具备一定的规模和范围。这是公共文化服务均等性的要求，比如向所有本校校友开放、向学校所有教职工家属开放、向所在社区所有中小学生开放等。第三，高校图书馆的公共文化服务活动应符合公益性标准。应该注意，公益性不等于完全免费，收取适当费用以补充运行成本的文化服务活动仍应该属于公共文化服务活动。以这个标准衡量，高校图书馆收取适当办证费、书刊损耗费向社区居民或中小学生开放的借阅服务属于公共文化服务范畴；但是，面向校外科技人员收费进行的查新查引、定题服务一般不属于公共文化服务项目，但仍应该属于社会化服务、科技文化服务。

二、高校图书馆开展公共文化服务的历程

（一）国外高校图书馆公共文化服务历程

1. 大学图书馆开启社会化服务的萌芽期（19 世纪中期至 19 世纪末）

15 至 16 世纪，随着印刷书籍大量出现，欧洲大学图书馆开始具有相当规模。到 19 世纪下半叶，欧洲和美国大学图书馆开始走向近代化，为满足对大学师生的教学科研需求，出现了图书馆之间的合作。馆际互借的实现是保证图书馆之间进行密切的合作和协调发展过程当中至关重要的环节，还是高校图书馆承担社会化服务职能最为有效的方法。事实上，图书馆馆际互借的发展历史并非现代才开始的，相关历史能够追溯到古代时期。只不过古代的是一种个案，数量极少。在中世纪时期，修道院之间同样也开展过馆际互借的活动，不过在当时进行借书的重要目的是抄写本馆藏书。但随着时间的推移，一直到了近代时期，由于科研工作持续推进，图书出版数量持续上升，使得馆际互借的价值日益增大。在这样的情况之下，馆际互借从原有不存在固定化行事的情况变成有组织和有专门规定与流程要求的一种制度。

在这一阶段，德国大学图书馆的发展水平一直处在世界领先地位，是值得其他高校学习和效仿的典范。德国大学图书馆当中的藏书数量众多，在质量方面更是有着很高的水平。图书馆馆长，绝大部分是图书馆界的泰斗，不少图书馆学的新思想及新措施，都是来自德国大学图书馆。德国的很多大学图书馆，从建立的初期阶段就向校外学者与相关的研究者开放，之后有一部分的图书馆和学校所在地的州、市图书馆进行合并，实现一馆兼作两用，既让高校学生和教师享受到图书服务，又让广大市民和州民得到满意的服务支持。德国大学图书馆的这些做法，可以说是高校图书馆面向社会大众并提供社会化服务的早期例证。

2. 大学图书馆直接开展公共文化服务规范期（20世纪初至20世纪中期）

19世纪后期到20世纪中期，欧美国家高校图书馆面向社会公众的服务进入实质性实施阶段，服务范围逐渐扩展，服务内容逐渐增多，服务手段逐渐深化、改进，服务效果越来越好。1893年，普鲁士皇家图书馆正式制定了该馆同普鲁士各大学图书馆的馆际互借规则。英国的馆际互借中心的国家中央图书馆也仿照德国，逐渐扩大互借范围。美国的馆际互借继德国、英国之后也发展起来。1917年由美国图书馆协会制定的馆际互借规则，是最早的一个全国范围内图书馆合作的范例。美国的互借工作开展得比较广泛，仅在高等院校之间，估计每年就办理百万次以上的借书手续。

除馆际互借外，这一时期的大学图书馆也开始直接面对社会公众服务，开启了大学图书馆参与公共文化服务的新阶段。德国的大学图书馆大多同时承担公共图书馆的职责，如法兰克福大学、汉堡大学图书馆等，这些学校的图书馆对外来读者全面开放，非学校师生的读者只需出示身份证或护照，把信息记录进个人信息诚信系统，就可以享受图书馆的文献服务。英国剑桥大学图书馆采用全部开架的服务方式，无论大学总馆、专业图书馆还是学科系、研究中心图书馆，对校外读者都完全开放，校外读者不必出示任何证件就可以享受除借图书外其他所有的文献信息服务。

3. 大学图书馆普遍对社会公众开放的成熟期（20世纪60年代至今）

自20世纪60年代以来，随着社会读者文献信息需求的日益攀升和现代化服务手段的普遍运用，国外高校图书馆面向社会公众的服务进入到一个全新的阶段。突出特点表现为服务项目更加多样化、服务手段更加现代化、服务内容更加精深化。以美国为例，美国大部分高校图书馆为公众提供综合性的服务，依托校内资源，为公众提供形式多样的文化服务项目，促进社会的发展。美国高校图书馆有权享受联邦政府的资金补贴，所以美国公立高校图书馆基本上向社会公众开放。据统计，1964年美国图书馆协会中的1100所大学图书馆，94%的高校图书馆允许社会读者使用图书馆的资源和服务设施，85%的高校图书馆已向社会读者提供借阅服务。服务范围从国内发展成为国际的服务，而服务手段也逐渐现代化，从传统借阅到文献传递，再到电子信息资源查询等。

在日本，各级各类图书馆数量多、规模大，图书馆业相当发达。国立高校图书馆向全社会提供知识和媒体资料服务，通过图书馆官网向社会提供全文阅读、资料检索及委托服务，提供学科和专业特色服务。而且，国立高校图书馆对社会读者的开放率也是很高的。在 2004 年日本文部省《学术情报基础实态调查结果报告》中的数据明确显示，公立大学图书馆和日本国立图书馆对民众的开放率为100%，其他私立大学对外开放率也在 97% 左右。

（二）我国高校图书馆参与公共文化服务的回顾

1. 新中国成立前高校图书馆的发展及公众文化服务

19 世纪末到 20 世纪初期，我国的高校图书馆大多处于初建和完善期，其服务对象主要是本校的师生，服务的内容包括文献借阅、宣传导读、编印专题资料和参考咨询等。涉及社会化服务，主要形式还是馆际互借，其他方式比较少见。

20 世纪二三十年代，西方各国传教士在中国近代大学的发展进入繁荣时期，教会大学和政府举办的大学图书馆都得到很大发展，影响较大的有创办最早的圣约翰大学图书馆、实力最雄厚的燕京大学图书馆、影响力最大的文华公书林及享誉东南沿海的福建协和大学图书馆等。社会各界有识之士开始呼吁大学图书馆面向社会公众开放，他们认为高校图书馆公开可使社会教育与学校合作，以学校图书馆补充社会民众教育设施的不足，于社会、学校和学生都有利，并公开提出了的具体对象和方法。

当时确有一些高校图书馆实行了对社会开放，如江苏省立教育学院图书馆开办了馆外扩充事业，"以谋书籍到民间去，达教育大众之目的"。并制定了具体目标，包括：使学校图书馆与公共图书馆打成一片，使学校教育与民众教育切实合作，使教育工具——图书馆尽量活用等。这一馆外扩充事业的内容包括开办民众图书馆、巡回文库、民众阅报处以及做时事报告等。福州协和大学所办的"农村试验区"也是一个很好的先例：为"开通民智"，该大学在农村设立民众阅报室，并将图书馆收藏的教育学系的儿童书籍借给该区儿童作为课外读物。武昌文华大学图书馆——公书林也对其他学校、机关与个人开放，并办理大学推广教育、巡回文库、书报阅览处等服务项目。此外，有许多高校图书馆允许校外学者、本校毕业生（已离校者）及当地居民利用。

2. 新中国成立后高校图书馆发展及公众文化服务

新中国成立后，新中国政府接管了高校图书馆，并进行整顿、改造、调整，充实了藏书，到 1957 年，全国高校图书馆已发展到 229 所，藏书达 4000 万册，比 1949 年增加了 5 倍。1956 年 12 月，高等教育部召开了第一次全国高校图书馆工作会，会议制定了《中华人民共和国高等学校图书馆试行条例（草案）》，明确了高校图书馆的性质、任务。同年，为充分保障高校教学科研工作的发展，高等教育部又先后制定了《高等学校图书馆馆际互借办法（草案）》《高等学校书刊调拨暂行办法（草案）》。这个时期，由于管理体制和文献资源多方面的限制，高校图书馆主要为本校师生教学科研服务，也有馆际间的互借和调拨，但多属于单位之间为完成重大任务的临时合作。

20世纪八九十年代，随着我国经济体制的转换，社会信息化进程加快，书刊价格猛涨，高校图书馆面临着严峻的挑战和考验。这一时期，"高校社会化"一度成为我国高校发展的热点话题。期间，高校图书馆界也兴起了"社会化服务"热潮，许多高校图书馆利用自身的文献资源面向市场经济提供信息服务，主要的方式有编制二、三次文献和各种专题目录索引，为科研院所和企业提供课题跟踪信息服务，开展信息中介服务，开办书店，为街道和农村提供知识援助服务等。这是我国高校图书馆打破校园围墙，开展社会化服务的一个大发展时期，这其中有面向市场盈利的企业科技情报定题服务，也包含为街道社区、中小学和农村地区提供知识援助的公共文化服务成分。1988年广东省五邑大学图书馆向校外200名公民发放借阅证，开了我国高校图书馆向公共开放的先河，但此后各高校图书的跟进并不踊跃。

1999年1月，包括高校图书馆在内的124家图书情报单位在北京共同商讨全国文献信息资源共建共享协作的大事，签署了《全国文献信息资源共建共享倡议书》，倡议按"资源共享，优势互补，互惠互利，自愿参加"的原则，建立了以国家级文献信息资源网络为主导，地区级文献信息资源为基础的全国图书馆文献信息资源共享网络。同年6月，"中国高等教育文献保障体系"（CALIS）作为"211工程"高等教育公共服务体系建设项目正式批准实施。以上两个大规模的合作项目，标志着高校图书馆有组织、大规模的信息资源共建共享活动的开始，但仍难以界定为面向社会公众的公共文化服务。

进入21世纪，高校图书馆已普遍实现管理自动化，随着互联网的普及校园网的建设也突飞猛进，高校图书馆已从传统的印刷文献收藏中心转向复合型发展。高校图书馆面向社会公众的文化服务也日渐增多，尤其是南方高校开放数量、范围都比较领先。如厦门大学、浙江林学院等高校图书馆向社会特定读者提供纸质馆藏的借阅服务。以2005年为转机，在政府对公共文化服务体系建设的关注和重视的背景下，图书馆界发表"武大宣言"，高校图书馆越来越多的人开始重新审视面向社会公众提供公共文化服务的问题。由此，陆续有高校图书馆开展向社会读者开放，并适当收取部分费用。如中国人民大学图书馆的校外读者接待办法中只对社会读者提供临时阅览服务，不接待18岁以下少年儿童、校外自修者和游客。

北京大学图书馆校外读者须持本人二代身份证、本人有效证件（工作证或学生证）或单位介绍信，换取"北大图书馆临时阅览证"，按规定时间，阅览和复印所需书刊资料。

2012 年发布的《国家"十二五"时期文化改革发展规划纲要》明确提出："加快构建公共文化服务体系""加强公共文化产品和服务供给""鼓励其他国有文化单位、教育机构等开展公益性文化活动"等文化建设发展方针，拥有丰富文献信息资源的高校图书馆面向社会公众开放成为社会各界一致共识。各地高校图书馆开展的公众服务活动也更加丰富，突出表现为：开展的活动更为多样化，面向社会读者借阅图书、举办培训讲座，利用发达的网络及各类数据库面向社会开展服务；区域化、集团化服务形式明显，如北京地区高校图书馆联盟、深圳大学城图书馆等的集团社会化服务；服务内容精深化，不仅有基础性的图书借阅、图书馆主页浏览等服务内容，而且还提供专业性、技术性较强的参考咨询、科技查新、读者培训、专题信息、学科信息等方面的服务。至此，我国高校图书馆公共文化服务开始规范化、快速发展。

三、高校图书馆开展公共文化服务的新趋势

长期以来，高校领导决策层、管理层、馆员都认为，高校图书馆只能服务于本校师生和教职工，服务于本校的科研项目。这种观点严重束缚了他们的思想，由此也就阻碍了图书馆的长远发展。高校图书馆公共文化服务的开展，要求他们摆脱对高校图书馆功能的狭隘定位，将高校图书馆放在国家文化服务体系的大格局当中重新审视自身的定位与发展，把高校图书馆的服务对象扩展到社会读者，充分利用自身资源开发面向社会公众的服务项目，从而更好地融入社会公共文化服务体系。在建设发展社会公共文化服务体系的文化方针指导下，近年来高校图书馆开放范围、服务内容和手段等方面出现新动向，包括服务对象社会化、服务内容多元化、服务手段网络化、与区域公共文化服务体系融合一体化等趋势。

（一）服务对象公众化

高校图书馆在提供文献信息服务时需要面向特定的社会群体，其中包括学校校友、社区居民、中小学生、教师群体、医生等。从传统意义层面上进行分析，本校师生是高校图书馆的服务对象，本校师生的文化层次比较高，且较为固定。这样的情况让高校图书馆各项工作少了主动性以及竞争性，同时还在很大程度上制约了图书馆的改革与建设。在知识经济兴起和知识经济时代到来的背景下，人们对图书信息的需求量持续上升。公共图书馆已经不能够让广大公众的读书需要

得到满足，此时需要高校图书馆向社会开放，特别是提供社区服务。承担社会化服务的职能，特别指出高校图书馆必须开阔眼界，实现服务对象的多元化和拓展性，不能够把服务对象局限在师生方面，还需要面向社会服务与社会读者与社会生产生活相契合。

在服务社区的读者，满足他们读书服务需求方面，高校图书馆需要做好以下几项工作：第一，高校在向社区开放图书馆时，需要对社会的多元化需求进行充分的分析和掌握，进而不断革新办馆模式、方法、内容等，有效增强社会适应能力，也为高校图书馆的自身建设提供良好的条件。第二，高校图书馆可运用独特的服务方法积极提倡先进文化传播和健康娱乐相整合的方式，让全民的思想觉悟及素质修养得到有效的提升，最终为整个民族的繁荣发展提供强大助力，为终身教育目标的落实搭建良好平台。第三，高校图书馆馆藏涉及的内容，绝大部分属于专业性很强的文献资料，读者数量非常少。"为书找人"面向社区，积极吸纳专业性强的读者，使得这些读者的专业性阅读需求得到满足，也让高校图书馆的专业性图书资源得到有效利用。第四，向社区敞开大门，将书籍作为重要的桥梁与纽带，让人们可以更好地认识、了解与利用图书馆，有效提升高校图书馆的影响力及地位。

（二）服务内容社会化与多元化

高校图书馆担当的第一个重要任务就是要服务于本校师生，满足教学及科研工作的实际要求。但是在高校图书馆积极推进社会化服务建设的过程中，所要求的服务内容也朝着社会化的方向迈进。社会读者的知识素质各不相同，信息的需求也多元化，研究领域很宽，并且呈现出复杂性高的特点。这就给高校图书馆提供社会化服务带来了很大的难题，提高了对高校图书馆服务内容的要求。针对这样的情况，高校要积极了解社会化读者的个性需求、信息接受水平、信息化意识与信息素养等情况，这样做的目的是及时获知服务要求，提高各项服务工作的针对性。高校图书馆服务内容的社会化，最为明显的表现是涉及范围广，涵盖社会生活的各个方面，面向的读者有政府部门、企业，还有农民，以及广大的城乡居民等。实现了服务内容的社会化，能够为社会化服务工作的推进实施拓展空间，也能够让高校图书馆迎来一个创新发展和深层次发展的新局面。

高校图书馆服务内容多元化，包括馆藏目录查询、书刊借阅、文献传递，参考咨询等，使读者能够迅速获取自己感兴趣的图书和文献资料，并及时了解自己关注的领域的新动态。除此之外，高校图书馆也可采取文化活动的方式为社会提供多元公共文化服务。

（三）服务手段网络化

在网络信息技术发展繁荣以及推广应用范围逐步增大的背景下，高校图书馆也需要与时俱进，逐步打破馆舍和地域的局限性，树立主动服务的意识，主动接触社会，突破过去的文献管理模式，运用全新的文献管理方法，打造开放性的服务体系，起到带动的作用。社会读者将互联网平台作为重要依托，对图书馆的各项资源进行合理化利用，同时得到来自高校图书馆供给的各项服务。这让服务对象打破了地域的局限性，不再限制在本校的教师和学生方面，而是让服务对象朝着社会化方向扩展，带有显著的社会化特征。

（四）与区域公共文化服务体系一体化

市场经济体制改革工作的全面推进以及信息化进程的加快，推动了信息网络化、学习社会化以及教育终身化的发展，为现代社会的改革进步创造了良好条件。高校图书馆需要在确保本校教育科研工作有序开展的前提条件之下，综合考虑高校所在区域当中的公共文化，需要运用多元化的方法给社会用户提供良好的文化与信息服务，进一步扩大高校图书馆的社会化职能，促进高校图书馆社会化价值的实现。比如将高校图书馆作为重要依托，积极推动全民阅读的社会建设，让社会读者更好地迎接全民阅读时代的到来；为经济社会发展提供专业的咨询服务；给专业技术人员提供科研以及信息服务的必要支持。

想要提高国家的软实力水平，加大文化建设和发展力度，不少的国家都开始借助国家以及法律行为，大力倡导和落实全民阅读。1972年联合国教科文组织发出走向阅读社会的号召，提倡世界各国积极打造社会成员人人读书的良好局面。1995年正式设定世界读书日，而从世界读书日确定以来，已经有超过100个国家与地区主动参与到世界读书日实践活动。大量的研究实践证明，拥有怎样的阅读环境，就会拥有怎样的文化形态，所以阅读社会建设是至关重要的一项国家发展战略。我国也是特别关注国民素质提高的一个国家，因此在阅读社会建设方面也投入了很多的精力。在党的十七届六中全会上，第一次提出全民阅读活动的开展号召。在党的十八大报告当中，就把开展全民阅读实践活动为一项重要内容。2017年6月，我国颁布专门的《全民阅读促进条例》，此项条例的颁布是国家助推文化建设方面的一次关键措施，也是升华社会文化生活的有效保障。为了积极响应国家号召，多个省市开始推进落实形式多样和内容丰富的读书实践活动，还有的省市建立了专门的品牌，比如书香江苏、书香荆楚、深圳读书月等。我们需要明确认识到，虽然我国在大力提倡全民阅读，但是此项工作还处在起步阶段，其中存在诸多适应性问题，比如全民阅读的软件及硬件条件，都和社会群众的读书需求存在差距，缺少丰富的阅读公共资源作为必要的支持。要促进全民阅读的实现，单纯依靠公共图书馆的单薄力量及有限资源是无法达到目的的。高校图书馆拥有比较完善健全的藏书体系，其中的资源种类繁多而且数量丰富，在资源总量及学科类别方面都明显优于公共图书馆。假如可以把高校图书馆当中有富余的文献资源应用到缺少文献资源的社会公众群体当中，能够满足他们的文献信息需求，同时也能够推动社会文化以及教育工作的发展，最终促进全民阅读社会的建立。在这样的全新时代背景之下，高校图书馆要顺应时代给高校图书馆提出的新要求以及新标准，探究怎样更好地完善社会化服务内容与服务方法，为全民阅读的实现做出贡献。

第二节　国外高校图书馆公共文化服务的现状与经验

一、国外高校图书馆公共文化服务的内容与模式

西方发达国家在高校图书馆参与公共文化服务实践方面均起步较早，目前已奠定了良好的社会基础，形成了开放式借阅、主题文化活动、一馆多用等多种形式，既满足了社会公众文化资源需求，又反过来促进了高校图书馆各项业务的进步，形成了良性循环。其中许多成功的经验和模式可供我们学习和借鉴。

（一）主要服务内容与项目

1. 开放基本借阅服务

国外大学图书馆面向社会公众的开放都包括最基本的借阅服务，其具体要求和做法各有千秋，但基本上都不收费，属于公益行为。

在美国，越来越多的大学意识到大学图书馆对社区的发展有着不可推卸的责任，公立大学图书馆一般都对公众开放。如蒙大拿理工学院图书馆在明确其主要职责是为学校的教学科研提供服务的同时，也明确规定了图书馆要向蒙大拿州的所有居民无歧视地提供服务；耶鲁大学图书馆在规定的对外开放时间，任何人都可以自由进出图书馆，无须出示任何证件；在俄亥俄州立大学图书馆，任何人都可以进入图书馆查阅资料，读者 24 小时均可还书。

在日本，大学图书馆向校外人员开放于 20 世纪 90 年代逐渐普及，据 1990 年

统计数据显示，97% 的大学图书馆向社会开放，只要提供证明个人身份的证件，就可以办理借书证。

2. 继续教育与学习支持服务

随着互联网的发展和科技的飞速进步，在知识半衰期日益缩短的今天，人们终身学习的愿望和需求日益强烈，所以利用自身丰富的信息资源为校外读者提供学习的基地也成为美国很多高校图书馆参与社会服务的一项内容。如加州大学戴维斯图书馆的终身学习协会 OLLI、斯坦福大学图书馆的继续学习中心，都是通过不同的教育项目向校外读者提供高质量的课程资源，满足学习者获取知识、课堂讨论等需求。

美国大学图书馆有支持终身学习者的服务，也有针对中小学师生的专项服务，学习支持服务比较系统，分类详细。比如加利福尼亚大学戴维斯分校图书馆既是大学图书馆，却也向中小学生开放，读者可在图书馆各厅阅览图书，不需要任何证件。西肯塔基大学图书馆举办"国家系列讲座"，他们利用这一项活动把师生、社区与世界紧密联系起来。也拉近了师生和社区大众与图书馆的距离，为图书馆做了很好的宣传。

3. 数字资源开放服务

美国大学图书馆不但拥有大量各类型的数据库、种类繁多的电子期刊和电子图书等，而且将大量馆藏的特色资源、图片、地图和档案等进行数字转化，建立特色数据库，极大地丰富了馆藏资源。读者只要上网进行检索，同时设置可链接的网址，就可共享电子资源。美国阿肯色大学的奥坦海美图书馆通过互联网将图书馆馆藏内容与搜索引擎的检索结果整合到一起，使校外读者也可使用该馆文献资源，提升了图书馆的亲民形象，受到了市民的肯定和拥护。美国北卡罗来纳州立大学图书馆通过举办网上展览，向校内和社会普通公众展示历史、文化及科技方面的视觉产品。英国剑桥大学图书馆采取全部开架的服务方式，校外读者不需提供任何证件就可以享有除外借图书以外的其他权利，包括免费上网等。

4. 专题文化服务

田纳西大学阿灵顿图书馆定期对公众开放田纳西历史、墨西哥海湾材料和美国历史等相关材料；西肯塔基大学图书馆与当地公共图书馆及书店合作，共同举办南肯塔基图书节。该图书节与社区合作，邀请了政府、商业人员和社会名流担任名誉主席，开展一系列各种类型的读书活动，如"一个社区、一个校园、一本书"（One Community-One Campus-One Book），"坠入书海"（Fall into Books），"大阅读"（Big Read）等。每年在美国黑人历史月活动中组织"黑人月在图书馆"活动，开展针对家庭阅读的"全美家庭文化素质月"等活动。通过设计举办多样化、个性化的阅读文化活动，确立了西肯塔基大学图书馆在当地社区公共文化建设中的重要地位。

在促进社区文化发展方面，日本大学图书馆多利用举办展览吸引校外用户，尤其是社区居民，通过展示具有地域特色的文献资料，使用户在图书馆的文化氛围中感受知识、陶冶情操，推进社区文化的发展。如熊本大学图书馆与熊本县立美术馆联合共同举办"阿苏文化遗产展"，使大学图书馆和美术馆完美结合，为公众提供了文化盛宴，取得了良好的效果；实践女子大学利用学校自身的保育士课程专设儿童读书角，既方便了社区居民，又促进了大学的专业发展；神户大学图书馆收集阪神大地震的有关资料，通过数字化处理，进行防震防灾教育。

5. 深度专业信息服务

国外很多大学图书馆也面向其他学术图书馆、公共图书馆和社区提供一系列商业服务，包括数字化方案的策划、图书馆发展策略等。美国宾州州立大学图书馆网站的首页直接列有社会服务一项链接，服务内容很多，其中之一是"合作延伸服务"。这项服务中明确指出："外延服务具体内容包括帮助州内的农业和工商业生产环保食品和纤维；培养个人和家庭可以更加充分地参与社区决策的能力。图书馆所提供的各种教育活动目的在于维持宾州共同体的竞争力。"加州大学戴维斯图书馆为公众和私人机构提供支持信息和专业服务，加深了公共服务的深度。犹他大学斯宾塞·艾斯·埃克里斯卫生科学图书馆充分发挥自身优势，为该地区卫生保健事业做出了重要的贡献。具体做法：第一，与州政府的卫生厅建立伙伴关系，开展"乡村医学图书馆社会服务计划"；第二，与设在犹他大学卫生科学院的犹他州"远程卫生网络"合作，为地区卫生教育学院的教职工和学生、犹他州政府属下的卫生保健部门的职工和服务机构等提供使用电脑及获取网上信息技巧的培训；第三，设立专职社会服务图书馆员，为人口稀少和偏远地区工作的医疗机构和下乡巡回的医疗工作人员提供远距和面对面的信息服务。

（二）开放对象与范围

1. 社会公众

国外很多信息资源丰富的图书馆都采取了不限定读者身份、资质，向全体社会公众提供文化信息服务的方式。在日本，全国各地图书馆也密切协作，实现资源共享，努力为公众做好服务工作。符合条件的日本国民无须办理手续和任何证件，可以直接进入各类图书馆阅览所需的文献资料，社会民众只有在借阅特殊文献、图书资料时才需办理相关证件，并且借书证在本地区范围内的所有图书馆可以通用。

2007 年，美国阿肯色大学奥坦海美图书馆做出决定，将免费借阅的权利延伸至所有社会成员。服务内容包括馆藏资源借阅权、参考资料和图书馆其他非流通文献的使用权等。

英国的大学图书馆向社会公众开展公共文化服务的历史非常悠久，其丰富的专业藏书以及私人图书馆和公共图书馆无法提供的新技术是吸引社会读者的重要因素。如剑桥大学图书馆，校外读者不需提供任何证件就可以享有除外借图书以外的其他权利，包括免费上网等。

2. 特定人群

很多大学图书馆在不完全面向社会公众开放时，大都选择面向校友、合作单位用户、在校学生和所在社区居民开放服务。这些学校往往在图书馆主页设置专栏介绍面向校友、合作单位用户、校外机构用户、社会普通读者等各类读者的服务方式和服务内容，向其提供纸质图书借阅和一定范围的数据库资源。

美国图书馆协会在 2005 年 4 月起草的一份关于大学图书馆为本科生服务的指导原则中提道：图书馆应该像对待本校师生一样，为他们提供服务，满足他们的信息需求。英国大学图书馆的开放办法是：本校所有毕业生都可以免费领取校外读者卡，其他任何人或团体均可申请外来读者卡，但要缴纳一定费用。

3. 特殊人群

美国麻省理工学院（MIT）图书馆致力于为残疾用户提供平等获得文化信息的机会，设置了专门的残疾用户服务办公室，对残疾用户的服务进行统筹规划、规范管理，以确保残疾用户有平等接受 MIT 图书馆所有信息服务的机会。在服务设施方面，MIT 图书馆配备了替代键盘、可为盲人或弱视用户大声朗读打印文本的阅读机、可将正常大小电脑屏幕文字和图形放大到 2 ~ 16 倍的展文软件等。

斯坦福大学图书馆的 20 多个分馆都面向残疾用户提供了平等利用信息的服务条件与环境，专门为残疾用户设立了无障碍教育办公室，并配备专职工作人员提供服务。为不同残疾用户提供相应服务设备，如听障人士配备辅助聆听机、音量控制电话，为盲人提供电话打字机等。

（三）服务模式

1. 合作服务

早在 1997 年，Broptty 等人就提出大学图书馆应该积极寻求与计算机中心、公共图书馆以及其他信息服务机构的合作。在各种合作服务中，图书馆联盟是最有效、最通行的合作方式。美国高校图书馆联盟开始早、发展成熟，例如由美国 Ohio 州高校图书馆与州立图书馆组成的 Ohio Link 联盟为全州的图书馆提供方便快捷的信息获取和文献传递服务。OCLC 是由 Ohio 州的 54 所高校图书馆组成的高校图书馆中心，现在已经发展成为美国全国性的图书馆合作网络，是全球最大的国际图书馆合作组织。

日本山口大学图书馆 2000 年与山口县内 5 所大学成立图书馆联盟，各馆间加强交流合作，信息资源共知、共建、共享；2002 年，该校图书馆又与县内公共图书馆和所有大学图书馆联合，成立山口县图书馆横断检索系统，利用网络技术向当地所有用户提供广泛的信息服务。

2. 一馆双责

在德国，相当多的城市被冠以"大学城"的称号，大学高度社会化，社会与大学相互交织融合。很多州立高校图书馆担负着市图书馆和州立图书馆双重职责，社会读者只要出示相关证件即可进入高校享受与本校学生相同的服务和待遇。例如在任何节假日里，法兰克福高校图书馆全部向社会民众提供参观学习和阅读等社会化的服务。在德国，一所高校基本上都有几个图书馆，除了一个主馆——中心图书馆，还有多个分馆——专业图书馆，形成了一个相对独立而又密切联系的图书馆网。高校的中心图书馆专门负责向公众开放，社会读者可以自由使用中心图书馆的一切馆藏资源。而专业图书馆只为本校师生服务，一般不对社会读者开放，社会读者在专业图书馆只能阅览不能外借馆藏资源。如科隆大学和市立图书馆，本身就是双重馆名，担负着为科隆大学的教学和科研服务，同时，又要在科学和文学艺术方面为科隆市的广大居民提供服务；法兰克福市立和大学图书馆是对法兰克福市和莱茵河、美因河地区开放的科学中心图书馆，同时，又是约翰·沃尔夫冈·歌德大学的大学图书馆，是当时德意志联邦共和国跨地区提供文献的重点图书馆。德国高校图书馆每周对外开放的时间大都在 90 小时左右。目前，在德国，全国各地、各高校图书馆一共构建有 10 个供社会化服务的联借区，基本实现了全国各型各类图书馆之间的馆藏资源的共享和传递。

二、国外高校图书馆公共文化服务的经验借鉴

发达国家高校图书馆公共文化服务成效卓著，这得益于其完善的法律制度，开放的服务理念，丰富的信息资源，先进的信息技术以及高素质的图书馆从业人员。以上介绍的各种形式也给我国高校图书馆开展公共文化服务提供了多种思路。

（一）先进的思想观念

西方发达国家各类高校图书馆依靠本校的可用资源，承担着社会向前发展的重大责任，为广大民众提供形式丰富多样的服务模式，以推动社会的发展进步。究其原因，思想观念非常重要。

美国高校图书馆社会服务发展相对比较成熟，无论是公共的还是大学的在为社会提供服务时，基本都不收费，即美国图书馆的社会服务基本不为赢利所驱动。在美国，高校图书馆被称为大学里的公共图书馆，越来越多的美国大学都认为，学校和所在地区的发展是密不可分的，大学有责任为地区的发展做出应有的贡献。如耶鲁大学树立了帮助其所在地城市纽黑文成为"人人读书的城市"的目标，这一目标从理念到行动都显示出耶鲁大学自觉承担的公共文化职能。

在日本，大学图书馆参与社会公共文化服务的理念已深入人心，各高校图书馆也将公共服务作为其基本职能。大学图书馆在对大学周围区域的知识创新，向公众传播科学文化，提高国民素质等方面做出了巨大贡献。日本大学图书馆强调以用户为中心的服务理念，采用多种方式和途径为用户提供信息服务，努力在最大限度内满足校内外用户的信息需求，使其成为社会的"教育中心""学习中心""信息中心"和"知识中心"。根据日本文部科学省 2005 年《学术情报基础实态调查结果报告》的有关调查，截至 2005 年，总计 701 所国立、公立、私立大学图书馆中共有 685 所大学对外开放，开放实施率达到 97.7%，其中 87 所国立大学和 71 所公立大学图书馆的开放实施率均达到 100%；543 所私立大学图书馆中 527 所对外开放，开放实施率也达到了 97.1%。从 1992 年到 2004 年，校外用户利用大学图书馆的人数持续攀升，国立大学从 11 万人上升到 71 万人，公立大学从 1.7 万人上升到 18 万人，私立大学从 11 万人上升到 59 万人。

（二）健全的法律制度

西方国家善于用法律和制度来规范自己的经济活动和社会行为，对图书馆事业也是一样。我们注意到，国外许多国家不仅有图书馆的专门法律，而且相关法在制定时也会关注图书馆事业，为图书馆事业营造良好的法治环境，这也反映出

图书馆的社会地位和认知度很高。以美国为例，美国有较为完善的图书馆法律制度，联邦及州政府的法律法规就有100多种，还有丰富的美国图书馆协会规则。这些法规细致周密，操作性强，并随着形势的发展不断充实和完善。例如《图书馆服务与技术法案》（*Library Services and Technology Act*，LSTA）中鼓励各类图书馆建立联盟共享资源，重视对特殊群体的服务，旨在通过信息技术等。运用提升图书馆的服务水平，对美国全国的图书馆法有引领作用。《高等教育法案》中关于图书馆的部分则对高等教育机构获得图书馆资源和建立及维持资源共享系统做了具体的规定。

总之，美国的《国会图书馆法》、LSTA和《图书馆行政条例》《高等教育法案》等国家性的图书馆法律、法规，以及各州图书馆法共同构成了庞大的法律、法规保障体系。大型的信息资源共享机构如OCLC能够快速发展与稳定运行，离不开美国图书馆法律体系的保障，同时OCLC自身对合作与共享制定了具体的政策，规定成员馆、合作伙伴等需要遵守的标准、准则、共享的权力以及义务，为国际信息共享与合作提供了指导与依据。除此之外，美国的图书馆组织设立了专门的委员会或办公室，及时掌握与图书馆行业有关的立法情况，通报于图书馆界，并将图书馆和用户的需求反馈给各级政府。也就是说美国的图书馆组织能够积极参与国家的法律建设之中，因此美国的图书馆法能够与时俱进，始终保障图书馆事业的健康发展。

日本虽是一个老龄化的国家，但却是非常重视学习的国度，日本政府把高校图书馆应承担的为国民教育终身学习服务的责任和义务以法律或文件的形式规定下来。1954年日本政府制定了《图书馆自由宣言》，明确规定各类图书馆为社会民众服务的义务。日本政府又于1953年和1961年先后颁布了《大学图书馆改善纲要》和《公立大学图书馆改善纲要》两个具有法律性质的文件。在这两个文件中都规定了高校图书馆要对国民进行社会化服务和对社会读者开放。1986年，日本发布了国立大学图书馆对外开放的调研报告——《关于国立大学图书馆实施开放服务目前的对策》（以下简称《对策》）。为满足社会需求，《对策》再次强调国立高校图书馆必须向民众开放。1995年，日本总务省制定的《新设私立大学图书馆改善纲要》将日本国立高校图书馆对外服务的社会读者范围加以延伸，它的读者范围延伸至社会上的研究人员和普通市民。

（三）良好的管理体系

在管理方面，欧美等国家的高校十分重视图书馆的建设，除不断引入新技术改进图书馆业务流程和服务手段外，还非常重视馆内工作人员培训和用户分类管理等。

1. 人力资源管理

各国通过实行图书馆职业准入制度，执行严格的人才选拔制度、学科馆员制度、绩效考核等制度，建立了完整的管理系统。美国、英国、日本等国都由该国的图书馆协会参与制定了图书馆职业资格制定，把专业学历教育和专业等级考试纳入制度当中，并且非常重视对现有馆员的继续教育，制定了相关的法律、法规，尽可能地保证所有馆员得到继续教育的机会。例如美国的 LSTA、《高等教育法》《职业教育法》等法律中都有关于加强馆员继续教育的条文规定。他们希望馆员通过继续教育，紧跟时代的发展，不断学习和掌握新的知识和技术，提升服务质量。在英国，全国图书馆协会领导全国范围各级各类型图书馆的职工培训，各高校图书馆还设有专门的部门负责馆员培训，针对不同层次、不同岗位的工作人员制订详细的计划，很多大学也对图书馆工作人员开设培训课程。因此形成了国家—馆内—大学三级培训格局。德国高校图书馆要求本馆馆员要掌握 3 种国际语言，以便为其他语系的读者提供方便而周到的服务。各国良好的管理体系，培育了图书馆工作人员的高素质和高度的敬业精神，为高校图书馆服务社会奠定了扎实的基础。图书馆馆员在学校教学、科研以及社会服务中的作用突出，社会和学校对图书馆和图书馆馆员有很高的评价。

2. 用户管理

国外高校图书馆在对社会开放服务的过程中，探索出了很多行之有效的用户管理与服务方法。如美国斯坦福大学将用户分为本校用户、社会用户和残疾用户三大类，其中社会用户又分为个人用户、校友用户和机构用户三类。该校图书馆将对社会用户提供的付费服务分为入馆和外借两种形式，并按照用户使用期限不同设置了 12 个月、3 个月、1 个月和 1 天 4 种使用收费表。并且针对社会用户的不同，还建立了专门的访客特权资格制度，明确了校友、其他高校师生、访问和独立学者、高中生等用户与一般访客不同的使用权限。对用户进行区别管理，提供针对性的服务。

又如，阿肯色大学的奥坦海美图书馆在 1988 年对社会读者的图书借阅权进行了分类限定：①本校关系读者（本校教职工配偶和家属，当地阿肯色州政府、联邦馆员等）和访问学者（有互惠协议的大学图书馆联盟师生），持相应证件享受免费借阅权；②当地所有 19 岁以上居民可以享受收费服务，在注册登记并付费 25 美元 / 学期后可拥有文献借阅权；③对于普通公众，则欢迎他们光临并使用图书馆的资源，但不享有文献借阅权。

（四）广泛的开放合作模式

国外高校图书馆积极融入社会教育，服务公共文化，社会化服务程度达到较高的水平。他们认为，无论是高校图书馆、公共图书馆还是其他各类专业图书馆，读者不是局限在某一个特殊的群体，而是对知识、信息、文化有所需求的任何一个社会公民，强调的是为社会公众提供平等利用知识的权利和机会。高校图书馆与社区的合作频繁，帮助社区搞好经济建设、扫盲工作等。很多高校图书馆将公共服务纳入馆员考核内容，与绩效挂钩，通过加大宣传的力度，吸引社会赞助，保证公共服务的资金运作，使得公共服务长期有序地延续下去。

国外高校图书馆社会化服务发展水平高，高校学术图书馆、公共图书馆、社区组织、各类教育培训机构、非营利性组织的跨领域合作频繁，互利共赢，共同建立起信息共享网络，充分地整合与利用社会各种信息资源。

（五）强调可持续发展

高校图书馆开展公共文化服务不是短期的行为，如何长期有效地利用和提供公共文化产品和服务，是各个高校需要思考的问题。尤其是在信息时代，信息资源的更新日新月异，资源的可持续利用、数字信息的安全保存等是高校图书馆和信息服务平台面临的一大挑战。高校图书馆提供的很多产品和服务依赖于数字信息资源，其生产、流通渠道以及载体复杂多样，要确保数字信息的可持续利用，应当预先对这类资源做好保存措施。否则，一旦某一类型资源的提供商停止服务，或图书馆由于资金原因不再购买某些数据库，合作单位就会永久失去这些资源的使用权。

对此，美国高校图书馆从技术和管理上做出了很多努力。比如耶鲁大学图书馆与美国图书馆、信息资源委员会（council on library and information resource，CLIR）、数字图书馆联盟（DLF）共同推出了专门帮助图书馆签订许可协议的 Lib Licensce 服务，帮助图书馆争取数字资源的可持续利用的权利。美国联邦政府资助 1 亿美元用于 NDIIP，即国家信息基础设施与保存计划，鼓励产业部门、高等教育和政府部门展开合作，对数字保存做可操作性研究。麻省理工学院与惠普公司合作，开发了 DSpace（数字空间）系统，对大学教学科研活动中产生的数字资源实施管理和保存。OCLC 和研究图书馆组织 RLG 合作建立"保存元数据的实施战略"的国际工作组，开发普遍适用于各个领域数字保存的核心元数据。

计算机技术与网络通信技术的发展和应用，改变了人们的生产生活方式，使得多元化合作的资源联合目录成为可能，并衍生出现在已被我们所熟知的馆际互借、文献传递等服务。通过馆际互借与文献传递系统，用户可以在更大的范围内获取所需的资源，各图书馆可以利用有限的经费购买最需要资源，节约成本。国外高校图书馆早就意识到技术在开展公共文化服务中的重要作用。技术创新大大地降低了资源共建共享的建设成本，使有限的经费可以投入到更好的资源与服务中去。作为服务方的图书馆也提高了本馆馆藏的利用率。信息技术的应用可以解决很多问题，诸如对不同类型的数据进行转换，统一检索技术为用户提供简单快捷的检索与获取服务。技术创新可以提高公共服务、产品及合作项目的竞争力，而项目竞争力的形成和发展带来了更大的项目的社会效益和经济效益，进而带动更多的技术创新。OCLC 这么多年的发展，依然处于全球图书馆界的领先地位，与其不断的技术创新和服务创新是分不开的。技术创新带动了服务创新，可以吸引更多的用户群体、吸引更多的机构与人员参与到公共文化服务建设中，有利于后期经费的追加和投入，有效地推动公共文化服务的可持续发展，形成良性循环。

第三节　我国高校图书馆公共文化服务的现状与比较

一、国内高校图书馆开展公共文化服务概况

（一）国内高校图书馆公共文化服务现状

1. 高校图书馆向社会公众开放基本形成共识

尽管我国大部分高校图书馆从未拒绝过社会人士的查阅资料，但主动对外开放、开展常规制度性服务的时间和范围都还与社会需求相差甚远。自 1988 年广东省五邑大学图书馆向校外 200 名公民发放借阅证以来，全国各地的高校图书馆都有面向社会开展公共文化服务的措施或实践。30 多年来，高校图书馆界在向社会开放服务的问题上基本已形成共识，而且也逐步在工作实践中开始不同程度地探索。总体来看，目前我国高校中规模较大、资金充裕的"985""211"大学图书馆开放起步较早、动作较大；处于中等水平的省级高校图书馆有一部分开始行动，东部沿海发达地区开展情况较好，西部欠发达地区情况较差；而规模较小、资金紧张的地方高校图书馆很多还在等待观望，没有以实际行动加入公共文化服务行列。

据调查，2011 年我国高校图书馆向社会开放服务的比例，最高北京市为

50%，最低的青海、西藏都是 0。2012 年 3 月，包括北大、清华在内的北京 34 家高校图书馆加入首都图书馆联盟，宣称向社会免费开放，一时间引起了社会的热议。之后，很多高校开始跟进行动，但开放程度和范围都有较多限制条件。条件设置一般涉及身份限定、押金、借阅方式和借阅权限等方面，有些高校条件较为苛刻，例如西南林业大学图书馆规定：本校继续教育学院学生、专业硕士生、合作培养研究生需凭所在院系证明、花名册和担保书申请办理借阅证，校外读者除证明、担保书外还需要身份证复印件及押金。

2. 高校图书馆参与公共文化服务形式单一

据调查，一般对外服务的高校均提供基本的借阅、复印等服务，一些办学规模大、办学层次高的院校可以提供科技查新、论文查收查引等高层次服务，与公共图书馆面向大众的多种服务方式相比，高校图书馆的对外服务方式比较单一，而且校外读者不能享受校内读者的诸多权利，例如声像室的使用、移动阅读设备的借用等。

3. 高校图书馆参与公共文化服务的社会知晓度低

虽然很多高校图书馆并不拒绝校外读者，但是也没有做到积极宣传对外服务。多数高校图书馆既没有向社会宣传馆藏资源及服务项目的行为，其网站上也没有有关对外服务的介绍，校外读者一般都是在有比较迫切需要的情况下，主动向相关高校图书馆进行咨询，才能获知其对外服务的具体措施及相关手续。

（二）国内高校图书馆参与公共文化服务的实践案例

2008 年，吉林省成立了由省市公共图书馆、高等院校、军队和科研单位图书馆组成的"图书馆联盟"。联盟以"整体规划、统一标准、共建共享、共同发展"为宗旨，希望通过建立统一的业务管理平台，实现合作开放、资源共享，使部门、单位所有制的图书资源成为公共图书资源，统一纳入公共文化服务体系，为吉林腾飞提供文献资源和信息保障。

截至 2014 年，吉林省图书馆联盟的成员馆由最初的 13 家发展到 84 家。联盟以服务基层百姓为目的，以构建公共文化服务体系、实现城乡统筹为工作思路，促进了文化、教育、科研系统之间的交流互动，为构建吉林省公共文化服务体系、建立适应公众文化需求的信息提供机制做了有益的探索和尝试。

吉林省图书馆联盟首先通过建立公共目录检索中心，发放联盟通阅证等方式实现了各类文献资源无障碍流转，其次结合文化信息资源共享工程及数字化服务平台，开展面向社会的"五走进"活动，即走进农村、企业、学校、社区和军营，让文化信息资源惠及各行各业、千家万户。进一步为基层提供技术支持、数字资源建设，让社区居民及乡镇的农民也能很方便地利用所需信息。联盟还组织高校青年学者组成吉林省传统文化公共宣讲团，在省内举办巡回讲座，以传统文化为出发点，注重东北地域性与民族性，同时结合文史、文学艺术等知识，既弘扬了中华民族伟大精神，又对当地传统文化进行了传播与继承。2010年，吉林省图书馆联盟建设荣获了全国第十五届群星奖，这也是全国社会文化艺术政府最高奖。

与吉林省的图书馆联盟不同，广州大学图书馆采取与政府合作共建的方式开展社会公共服务，也取得了不错的成效。广州大学图书馆与广州市政务服务中心合作共建的广州市政务资讯厅，位于广州市政务服务中心内，内设"魅力广州展示区""资讯阅览区""电子检索区""电子政务受理区"和"咨询服务区"。该资讯厅拥有国内领先的服务功能和一流的基础设施，通过各种类型的纸质和电子文献资源，广大市民和企业投资者可利用自主查询平台和咨询平台，获得广州市及珠三角地区的政务信息和经贸信息，是广州市最具特色的政务信息和经贸信息中心之一。

通过合作共建的方式，广州大学图书馆不仅向广大市民和企业提供了丰富的文献资源，还利用自身优势参与了"市政务服务在线"网站的部分信息搜集工作和《广州市政务服务简报》的编辑工作，以及自行开发并建成的"媒体眼中的广州"新闻类全文数据库，内容包括中外媒体关注广州政治、经济、社会、民生等诸多方面发展情况的报道，成为各界民众了解广州、关心广州的一扇窗口，此类综合性、专题性的信息产品受到当地用户的一致好评，取得了良好的社会效益和经济效益，得到上级有关部门的充分肯定。广州大学图书馆与政府部门合作共建的模式也为国内高校图书馆参与社会文化公共服务探索了新道路。

除了以上两种大规模、高规格的参与公共文化服务模式以外，有的高校图书馆从自身实际出发，也在为如何参与公共文化服务进行了有益的探索与实践。地处广东省的河源职业技术学院是一所公办高等职业院校，为充分发挥高校图书馆的信息资源、技术资源及人才资源优势，河源职业技术学院图书馆积极参与当地农家书屋建设，为"三农"提供信息服务，让农家书屋也能共享高校图书馆的信息资源。具体措施如将当地845家农家书屋的图书信息做成书目数据上传，使得农家书屋也可以通过互联网共享河源地区的图书馆数据以及广东省文献资源共建共享协作网的数据；利用高校图书馆的人才资源对农家书屋管理员进行专业技能培训；利用暑期组织大学生进行"三下乡"活动，为农民读者举办讲座，播放专家视频、地方戏剧等文化节目；联合各院系专业教师组成信息服务小组为农民用户提供专题、定题信息服务；组织读书、演讲等各类文化活动，丰富农民朋友的业余文化生活，引导他们培养积极健康、有益身心的一种生活方式等。

以上案例中的高校图书馆分别根据自身特点，采取不同形式参与当地公共文化服务体系，有各类型图书馆联盟的模式，也有独立和政府部门合作的模式，还有主动为基层图书室提供帮助的方式，虽然路径不同，但都取得了良好的社会效益。这些实践经验给了我们有益的启示，证明了高校图书馆利用自身的信息资源优势、人才优势将服务从校内延伸至校外不仅是可行的，更是可以大有作为的，其具体做法如构建联盟、数据共享、深层次情报服务、专业人员培训、加强与社区、政府部门的联系等都值得借鉴和推广。

二、国内外高校图书馆开展公共文化服务的比较

（一）思想观念

在国内，高校图书馆从建立之初便被校内师生天然地认为应限制校外人员利用，长期以来社会公众也是如此认为的，整个社会没有形成高校图书馆参与公共文化服务的社会共识，高校图书馆自身也就自然没有服务大众的决心和动力了。国外的大学图书馆坚持图书馆不应只为特殊阶层服务，而坚持向一切愿意来图书馆学习的人开放的理念，希望凭借自身齐全的功能、先进的设备和丰富的资源，成为社会公众学习和研究的有力工具，能够为尽量多的人提供尽量好的服务，提高当地居民的文化程度和生活品质。除此之外，国外越来越多的大学意识到自身和所在地区的发展密不可分，有责任为当地发展做出贡献。这一点其实在我国也是一样的，比如考生在选择大学时，学校所在地的经济、文化发展是必定会考虑的一项。但我国的高校尤其是部属高校，与驻地联系并不密切，与地方建设的合作也更多是在经济领域，讲求产学研一体化发展，思考的更多是如何将科研成果转化为经济效益，却忽略了文化共建、强强联合的优势。

（二）法律保障

虽然有以上 3 个比较典型且成功的案例，但是纵观国内外高校图书馆参与社会公共文化服务的实践，可以看出，国内高校在这方面还处于尝试摸索阶段，没有大范围、常态化地推广开来。国外高校图书馆之所以能够将公共服务规范化，得益于其完整、健全、规范的法律制度，如美国在 1956 年就制定了第一部联邦图书馆法，并且各州还有自己专门的图书馆法。我国的近邻日本更是早在 1950 年就制定了全国性的图书馆法，并不断修改使之适应时代发展。这些法律从制度上

保障了图书馆生存的连续性和合法性，也从经费、人员等各方面保证了图书馆的快速良性发展。而我国虽然也有政策宣导，如教育部颁布的《普通高等学校图书馆规程》，但在提供公共服务这一块对高校图书馆并不做强制性要求，况且规程只是一部指导性规范，不具有法律效应，高校可根据自身情况决定是否开展公共文化服务，并且在服务的深度、广度方面拥有很大的自主性。作为普通社会公众，知晓并了解此类专业性的规章制度并不容易，所以公众对此也没有表现出强烈的诉求。

（三）服务内容和方式

在社会服务形式上，国内提供社会服务的高校图书馆多限于普通的图书在馆阅览，部分可提供外借，增值服务较少。而且国内高校图书馆即使实行了对社会开放，也处于被动等待读者的状态，很少专门为此宣传，也极少和当地社区合作，以至于连学校周边社区的居民也不清楚，结果校外读者寥寥无几。而在国外发达国家，高校图书馆作为当地城市或社区的文化学习中心是众所周知的，如美国很多高校图书馆同时也是当地文化资源中心和公共文化活动场所，经常举办各类展览、比赛等活动。在日本，高校图书馆更是通过流动图书馆等形式最大限度地服务社会，服务大众，成为社会公众终身学习的场所。这些服务方式上的差别也应给我国高校领导及图书馆工作者以更多观念上的创新及启示。

（四）合作开放的程度

截至目前，国内高校图书馆面向社会开放的程度还比较低，更不用说开展深层次的公共文化服务了。前文所提到的吉林省高校图书馆联盟虽然做得比较成功，在业内影响也较大，但在全国来看还是少数，很多高校图书馆仍然将自己和社会隔离起来，或者对社会读者设置一系列繁杂的手续，影响了社会读者使用图书馆的积极性。这和国外高校图书馆对待社会读者低门槛甚至 0 手续的做法还相距甚远。

社会合作方面，中外高校图书馆均通过校际合作或与社会机构合作的途径，以提高资源利用率和社会关注度。目前中国高校图书馆最广泛及影响力最大的合作项目有中国高校人文社会科学文献中心（CASHL）、中国高等教育文献保障系统（CALIS）和高等学校中英文图书数字化国际合作计划（CADAL）。但是，从名称上可以看出，国内高校图书馆的此类合作仍仅限于学术交流，对社会公众没有直接影响。而美国高校图书馆除了学术合作项目外，还有很多直接服务社会的项目，如斯坦福大学图书馆的 Cardinal Kids Club，田纳西大学阿灵顿图书馆的 K-12

Connection，这些项目服务于 18 岁以下的少年儿童。哈佛大学图书馆的 Open Collection Program 项目，是对全球学者和学生开放教学性资源，可以算作国际性信息服务项目。

第六章 高校图书馆开展公共文化服务的主要模式

第一节 高校图书馆开展公共文化服务的模式分类

高校图书馆有组织成规模地开展社会公共文化服务已有100多年的历史，国内外高校在参与社会公共文化服务的实践中根据各自条件和特点，做出了各方面的探索，积累了丰富的经验。就高校图书馆开展公共文化服务的模式来说，也有多种运作模式，不同模式有着不同特点。

一、独立服务模式

在高校图书馆参与公共文化服务的实践中，有许多图书馆根据自身资源特点和地理条件，以独立机构身份直接与校外读者建立服务关系，我们把这种服务模式叫独立开放模式。独立开放模式的图书馆不论是出于自身发展需要、学校领导决策还是政府行政要求，只要是有组织、有制度、有一定规模地对社会提供了常规性的文化服务项目，都应该属于参与公共文化服务的活动。独立服务模式中高校图书馆可根据自身资源特点，选取相应的小众受体开展针对性较强的信息服务，如医学类图书馆为本地区医务工作者提供开放借阅，农学类图书馆向周边农村提供技术信息服务等。

高校图书馆独立对外开放的对象，一般是历届校友、合作单位员工、职工家属、附近社区居民或附近特定社会群体等。服务形式灵活多样，内容可包括馆藏目录查询、书刊馆内借阅和书刊外借，电子文献传递、参考咨询等。高校图书馆为这些非校内人群服务一般采取根据用户分类办理单独的借阅证，并规定特定入馆时间、借阅权限等，进行分流管理，以便在不影响校内读者权益的前提下更好地为社会提供服务。

二、机构合作服务模式

（一）图书馆联盟合作

图书馆联盟是指由两个或者两个以上的图书馆以自愿的形式为前提签订书面的合同或协议，以实现共享资源，互惠互利为目的的结成的图书馆合作组织。图书馆之间以联盟形式合作的直接目的是要降低图书馆成本、实现图书馆之间的资源共享和互惠互利，但其最终目的是为了最大限度满足读者信息需求。因此，高校图书馆与地方公共图书馆联盟合作，通过共享书目信息、馆际互借、文献传递或共享网络信息资源等方式为社会公众服务，是有效参与公共文化服务的通行做法。

图书馆之间的业务合作由来已久，但早期的合作大多以合作藏书、联合目录和馆际互借等作为主要内容，其目的是节省成本、改进服务，这种合作大多是自发的、松散的、非正式的。近代以来，随着印刷术的发展，社会文献数量呈几何级数增长，同时用户对信息资源的需求也更为广泛。图书馆收藏能力的有限性与用户需求增长之间的矛盾日益突出，图书馆资源共建共享的理念应运而生。资源共建是指联盟各成员馆分工合作、各有侧重地购置文献资源，各成员馆不必重复购买文献资料；资源共享则意味着每个成员馆的读者都可以共享联盟内所有的资源。图书馆联盟的指导理念是"共享资源，互惠互利"，各成员馆能够以最少的经费支出实现最大限度满足读者信息需求、缓解供求矛盾，进而提升自身的服务质量。因为信息资源的共建共享的背后是互惠共赢经济原理，而且有组织制度作为担保，所以联盟合作自产生以来成为各级各类图书馆参与最普遍的合作方式。自20世纪90年代以来，互联网的快速发展为图书馆联盟的组建提供了更有力的技术支撑，各种图书馆联盟以更紧密的合作方式蓬勃发展。

联盟类型的划分并没有严格的标准，基于不同的划分角度、不同的组建目的及成员馆功能的不同，同一联盟可以被划分为不同的类型。从联盟的组织的地理区域可以划分为全国性图书馆联盟和区域性图书馆联盟；从组建单位的系统性质可以划分为系统内图书馆联盟和跨系统图书馆联盟；依据联盟的合作方式可以划分为共建共享式联盟、会员制联盟；根据联盟执行功能可以划分为单一功能的联盟和复合功能的联盟；等等。

1. 全国性图书馆联盟和区域性图书馆联盟

全国性图书馆联盟是由国家系统或行业主管部门组织成立的联盟。目前，由教育部支持组建的"中国高等教育文献保障系统"（CALIS）、"中国高等学校数字图书馆联盟"（CADLA）、"中国高校人文社会科学文献中心"（CASHL），科技部支持组建的"国家科技图书文献中心"（NSTL），文化和旅游部组织的"中国数字图书馆工程"（CDLP）都属于全国性图书馆联盟。目前，国内区域图书馆联盟的模式主要有三种：①跨城市间高校图书馆的资源共享服务模式；②同省高校之间的图书馆资源共享服务模式；③同一地区校地图书馆社会服务联盟。

区域性图书馆联盟是由地方政府主管部门推动形成的，或由地理位置相邻的图书馆联合组成的联盟，其目的是促进地区内图书馆事业的发展，信息资源的共建共享，以及地区与地区之间图书馆的合作与交流。

为了保证区域高校图书馆公共服务联盟的科学性及可持续发展，其前提是以各种法律、法规和政策体系为准则。公共服务联盟的基础是资源共享，核心是为广大社会公众服务。内容有：其一是采用集体采购或租赁方式来减少电子信息资源的采购成本，且共享资源；其二是使资源获取的方式达到最优化，尽可能地降低图书馆的成本、时间和空间。创建的服务项目和操作流程要达到标准化；不仅提供咨询和培训项目，还要进行数字参考服务、设备采购、系统维护等项目。

2. 系统内图书馆联盟和跨系统图书馆联盟

按照图书馆的管理体制，同时结合图书馆的目标、功能、用户群体等要素，可以将我国图书馆划分为国家图书馆、公共图书馆、高等学校图书馆、科学与专业图书馆、学校图书馆、工会图书馆、军队图书馆等多种类型。其中，公共图书馆、高等学校图书馆、科学和专业图书馆又常被称为"图书馆事业的三大支柱"。不同类型图书馆隶属于不同的行政机构领导和管理，如公共图书馆系统、高校图书馆系统、科学专业图书馆系统等。同一系统内的图书馆组成系统内图书馆联盟，跨越两个或两个以上系统的图书馆组成的联盟为跨系统图书馆联盟。在系统内图书馆联盟中由高校图书馆组成的联盟又被称为高校图书馆联盟，由公共图书馆组成的联盟常被称为公共图书馆联盟。

目前，全国性图书馆联盟、区域性图书馆联盟，高校图书馆联盟、公共图书馆联盟和跨系统图书馆联盟是我国比较具有代表性的联盟类型。

3. 馆企联盟

为了吸引地方性企业，高校图书馆进行对特色资源、建立特色资源库开发，为地方企业提供技能培训和专业指导。资源库在内容选择和编排方式上，应该以独特的馆藏资源为基础，符合当地的实际情况，开展具有特色的数据库服务平台，并且具有信息检索与咨询服务功能。为了实现图书馆的信息组织与服务，高校图书馆应有效地利用新技术并以用户之间相互交流的服务形式去满足企业用户的信息需求。使用移动技术来开通移动图书馆服务，根据企业用户的需求向他们推荐发送移动服务内容，这些用户将不受时间和地点的限制，只要有移动通信终端（手机、平板电脑等），就可以进行方便灵活的浏览、查询及获取图书馆的信息资源；还有各类短信提醒或定制服务的功能；开展一个可以进行双向沟通的参考咨询服务平台，这样企业用户将不受条件限制地进行信息需求咨询。这会使得高校图书馆更好地进入一种企业用户很广泛的服务信息环境中。

要想为双方带来彼此互利的局面、与企业长期的合作关系，稳定的服务场所、人员、设备和各种信息资源是高校图书馆的前提条件。这些条件不仅拓宽了图书馆的服务项目、为图书馆带来稳定的信息服务业务和对象；对地方企业来说，也降低了查找信息的时间和成本，带来既稳定又可靠的信息源和合作伙伴。

（二）校地图书馆实体共建模式

实体共建图书馆，通常情况下指的是地方政府与本地高校为了共享资源，促进利益互惠所开展的共同协商与投资，因地制宜地共同推进建设的图书馆。我们也将其称作为校地共建图书馆。这是一种全新的图书馆类型，也是一种图书馆联合体，由政府和高校实现全面长久而又密切的合作，坚持共同投资和利用，同时受到共同协议与合同的约束。校地共建图书馆除了拥有高校图书馆的属性之外，还有公共图书馆的属性存在，因此要将学术性及文化性放在同等地位，把教育、信息服务和文化休闲这几项职能放在同等地位。所以校地共建图书馆是满足高校师生以及城市居民文化信息服务需求的公益性机构。这一特殊的图书馆机构是信息化时代背景下，高校与公共图书馆实现资源共享以及优势互补的一种新型合作模式，可以取长补短，也能够扬长避短，形成强大的资源合理。校地共建图书馆当前还处在探索研究的阶段，不过在全面推动文化制度改革，打造社会化文化体系的背景下，该模式一定能够成为彻底突破公共文化资源紧缺问题的关键性模式。

校地共建图书馆的特征主要表现在以下几个方面：第一，资源共享性。高校和城市共同投资以及商定最终的投资方案，制定统一性的图书馆建设规划与政策措施，为图书馆共建共享的实现提供强有力的保障与支持。第二，馆舍公共性。馆舍公共性主要体现在馆藏馆设共用，形象地说，就是在一个图书馆前摆放两块牌子，在一个资源库上设置两个服务窗口，图书馆当中的所有信息资源以及设施设备都有公共性特征。第三，职能双重性。校地共建图书馆，需要履行双重职责，既要扮演好高校图书馆的角色，又要扮演好公共图书馆的角色，除了要给学校的教育科研工作开展以及广大师生提供必要的服务与支持之外，还要服务于地方经济及国家经济的发展建设。第四，服务全面性。校地共建图书馆，要成为本地的文献信息资源服务中心，还需要服务于高校教育科研工作，形成文献情报服务中心。第五，管理科学性。校地共建图书馆在业务和行政管理方面，把高校放在主要地位，而地方政府则应扮演好监督和评估的作用负责对校地共建图书馆的效益情况进行分析，对其职能履行情况进行有效监督。第六，用人灵活性。在校地共建图书馆当中，落实事业编制和企业合作制，在关键的管理与技术岗位上安排事业编制的工作人员，而在其他的岗位上则坚持企业化用工，落实劳动合同制度。

高校图书馆文献采集量大、信息更新快，设备先进、配置现代化、人才储备水平高，其基本职能是为教学和科研服务，其核心价值就是为师生提供文献资料、前沿信息及进行思想教育的全方位服务。随着社会的进步和科技的发展，高校图书馆的核心价值也随之转换，社会化服务成为高校图书馆的一项重要职能。国际知名学者 Michael Gorman 在 *Our Enduring Values: Librarianship in the 21st Century* 中指出，"社会的服务"是 8 个图书馆职业核心价值理念之一。但服务对象的狭隘和环境的闭塞及社会支援的不足，限制了高校图书馆的灵活性发展，经费的有限，也阻碍了信息和资源的进一步引进。地方公共图书馆主要着眼于地方公众的服务，其服务面广，接触社会各界，更容易得到社会和政府的认可和支持。但是由于其文献采集量低，更新也相对较慢，设备陈旧、人才缺乏，无法为全民提供及时有效的前沿服务，在某种程度上阻碍了一个城市的经济和社会文化发展。同一地区不同图书馆各自使用不同的系统，系统间无法互通。另外，各馆各自为政的编目方式和对文献资源的重复采购也是对人力和财力的巨大浪费。

由此可见，高校和地方政府共建、共享图书馆对促进高校图书馆和地方公共图书馆存在良性的健康发展，能够推进社会主义文化的进步，促进知识和信息的共享，消除信息鸿沟和信息的孤岛现象，保证所有读者尤其是弱势群体公平地获取知识和信息，保障其信息权利，既具有重要的理论意义又具有很好的实用价值。

（三）援建基层单位模式

近年来，我国社区服务制不断完善，但社区居民文献信息获取渠道一直有待完善。虽然社区图书馆、文化站等设施为社区居民提供了基本文化服务，但是远远无法满足人们对知识信息需求的增长，严重影响着社会整体文化水平的提升。

高校图书馆与周边社区图书馆（室）合作，以自己丰富的文献资源支援社区图书馆（室）建设，以"主馆＋分馆"模式为当地社区提供文化服务。或者社区提供馆舍，高校图书馆直接设立流动图书馆（室）。流动图书馆是一种将馆内的信息资源（包括书籍、报刊或音像资料等）定期地流动到另一个图书馆（或服务点）

内，同时也从其他的图书馆中交流该馆的信息资源，以供当地的读者使用的服务模式。因为高校图书馆文献资源丰富、质量高，对口支援共建社区图书馆（室），既可以为社区人民提供知识服务和精神娱乐，又能够有效节约高校图书馆开展公共服务的馆舍和工作人员。目前，这种"主馆＋分馆"或社区流动图书馆（室）的服务模式，在帮助居民获取国家的最新资讯，了解社会日新月异的变化，提高文化素质等方面都发挥了非常重要的作用，是非常受社区居民欢迎的有效途径。

第二节　高校图书馆公共文化服务的联盟模式

一、高校图书馆公共文化服务联盟构建的基础

（一）理论基础

高校图书馆公共服务联盟成立的根本动机是基于图书馆的社会服务职能，以最有效的方式为公众提供相关的公共文化服务。我国的高校图书馆拥有大量资源却很少向社会公众提供相关的社会服务，造成资源一定程度的浪费，因此须提高资源的合理利用率，而高校图书馆公共服务联盟便是解决矛盾的重要途径之一。资源共享是构建高校图书馆公共服务联盟的目标和理念，是实现小成本、大产出的有效方法，也是我国现代化图书馆事业继续进步的时代要求。随着信息以火山喷发式的速度产生，大数据时代已经在全球蔓延，企业的发展需求、民众的能力和阅读需求都在持续增长，在此背景下，图书馆已不能再满足于现有藏书的数量，而应该积极做出应对以满足民众的需求。在成本压力之下，图书馆共建共享资源的理念诞生了。

（二）实践基础

在信息化、网络化时代快速发展的今天，传统的图书馆服务已经无法满足用户的需求了，要跟上时代的步伐、达到用户的多元化需求，就需要图书馆做出改变。首先，图书馆本身的馆藏数量和信息资源都是有限的，远远无法满足用户的所有需求；其次，不断增加馆藏、增加数据库的容量需要昂贵的设备、巨额的资金、专业的人员，投入太大而产出可能很小。图书馆联盟的建立打破了单个图书馆的孤立状态，打破了地域的限制，使看似渺小的力量汇聚成一股大的洪流。高校图书馆公共文化服务联盟能够将各大高校的信息资源收集起来向社会公众敞开，

让每一位社会成员都能享受更专业的公共文化服务。在这一联盟中，每个成员都有自身的优势资源和希望拥有但是由于种种原因还不具备的资源，通过将资源流动起来就可以实现强强联合，各馆根据自己的需求补齐短板，在开展社会服务的同时实现共赢。

（三）社会基础

党的十八大提出了建设文化强国，提高国家软实力的战略目标。当前，随着我国经济社会快速发展，人民群众的精神文化需求呈快速增长态势，并且日趋多样化，但公共文化产品和服务供给水平不高、城乡区域文化发展差距大、公共服务均等化水平亟待提高。

目前，我国社会公众对利用图书馆获取知识信息来说还不是很熟悉。虽然这和我国没有合理有效分配图书馆有关，但真正的原因是我国的图书馆不能实现完全对社会开放，与大众共享。而解决的办法是多样的，一是图书馆应该真正、完全地面向大众，包括图书馆中所有馆藏的较为珍惜的书籍；二是图书馆要做好宣传方面的工作，使人们迅速获得近期图书的信息；三是要有宽阔的场地，尽量多设置借阅架，方便人们借阅。最后，各大图书馆要经常进行一些交流活动，互相开放资源，实现共同发展，更好地为大众服务。当这些都实现之时，图书馆作为大众获得知识渠道的作用才显现出来。

二、吉林省图书馆联盟的服务运行模式

2008 年 4 月，在吉林省文化厅的倡议和协调下，长春市的 13 家公共系统、高校系统和科研系统图书馆共同发起成立了吉林省图书馆联盟（The Consortium of Libraries in Jilin, CLJ），探索合作开放、资源共享的新模式。联盟以"整体规划、统一标准、共建共享、共同发展"为宗旨，以"建立吉林省文献保障系统""为吉林腾飞提供文献资源和信息保障"为目标。联盟下设专家委员会，分为规划协调组、参考咨询组、馆际互借组、平台建设与维护组、珍稀文献保护与开发组、资源建设组 6 个小组。联盟成立以来，不断壮大发展，目前已有成员馆 84 家。联盟各成员馆在资源建设、馆际互借、联合参考咨询、成员馆之间通阅、联合采购等方面进行合作，从初期的纸质资源共享，到后来的数字资源共建共享，再到"吉林云图"移动阅读平台的建设，合作内容不断深化、服务手段紧跟时代的发展创新。

吉林省图书馆联盟除了在大联盟框架下开展共建共享，向持通读卡的读者提供馆际互借、文献传递等服务外，还着力促进同一城市或邻近的县市的图书馆结

对共建：横向上，先后推动省内8所高校图书馆与10个公共图书馆结成共建单位，并依托几家大的图书馆建立了公共服务平台和网络平台，实现了"一站式"查询和"一卡通"馆借互借；纵向上，在县级图书馆实行总分馆的管理模式，在每个试点县市设立乡镇分馆，统一配书、统一管理、统一服务标准，让各类文献资源无障碍地流动起来。

通化地区图书馆联盟（以下简称"通化联盟"）是全省大联盟框架下的一个子联盟，从2008年开始建设，到2012年该联盟共有18个不同系统、不同类型的成员馆。通化联盟的各成员馆在资源所有权上各自保持独立，在互借管理中以安全、便利为原则，在保证文献资源安全的前提下尽量简化相关手续。该联盟规定：①联盟内以发放"通借卡"方式实现向读者全面开放，"通借卡"发放馆对其持卡人在其他联盟馆所借的图书负责，对其读者所借图书有过期追索、遗失代赔责任。②读者在持"通借卡"向其他成员馆借阅图书时，实行"实名制 + 保证金"的管理方式。③对于复本少的珍稀图书，实行只阅不借、复印等方式提供服务。

为保证联盟的健康运行，吉林省图书馆联盟建立联盟章程之后，又制定了《吉林省图书馆联盟协议书》《吉林省图书馆联盟经费管理办法》《吉林省图书馆联盟馆际互借与文献传递规则》《吉林省图书馆联盟通阅卡试用期间使用规则》《吉林省图书馆联盟数据质量管理办法》等一系列规章制度，对各成员馆责任义务做了明确划分和规定。比如成员馆应尽义务：①各馆读者可向自己所属的成员馆申请办理通阅卡，有效期为1年，期满后重新注册；②持卡读者可在任一联盟成员馆内阅览，按照成员馆规章制度享用其资源；③持有联盟通阅证的读者在联盟成员馆阅览时应当遵守该馆的一切规章制度；④如果读者在阅览过程中有损坏图书、破坏财物等违规行为，按照提供服务成员馆的规章制度接受处罚。读者如有异议，所属成员馆具有应当负责处理并承担违约违章赔偿的责任；⑤如果读者有违规行为两次以上（含两次），联盟成员馆有权收回通阅卡，取消其通阅资格；⑥通阅卡如有丢失，持卡人应及时向发卡单位申报挂失，在报失之前产生的后果由持卡人负责；⑦各成员馆应加强对通阅卡管理，对本馆所发通阅卡有监管责任。

吉林省图书馆联盟的一系列举措，极大地促进了高校图书馆从小众化、精英化走向大众化，发挥其公共性、公益性的特征，对高校成员馆增强社会责任感，积极为广大城乡受众提供更优质的公共文化服务服务和公共文化产品提供了有效的运行渠道，为促进公共文化资源均衡化，体现文化公平做出了很好的示范。

三、高校图书馆公共服务联盟构建的障碍

尽管吉林省图书馆联盟对高校图书馆参与公共文化服务提供了很好的样板，

但是 10 年来在其他地方的效应却是研讨热烈、跟进乏力。分析其原因和障碍，主要有以下几方面。

（一）资源供给缺失

就我国情况和图书馆的现状来看，由于来自我国地区间经济发展和不同类型、不同地区的高校图书馆高等院校之间的不平衡发展，导致各个高校图书馆水平参差不齐，解决这一现状，就需要政府的支持、引导、协调和管理。一方面实现同区域同时间资源共享；另一方面实现跨地区跨类型的资源共享。我国几乎所有高校图书馆的经费都来自国家和教育部，因此可以说本质上具有公益性。由于国家出资，高校图书馆不必担心资金不足的问题，其发展具有一定的保障，但是问题也很突出，即所有的开支都来自国家，所有的需求都需要上报申请，所有的发展目标都需要经过上级审批。高校图书馆社会化服务联盟主要由联盟内各自高校提供相关经济支持，如果各级政府部门对高校的财政扶持力度不够，会制约整个联盟的发展。因为我国现在还没有法定的形式规定政府经费的持续稳定投入，有时会出现资金断流，影响联盟的正常运转。

（二）技术人才匮乏

目前大学图书馆高学历、高层次的图书馆管理员太少，且大部分工作人员忙于日常的服务工作。现在，我国的高校图书馆社会化服务联盟是在数字化、网络化的环境中进行，它对人才提出了更高的要求。从事高校图书馆社会化服务联盟建设的人需具有扎实的专业技能、较高的信息素养等，但是高校图书馆的薪金待遇很难吸引到大批专业的高素质的人才及调动工作人员的积极性。

图书馆学、档案学等相关专业开设的高校少，并且常年招生情况不佳。同时，专业人才毕业后大量流失到其他行业，导致相关人才极度缺失。而从事图书馆相关工作的人大部分属于领导家属、二线文职人员，对于图书馆本质的认知度差，相关专业技能不具备，对于社会化的服务完全不了解。

（三）管理制度滞后

导致图书馆工作人员业务水平和管理水平上不去的重要原因就是由于两级管理体制而形成的"双管"和"双不管"局面。两级管理体制一直被许多高校图书馆沿用，主要内容是：图书馆负责业务活动，行政、人事从属系领导。再者，高校图书馆一直紧闭大门，很少同社会进行交流，对于如何开展社会化，社会化服务的内容应该是哪些，什么才是公众需要的社会化服务等问题的答案几乎一片空白，根本没有相关的制度标准作为引导。高校图书馆社会化服务联盟作为一个组织需要制定相关的规章制度，且制度要公平合理、科学有效、面面俱到。规定的内容要包括但不限于人事制度、图书借阅制度、社会化服务制度、损坏赔偿制度、法律保障等。制度既要约束公众，又要约束图书馆工作人员。

第三节 校地共建图书馆运行管理模式

一、校地共建图书馆产生的背景和条件

共建图书馆最终能够建立的主要原因是由于合作双方或一方的经费短缺，需要寻求帮助，或者合作的一方或双方出于让图书馆能够更快更好地发展的共赢目的而选择合作共建，可以概括为两方面原因，一方面是在国际金融危机的大环境下，公共图书馆与高校图书馆合作共建以寻求共享文献信息、技术、人力等资源，提升服务层次，实现图书馆的可持续发展。另一方面，地方政府需要建立服务于当地的市（县）级图书馆，或者当地市（县）级图书馆在一定程度上已经不能够满足社会用户对馆藏文献资源和服务的需求时，公共图书馆就需要主动向地方高校内的图书馆寻求合作。一般情况下，由政府出面与高校商谈合作事宜。有了当地政府政策和资金的支撑，这类共建图书馆才能得以成功建立。如上一章中提到的澳大利亚洛金汉姆（Rockingham）区域学院社区图书馆及我国的大部分共建图书馆。

关于共建图书馆的建立条件，能够合作的基础是互惠互利、实现共赢，其间的合作在能够满足各方的利益需求之外，共建图书馆的顺利建成并顺畅地运行还有赖于如下的前提条件：①政府政策和财政支持。从之前的案例分析来看，政府在高校图书馆与市（县）图书馆的合作共建中起着举足轻重的引导作用。政府积极推动地方文化事业发展的政策有效促进了高校图书馆与公共图书馆的合作共建，政府在财政方面的持续投入更是共建图书馆能够长期运营、持续发展的基础。②用户需求与支持。在很大程度上，地方与高校图书馆合作共建图书馆，也是为尽可能多的用户提供更优质的服务和更多的文献资源。因此，只有当用户认可共建图书馆并对其加以利用，共建图书馆的建立和运行才有价值。③共建图书馆的各参与方具备为不同用户群体提供服务的能力。参与共建的各图书馆馆员的素质直接影响着合作后共建图书馆的整体服务质量。因此，共建图书馆馆员必须具备为不同用户群体提供服务的能力，比如熟悉共建后的馆藏资源分布，适应与不同用

户沟通交流，做好咨询服务，满足不同用户群体的信息需求等。另外，公共图书馆和高校图书馆对共建后的图书馆的管理和运营能力也不容忽视。

二、国内外校地共建图书馆的运行模式

（一）国外校地共建图书馆运行模式

通过前面章节列举的国外案例可以看出，从成员馆之间的合作方式来分，国外校地共建图书馆的主要模式可以分为以下两种。

1. 融合型

融合型是指公共图书馆与学校图书馆打破各自门户的界限，双方所有部门进行合并、业务重组，一般是以学习图书馆资源为主体，将公共图书馆原有资源完全融入学校图书馆资源之中，进而实现经费统一使用、馆员统一调度、文献资源统一安排使用。

2. 松散型

松散型指的是不进行实质情况的组织机构变动和业务的重组，投资体制不做变动，也不涉及公共图书馆与学校图书馆各自原有的文献资源，各馆的干部职位及馆员不做调整，各成员馆之间的管理活动保持相对的独立性，通过文献资源共建共享等方式实现两馆或多馆联合办馆的模式。经费方面，现有的模式当中，多数图书馆都是以协议的形式来明确各成员馆在联合图书馆运营过程中应承担的经费责任，但具体的经费分配计划则由各成员馆独立制定。

（二）国内校地共建图书馆运行模式

1. 全面融合

全面融合是在整合后建立新的管理体制和工作机制，实现了公共图书馆和高校图书馆全面的资源整合。管理体制方面：人员和编制由共建馆调剂使用，业务受相关市局和学院双重管理，经费实行财政全额管理；组织机构方面：充分考虑高校图书馆与公共图书馆的职能，按照精简实用、充分服务的理念整合组织机构。人员方面：进行全员岗位优化和聘任，做到统一调配。文献资源方面：重新进行业务加工，将原馆图书重新编目，统一排架并入共建馆。制度方面：根据合并后共建馆的职能要求，对原有的各项管理制度和业务规范重新进行修订、完善。经

费方面：高校和市政府按照协议共同出资，由一方全额管理。读者服务方面：对学生读者和社会读者平等开放、一视同仁，实行无差别服务。

2. 局部整合

这种模式实行既有部分保留又有部分整合的方式，如整合行政部门、保留服务部门；同时，高校图书馆和市级公共图书馆所有人员编制、薪资标准也不改变。涉及用户服务方面，由于共建图书馆一般设在高校院内，所以高校的文献资源在保证满足本校教学科研需求的基础上，有条件、有限制地对社会读者开放。

3. 合作分工，特色共建

这种办馆模式是高校图书馆与城市公共图书馆分工合作，利用各自的资源特色面向不同读者群开展服务。往往是高校图书馆作为公共图书馆的补充，为高层次社会读者提供资源共享服务，一般集专业性、研究型、特色化于一体，有针对性地面向高校科学研究、地区经济发展、科技产业进步、高层次人才培养以及广大市民，提供科技文献保障和科技信息服务，加快知识和技术创新，促进科技文化传播。如池州师专图书馆与池州市图书馆合作运行4年后，校方与地方各自另建了新馆，但原馆继续向学校师生和社会公众开放服务。

三、校地共建图书馆运行管理模式探析

（一）合力做好顶层设计

共建图书馆顶层设计是指要从国家、区域、专业、分类等出发把握、设计、引导图书馆全局性的科学发展，根据共建图书馆的功能、用户的需求以及共建图书馆空间布局等对处在共建图书馆顶层层面的图书馆体系进行全面的统筹规划、科学定位、合理布局、集中控制图书馆的发展过程。共建图书馆重新整合的文献信息资源是整个社会资源的重要组成部分，它的全面揭示和社会化利用一直是一个重要的研究课题。如果不对共建图书馆的顶层设计进行认真研究、科学定位，就会出现功能紊乱、层级不清、管理僵化、服务陈旧等现象，这对共建图书馆的发展而言，无疑是一个涉及根本性和战略性的问题。通过顶层设计研究，能够从共建图书馆管理体制的创新、运行机制的完善、服务层次的提升、新技术和设备的应用和推广等方面进行调查研究，逐步分析得出相对成熟和稳定的理论与机制，既要有助于整体又要有助于共建图书馆的个体发展。

（二）合理设计共建馆舍

1. 选址因地制宜

如果高校所在位置本身就是在市区内，一般情况下，共建馆舍选址在校内与高校附近都比较合适，既方便校内用户，也能很好地服务于周边的市民读者。而多数情况下高校都是建在远离闹市的偏远安静之处，此种情况下为避免馆舍选址不当而引起共建共享进程受阻，共建馆舍的选址就要既考虑到高校较为集中的用户群体的使用，又要考虑到其远离市区的地理位置给市区用户所带来的不便。

2. 馆舍设计人性化

选好新馆址以后，如何体现校地共建图书馆双重身份的特性，其建筑设计就显得尤为重要。虽然大多数校地共建图书馆均将原馆融合到了新馆舍中，但是在建筑设计方面，科利奇希尔图书馆独具匠心，其最大限度地方便了社区居民与高校学生，并有效缓解了社区居民与高校学生共同在入口时的拥堵与不适的心理状况，得到了不同层次读者群和馆员的支持，成为不同规模的校地共建馆在人性化入口设计方面可供借鉴的范例，为资源的充分利用提供了良好的硬件基础。

（三）因地制宜，科学定位

1. 定位社会职能，做好角色转变

共建图书馆能否正常发挥作用在于自身的角色定位和对社会的责任感。高校馆和公共馆合并之后的共建图书馆一般选在高校校园内，出于文献、空间等资源有限的考虑，多数共建图书馆在读者、时间、资源等方面对入馆用户的服务普遍存在一些限制。因此普通市民对共建馆多有存疑，不愿尝试。因此共建馆需主动采取相关措施，及时定位职能并做好自身社会角色的转变，对公众用户进行宣传、敞开社会化服务大门。另外共建图书馆在定位社会角色、开展社会化服务的过程中也需要有法律层面的支撑。

2. 定位发展方向，汇聚优势资源

不同的图书馆，由于其隶属关系和地理位置的差异，形成了各自的特色。因此需要依据自身的优势、特色资源明确共建科技图书馆的发展方向。

校地共建图书馆在满足大众科技文化需求的同时，还要加强馆藏资源整合。

对于建在经济较发达地区的大中型图书馆而言，可以针对本校优势专业和科研项目等先进技术领域，组织对馆藏商情数据库、行业数据库、技术数据库等综合平台资源进行充分开发和整合，创建具有竞争性、技术性和行业性的专题信息产品，建立资源网站，提供跟踪服务，逐步形成具有地方性特色、为高新技术科研产业服务的信息产品。而在经济欠发达的三、四线城市，高校图书馆与公共图书馆合作共建，参与社会化服务，更多的是要满足普通读者用户的大众化、通俗性文献信息的需求。还应考虑到这些经济欠发达地区对文献资源层次的需求。对于大部分的高校图书馆而言，开展共建共享服务面向的用户更多的是普通的大众读者。这类用户对于更深层次的信息需求毕竟不是多数，高校图书馆更有能力和条件开展针对社会用户的大众化服务。

四、宁波职业技术学院－北仑区图书馆的校地共建合作案例分析

（一）合作的内涵及目标

"区校"合作共建的宁波职业技术学院（简称"宁职院"）－北仑区图书馆于2014年2月28日对读者开放。合作共建图书馆投入开放后能否产生最大效益，它取决于合作中双方能否探索、建立起一套科学合理的内部管理机制和运行机制，使合作后的新馆能充分发挥宁职院图书馆在资金、馆藏、人才方面的优势，提高为社会信息服务和开展信息服务研究的能力；同时能充分发挥北仑区公共图书馆在公共文化服务、社会影响、地方特色资源等方面的优势，更好地将服务拓展到社区、乡镇、企业图书馆，形成北仑区域图书文献"一盘棋"的战略思路；通过对两馆馆舍、经费、组织机构、服务功能等方面的有机融合，突破高校图书馆和公共图书馆的传统建设模式，达到"校地融合，一体两馆，有分有合，资源共享"的目的，实行人员、资源、技术、服务等方面的互补及互利互惠；使新图书馆成为北仑区域的藏书中心、文化协作中心、信息服务中心、社会教育服务中心及网络服务中心。

（二）合作的架构与运行机制探索

众所周知，无论是部门还是机构，组织的结构是否合理、运行是否顺畅、机制是否完善，在很大程度上影响着组织能力的发挥、效能的达成和目标的实现。宁职院－北仑区图书馆在筹备期间，通过网上查证、实地调研国内已实施"校地联姻"图书馆的运行现状及出现的问题基础上，明确了"一个图书馆两块牌子，一个资源库两个服务窗口，一套班子两种人员编制"的规划设想，并吸取以往高

校图书馆和公共图书馆完全合并的失败教训，新馆采用了"一馆两体"的建筑设计结构；确定有机统一原则下的"有分有合"的运行思路，提出了"优化配置，创建管理一流，成本节约，资源共享"的新型图书馆管理模式原则和跨系统图书馆共建共享的组织架构与运行机制的解决方法和操作方案，从而避免和解决"校地联姻"图书馆共建共享创新模式中存在的问题。

1. 合作组织架构

宁职院－北仑区图书馆合作共建共享机制，采取的是由北仑区政府参与宏观协调，宁职院、北仑区文体局统一管理、共同协作的方法，由三方组建、成立新图书馆合作管理委员会，合作管理委员会类似于理事会，主要确定图书馆的定位和发展方向、年度工作目标、日常运行管理等。馆长由理事会聘用，副馆长则由馆长提名，报理事会通过；下设办公室、资源建设部、读者服务部、信息技术部、信息咨询部、社会活动部及安全、学术委员会等组织，组织架构详如图 6-1 所示。

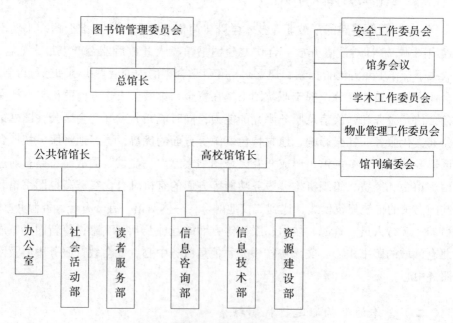

图 6-1　宁职院－北仑区图书馆组织架构

从图 6-1 可以看出，由管委会聘用宁职院－北仑区图书馆馆长，馆长下设 2 名副馆长。根据两馆原馆长各自特长和优势，由公共馆馆长主管办公室、读者服务部和社会活动部；高校馆馆长主管资源建设部、信息咨询部、信息技术部，并下设安全工作、学术委员会等组织。

2. 合作运行机制

　　为解决管理体制和运行机制问题，图书馆合作管理委员会签发了《宁波市北仑区文体局与宁波职业技术学院关于图书馆项目合作协议》，确定了按照有合有分的原则，在馆长统一领导下，形成整体工作合力，结合各自职责开展相关工作；保持北仑区图书馆公共图书馆性质不变，宁职院图书馆高校馆性质不变；保持两馆权属关系不变；双方财务独立，产权清晰；保证两馆各自的工作目标、任务完成，共同提升两馆的业务能力和服务水平；双方需保持新馆可持续发展所必需的资金支持以及履行合作内容和双方权利义务。设立了由总馆长主持，两馆馆长及办公室主任参加的馆务委员会，不定期召开馆务会议，共同讨论确定合作馆的重大事务。并要求合作运行后的图书馆，在总馆长的主持下，制定新馆的发展方向和年度工作目标，按照新图书馆的总体目标及实施步骤，兼顾两馆管理体制的不同形成不同体系、不同评价指标和要求，两馆各业务部门，按岗位职责，开展各项相关工作，实现各自工作目标；各类图书实行协调采购，各有侧重，互为补充；设备设施有机配置，统一管理，避免重复采购等浪费现象；馆藏布局保持原有特色。少儿库、地方文献库以北仑区图书馆为主，外文报刊、自然科学类图书库、电子资源以宁职院图书馆为主；同时保证两馆不同体系、不同资金来源下的图书馆资源产权的独立和统一管理；在此基础上，新图书馆积极探索创建公共文化服务体系，依据教育部《普通高等学校图书馆规程（修订）》、浙江省高职高专院校图书馆建设指标体系和公共图书馆服务规范和评估标准，逐步完成新图书馆的建章立制，保证新馆的各项管理和运行正常有序地进行。

　　新图书馆的物业服务与管理，实行统一招标，交予中标公司。两馆的馆舍和馆内电梯、电器等服务设备，新馆一楼公共区域的报告厅、展览厅、学术交流厅、自习室等设施以及图书馆的广场、车辆等安全保卫、卫生绿化、整体环境等工作统一由物业公司负责管理，并统一对外开放服务，从而达到优化配置、管理一流、成本节约、资源共享的新型图书馆管理模式。

（三）合作的成效

　　由于开馆前宁职院-北仑区图书馆完成了合作馆的组织架构和运行机制及建章立制等前期工作，因此，新馆交付后，两馆在总馆长的领导下，相继顺利展开并统一完成了新馆验收、内部空间布局建设、物业招标和自助借还机等设备设施的引进，以及两馆的整体搬迁、新馆开放日系列活动等各项工作。开馆后，新图书馆以崭新的面貌迎接读者，宁职院图书馆克服人员少、读者大量增加等困难，全天候对地方读者开放服务；各项大型文化讲座和宣传活动，由两馆协商有序组织进行。新馆从 2 月 28 日开馆至 8 月 30 日，共接待读者 50 多万人次，新办理借书证 1.8 万多张，图书借阅量近 50 万册次；最多一天办理借书证 1145 张，借还图书达到 9603 册。公共展览厅成功举办展览 5 次；报告厅举办专家讲座 6 次。一楼的 2 个自修室共有 500 个座位，暑期占座率每天在 66% 左右；宁职院图书馆第一次暑期开放，读者达到 1 万多人次，图书借还 2900 多册，校外读者日平均到馆达到 160 人次左右。新馆开放运行后，充分发挥两馆的优势，基本实现了宁职院图书馆和北仑区图书馆在馆舍、人员、技术、服务、管理等方面的互补和资源最优化，开馆以来深受北仑区广大市民的欢迎，同时对图书馆寄予更大的期望。目前，新馆已成为北仑区市民和中小学生最喜欢去的地方之一，社会效益显著，北仑区图书馆的教育资源社会化效应、地方与高校资源整合效应、公共资源节约效应已经开始释放出来，随着合作的进一步加强，这种合作模式将会发挥更大的效应。它为创建管理一流、优化配置、资源共享的新型图书馆，推动高校图书馆和公共图书馆共同发展提供了可资借鉴的范式。

（四）合作存在的问题

作为一种新的合作共建方式，高校和地方共建图书馆，在构建好组织机构和运行方案的基础上，还要面对因不同行政体制、不同资金来源、不同人员编制等引发的诸多问题。

1. 资金的来源和归属问题

两馆合作开放，新馆合作开展的各类大中型文化讲座增加，公共区域的水电、物业、人员和维修等项目上的经费也会相应增加，由于拨款渠道、经费预算决算的不同以及分摊比例的不同，会存在一定的矛盾。对国内信息资源共享的案例进行分析也不难发现，由资金问题而被迫夭折的项目比比皆是。其原因是未建立利益平衡机制，缺乏相应的政策保障和法规制约。因此，参与宏观协调的政府，应充分考虑高校图书馆对区域开放后的成本增加，制定科学合理的投入政策。

2. 人员的管理和统配问题

在人员的统一管理上，按照国家的相关人员配置规定，公共图书馆每 1 万个居民配置 1 个工作人员，而高职院校图书馆按照在校学生数每 3000 人按不低于 3‰配置人员，两者人员配置比例不一。另外按照《中华人民共和国教师法》第二章第七条第四点规定，教师有"享受国家规定的福利待遇以及寒暑假期的带薪休假"

权利，两者劳动时间规定有别，人员统配存在一定的问题，还可能会因工作时间、工资、福利差异等因素影响工作。

3.高校图书馆对社会开放造成的服务环境影响

高校图书馆与公共图书馆合作开放后，高校师生对文献资源的需求可能会由于校外读者的增加而产生资源不足的问题；校外读者进入高校后可能给校园网络安全和校园安全等带来问题，如何解决这些可能出现的问题，都需要在实践中不断探索、检验，并不断改进、完善。

第四节　高校图书馆参与社区文化服务的模式

一、高校图书馆参与社区公共文化服务的基础

公共文化服务作为现代职能政府建构公共服务体系的重要模块，是政府履行其公共服务职能在社会文化领域的体现，政府虽然是保护、传播文化的主体，但并不是唯一的，社区居民参与文化资源的挖掘、保护和传播，可以推动自我保护、管理、开发等良性机制的形成。社区是社会的具体化，人们的生活和工作都是集中在社区里进行的，提高社区居民公共文化水平也是提高社会公共文化的重要部分。高校图书馆作为一个实体社区，为用户提供了丰富的信息资源。

（一）丰富的馆藏资源

高校图书馆有着丰富的馆藏资源，这是社区图书馆不能相提并论的。随着信息时代的发展，各个图书馆非常重视电子资源的建设，高校图书馆进行电子资源的馆藏建设主要有三种形式：第一种，知网数据库、万方学术知识服务平台、外文医学信息检索平台等网络资源检索平台；第二种，对馆藏的纸质文献数字化，对已数字化的电子数据文献通过网络化计算机管理软件系统平台供用户使用；第三种，高校对自己收录的本学校教师、学生的科研成果进行加工整理，自建数据库，提供网上服务。

丰富的资源不止纸本图书和电子图书，还有版权资源、学位论文、中文数据库、免费资源、西文数据库、报刊资源、特色资源、CALIS外文期刊网和电子图书。可承担各级各类科研项目的开题、立项、结题、报奖所要求的国内外查新委托，并可根据科研机构具体的委托需求提供相关的定题、预查新、学术情报、查

引查证、参考咨询等信息服务。

（二）完备的基础设施

随着科学信息技术的不断向前发展，各高等学校图书馆运用高级的图书馆集成管理系统，先后建立了馆藏资源的中、外文书目数据库，中、外文期刊数据库和读者数据库，实现了图书、期刊采购、分编、流通和数据查询的自动化，形成了以信息服务为中心的全方位、多层次的文献信息服务体系。完善、先进的基础硬件设施提供的公共文化服务越来越优质。在良好的图书馆氛围中，将会产生不同的情感体验，读者思维敏捷，心情舒畅，很愿意去读书，使得这种阅读行为变得既积极又主动，反馈信息的速度明显加快；反之，在不良的阅读氛围中，读者觉得勉强，阅读的效率也将随作用之降低。所以，高校图书馆提供完备的基础硬件设施对公共文化的提升是有保障的。

二、高校图书馆向社区提供服务的主要方式

（一）向社区居民开放文献资源借阅服务

纸质文献资源的借阅服务一直以来是图书馆的基础业务，高校图书馆在保证本校教职员工、学生文献需求的前提下，向周边社区民众敞开服务大门，为有文献信息需求的社区民众办理学校图书馆的借阅证，免费开放书刊的借阅服务。其实近年来，很多高校图书馆都面临着这样一个问题，很多书籍入馆后，会出现无人问津的现象。可能最大的原因是电子产品的飞速发展，数字化阅读的普遍化，使校园内的师生更偏好足不出户的阅读方式。因而，向社区居民开放文献资源，提供借阅服务，也能提高文献资源的使用率。

（二）利用网络开展数字化公共文化服务

当今社会，全社会信息化程度越来越高，生活节奏越来越快。人们越来越没有时间或者说是没有闲心去静下来，品一杯茗茶，捧一本典籍摇头晃脑苦读。越来越多的是，通过电子化的产品，进行快餐式的"指尖阅读"。Web 2.0技术的应用、开放存取运动的开展、智能电子产品的问世及普及，使数字化文化服务产品越来越"吃香"。人们可以不再必须舟车劳顿，跑到大老远的图书馆去借书，而是随时随地就能享受图书馆的资源。因为现在很多社区居民家中已经配备了电脑与网络，同时随时随地都携带着一个"图书馆"——电子设备。同时，近年来，高校图书馆资源数字化程度越来越高，数据库越来越多。我们可以在社区居民中开

展数字化信息资源利用的相关讲座，开放图书馆的数字化资源，开展虚拟参考咨询、文献传递等服务。充分利用网络，开展数字化公共文化服务。这样居民足不出户，就可以享受到图书馆的服务，利用图书馆的资源了。

（三）与公共（社区）图书馆建立资源共享机制

高校图书馆可以将文献信息资源与公共（社区）图书馆进行共享。社区居民可以通过公共（社区）图书馆，预约到高校图书馆的纸质资源，然后从公共（社区）图书馆获取。高校图书馆也可以将数字化资源整合到公共（社区）图书馆数字平台上，居民可以通过登录公共（社区）图书馆使用。

（四）与其他行业协会、学会开展合作，提供面向社区的服务

高校图书馆可以与当地其他图书馆或者行业学会、协会开展合作，共同为社区服务。如大连医科大学图书馆，在大连医学会医学信息专业委员会的搭桥下，以学会为依托，与大连市各医院图书馆联盟，通过各医院图书馆向大连市的各医院提供文献传递、馆际互借等服务，并发放馆际互借阅览证，为大连的医疗机关单位提供文献资源服务，大大方便了医疗单位医护人员的科研和学习，同时也拓展了大连医科大学图书馆的服务方向，提升了服务水平。这种与行业协会、学会合作发展的服务方式，在我国其他地区也有例子。我们也可以将这种方式借鉴到社区服务中来：通过相关协（学）会或以当地市县级图书馆为依托，将各社区图书馆组织起来，通过统一的平台，向各个社区提供公共文化服务。

（五）建设特色数据库，提供个性化服务

每个高校图书馆都有自己的馆藏特色，很多图书馆本身已经有自己的特色数据库。同时，可以对本地社区进行调研，了解社区居民的公共文化需求特点。结合居民需求与自己的本馆特色，建立针对社区服务的特色数据库，从而更有利于开展个性化的服务。比如医学院校，可以为周边社区居民建立医学特色数据库，提供养生、保健、基本护理等实用的生活医学常识；也可以为政府部门提供相关的情报信息，为政府部门决策提供参考信息；还可以为社区的企业提供科技发展、产业动态等方面的信息情报。总之，结合高校图书馆的资源特色与社区居民的特点，建立特色数据库，为不同的人群有针对性地提供个性化服务。

三、高校图书馆参与社区公共文化服务的模式构建

社区图书馆的不断完善和建设要符合社区未来发展的长远目标，要以服务社

区文化为宗旨，而且具体的建设内容、方针政策、活动形式等都要顺应公共文化服务的需要。目前，张家口市社区图书馆（室）建设模式主要有分馆型、联办型、独立型、图书馆银行，不同的建设模式有不同的特点，既有利，也有弊。那么，高等学校图书馆参与社区公共文化建设并协助社区图书馆进行社区公共文化服务模式的改进可以从以下几方面进行。

（一）自觉模式

不应担心自己的资源被社区居民抢占而损害了本校师生的权益，要积极地利用社会资助、社会公益的捐赠来增加和提高资源的建设，这样既能提升本图书馆的建设又能在不损害师生利益的同时满足社区居民的资源共享需要。因而有必要建立起高等学校图书馆的自觉模式。

高等学校图书馆参与社区公共文化建设，首先，做好阅读推广工作。高校图书馆要定期为社区图书馆更换图书，让居民切身感受到阅读的益处。具体做法：到各个社区走访，举办阅读专题讲座，提高居民的阅读认知度，举办读书会，畅谈心得体会，并引导和鼓励居民自觉通过读书审视自我，解决自己面临的问题和困扰。其次，借助高校图书馆购买的移动图书馆终端服务，进行网络图书查询及其他信息的检索。高校图书馆要扩大居民的阅览宽度，指导社区居民利用电子资源检索生活类知识，并提供电子资源共享服务，如远程访问等服务。最后，为社区居民开展深层信息服务，如提供法律援助等，来帮助居民解决在日常生活、工作中遇到的问题。在辅导居民阅读过程中，馆员对文化水平较低的社区居民给予必要的帮助。尤其是老年人，眼睛花看不清，更多愿意听书，可以为其提供有声图书，或者定时定点念给有需要的读者。

（二）法律制度约束模式

建设社区公共文化服务体系，要制定相关的规章制度作为保障。纵观全局，要以法律准则的形式把社区的公共文化建设明确列入地方和社会未来发展规划，制定合格的衡量标准，以此明确各级政府的责任和义务。使社区公共文化作为社会素质教育资源纳入社区居民综合素质提升的教育网络体系中，以便社区公共文化建设进一步向纵深方向发展。从局部出发，要结合实际情况来规定和进一步完善社区公共文化建设内部制度规章。用规范、科学、合理的制度来约束社区公共文化事业管理和服务行为，明确区分社区和居民的权利和义务，保障社区居民不论大小、男女、贫穷或者富有，不分宗教信仰、民族和职业等，都能公平合理地享有社区提供的公共文化服务，并且居民所享有的公共文化无论是服务质量、服务水平还是服务方式都要随着社会经济文化的发展逐步提升。在我国，地区差异较大，各个地方根据情况制定本省（市）、区的社区公共文化建设管理法规制度，有利于城市文化建设和教育经济发展的统筹兼顾。在没有全国统一的社区公共文化建设法的情况下，应以法规制度保证社区公共文化服务的良性发展，各个省市政府等机构可先制定各个地方的建设法规制度，从而确保有足够多的公共文化基础设施"专项专用"，让公共文化服务真正地回归民众。

（三）权利义务平衡模式

从公共财政理论来看，社区公共文化建设经费均间接或直接由政府拨款，所提供的服务属于公共产品，因此有责任为居民提供公共文化服务，同时也是各个社区都应尽的义务，也是每一个社区居民都应该享有的权利。社区图书馆作为社区的文献信息中心，有义务也有责任保障每一位社区图书馆的居民用户平等地获取信息的权利。社区的图书馆服务作为公共文化服务体系中的基层服务，高校图书馆应加强与社区的有效沟通，利用高校特有的资源和人才优势，深入社区，承担起为社会文化服务和发展的责任，在为高校师生提供服务的同时，使得高校丰富的文献资源为社区居民所享、所用，缩小社会差距、缓解社会矛盾。例如：可以组织本校知名的专家和学者为社区开展免费的专题讲座，讲座的内容要贴近居民生活，如保健养生、人物传记、绘画书法、烹调厨艺、科普宣传等。此外，还可以协助社区举办一系列诸如读书会、诗歌朗诵会、真人图书馆、摄影艺术展等有意义的文化活动。除了从高校图书馆派遣专人走进社区服务之外，还可以通过网络提供远程在线的咨询服务，社区居民在社区图书馆通过网络就可以进行文献传递、资源共享、及时咨询，能够方便、快捷地获得所需要的文献资源和服务，也使得高校强大的信息资源为社区居民所用，这不仅给予缺少经费购买信息资源的社区图书馆以支持，也维护信息公平、保障公民权利，逐步明确基本公共服务均等化、进一步促进资源共享的有效途径开拓，这也使得高校履行社会责任，实现了自身的进一步发展。同时，使得居民对图书馆有一个正确的了解，提升了图书馆在居民生活中的影响力，进一步促进了图书馆提升公民素质和进行文化教育功能的实现。

四、深圳大学城图书馆参与社区公共文化服务的案例分析

（一）深圳大学城图书馆参与社区文化服务现状

深圳大学城图书馆，又名深圳市科技图书馆，为清华、北大、哈工大深圳研

究生院、南方科技大学和中国科学院先进技术研究院等单位共有的一座图书馆，同时面向市民免费开放，是国内第一家兼具大学图书馆和公共图书馆双重性质的图书馆，也是深圳市科技文献资源的重要保障基地。深圳大学城图书馆的存在为深圳市民提供了社会化公共信息服务的平台，更是开展社区文化服务的骨干机构。大学城图书馆社会服务的主要内容包括院纸本文献信息服务、电子阅览与多媒体服务、多类型阅览活动、知识讲座和报告等，这些服务和活动将图书馆与城市市民紧密联系在一起，目的在于文化宣传和促进城市社区文化建设。

1. 文献信息服务

文献信息服务是深圳大学城图书馆社会化最直接、最显著的优势。深圳大学城图书馆实行全开架阅览，实行完全免费开放、免证通行，进入图书馆不需要出示任何证件，还可免费开通远程数据库的访问。图书馆开设"图书通借通还"服务、馆际互借服务、原文传递服务以及电子阅览与上网服务，馆际互借服务是指大学城图书馆利用其他图书馆或文献情报部门的文献来满足到馆读者需求的一种服务方式，这种方式实现了跨馆、跨地域的藏书资源共享。原文传递服务是指图书馆依托馆藏电子及纸本文献资源、NSTL 资源、CASHL 资源，以免费或者馆内补贴方式给远程的读者传递文献资料。为了满足读者上网、检索、在线阅读等需要，深圳大学城图书馆有 1700 多个网络节点，Wi-Fi 无线网络覆盖全馆。读者可凭读者证自助刷卡免费上机，自带电脑可申请免费上网账号。

2. 提供多类型学习空间

为了满足读者科研学习、学术研讨、开展文化活动的需要，深圳大学城图书馆设有 26 个研究间。针对不同读者的个性需求，将这些研究间分为个人研究间、教师研究间、小组研究间、小组讨论间四类，各类房间按功能不同配有阅览桌椅、台灯、书柜、电脑、沙发等设施；咖啡厅、法律研究中心、参考阅览区、西文阅览区、电子阅览区、小组讨论间、学位论文阅览室，可满足各类读者个性化、多样化的文献信息需求。多功能厅、学术报告厅和培训室等，是读者信息素质教育及学术交流的平台。

3. 举办丰富的知识讲座

大学城图书馆依托大学城丰富的学术资源，开展了一系列对外讲座。例如 2010 年起创办的大学城新论·名家讲座，目前已成功举办 100 余期，受众人数达 26000 人。另外图书馆还开展网上讲座活动，没有机会参与现场的众多社会读者，也可以通过图书馆的网站了解讲座内容，下载讲座课件以及观看现场录像。

（二）深圳大学城图书馆参与社区文化服务中的问题

1. 公众的认知不够

通过对广大读者的实际情况进行认真全面的调查，在提出"你认为图书馆应该实现社会化吗"这样的问题时，57%的读者认为应该实现社会化，而剩余部分的读者则认为说不好或不应该；在向读者提出"你认为图书馆应参与城市社区文化建设中吗"时，43%的读者认为说不好或不应该。通过对这样的研究调查结果进行分析，我们能够看到有很大一部分读者在图书馆社会化建设以及参与社区文化建设当中是存在疑虑心理的。通过对有关市民进行访谈，我们能够发现不少市民并不知道深圳大学城的图书馆，也有的市民是不知道深圳大学城图书馆是向广大市民开放的。我国城市社区文化建设以政府为主导，广大市民缺乏甚至完全不存在对图书馆参与社区文化建设的认知，造成居民在参与文化活动的过程当中，主要是动员性参与，不存在主动参与投入的热情，再加上图书馆的文化建设实践活动没有知名度，所以不能够给社区文化发展建设提供有效的动力支持。

2. 服务功能相对单一

在调查读者对深圳大学城图书馆基础设施的满意度时，30%的读者认为设施安排一般，有20%的读者对于基础设施的安排是不满意的。在调查开放性问题的过程当中，涉及4条与增设功能区相关的意见与建议。公共图书馆当中的读者均为社会读者，所以也会面向这一特殊群体进行特殊性设置，不过大学城的图书馆主要服务于大学，于是就少了一部分功能。比如没有设置儿童区，也没有针对儿童的文献资源区，当人们在查找这些信息时，不能够满足自身要求。

3. 校内外读者之间存在矛盾

大学城的图书馆面向全社会进行开放，存在着校内外读者间的明显矛盾。首先体现在校内读者和社会读者在环境要求方面存在明显矛盾。校园和社会读者在读书需求及素质水平方面存在很大差异，因而会出现矛盾。比如校园图书馆到图书馆阅读室用其中的馆藏资料完成学习和有关的研究工作，想要拥有一个安静舒适的环境与氛围。很大一部分的社会读者主要是在图书馆当中进行休闲性学习，他们的素质水平有高有低，会有大声接打电话、小朋友在图书馆当中大声喧闹等问题出现。此外，校园与社会读者在文化要求方面存在明显矛盾。因为两种读者本身的素质能力是有很大差异的，所以对文化活动质量以及形势所提出的要求，也有很大的差异。校园读者给出的更多要求涉及学术讲座与名家讲坛等，社会读者则要求社会热点娱乐活动的内容。

4. 馆员的公众服务意识不强

大学城图书馆具有双重功能，除了要发挥高校图书馆的功能作用之外，还必须担当起公共图书馆职能。在这样的情况下，图书馆的广大工作人员也要适应这样的双重职能，在面向不同的读者时应结合他们的类型，给予差异化的服务与帮助。在先前的调查研究当中看到图书馆的很多工作人员还不能够适应这样的工作方式。在组织文化活动的过程当中，大部分工作人员认为社区文化就是组织社区群众开展简单的娱乐活动，所以在社会文化建设实践当中，没有投入太多的时间和精力，影响到了大学城图书馆的社会化服务以及文化建设的有效性。

5. 与其他机构合作不足

针对范围较大和内容比较广泛复杂的文化建设实践活动，政府、文化机构和媒体在其中发挥的作用是非常突出的。政府主要发挥动员作用及主导性作用，保证政府职能的有效履行。文化机构本身具有很多组织开展文化活动的实践经验，因而可以把这些经验进行有效的迁移和应用。媒体则在宣传推广方面有着极大的优势。因而与以上机构进行密切的整合，能够有效推动大学城图书馆的社会化建设。就当前情况来看，大学城图书馆在开展文化实践活动的过程中，大多是独立开展和推进实施，只有一小部分的活动是把大学城当中的几所高校联合起来进行落实的。"各自为战"的活动组织模式不仅会造成资源浪费，而且无法发挥整合效应，产生良好的工作效果。

（三）深圳大学城图书馆强化社区文化服务的应对策略

1. 注重政策规范

大学城图书馆要在社会化建设当中发挥积极作用，必须把有关政策规定作为根本保障和必要支持，所以要引导高校图书馆和社区文化建设进行整合，需要有关部门从政策规范的制定和完善着手。在此项工作的推进落实当中，虽有《普通高等学校图书馆规程（修订）》发挥指导作用，也有十八大报告当中明确给出的指导思想，不过地方政府还需要立足实际，坚持因地制宜，结合地方的特性和实际工作要求制定政策与规范。高校图书馆的社会化建设，必须彻底在思想以及行动方面进行改变，打破单位制传统，而实现这一目标，需要通过立法以及颁布相关政策的方式来实现。政府方面可以加大对高校图书馆的财政支持力度，有效推动图书馆的文化实践活动。政府方面也可将图书馆的文化实践活动纳入城市规划，让广大市民产生主动参与的思想认识，为文化活动的有序开展提供必要支持。

2. 转变观念，重视社会化服务

单位制的思想观念认为服务仅限于一部分个体对象，而这样的错误思想会影响大学城图书馆的社会化建设步伐，影响各项措施的颁布和实施。想要推动社会化建设，让图书馆成为社区文化建设不可或缺的构成要素，必须从思想认识方面进行积极改进，改变传统的工作观念，将社会化服务放在核心地位。政府以及图书馆管理机构，除在观念上进行改变和优化调整之外，还要努力提升市民以及大学管理人员的思想认识，让大学图书馆明确主动参与城市文化建设的重要价值，明确承担社会化服务职能的突出作用。在图书馆的广泛空间之中，推进知识与活动的宣传推广工作，有效提升图书馆对于社会化与文化实践活动的关注度以及参与度，让大学城图书馆可以走向馆外，主动为社会化的实现做出贡献。

3. 拓宽沟通渠道，满足读者需求

推动大学城图书馆社会化建设，保证图书馆参与社区文化建设的有效性，扎实相关工作的基础，需要重视读者给出的各项反馈信息。

（1）除了发挥读者意见簿的积极作用之外，还要专门构建系统健全的反馈机制。让读者直接参与高校图书馆规章制订和体验有关服务，他们在体验过程当中会遇到各种各样的问题，也会从中发现问题。打造读者意见反馈机制，有效扩大和读者沟通互动的路径，能够极大程度上推动高校图书馆的发展建设。反馈机制的推进实施可以借助多种不同的形式和活动开展，比如开展定期的读者调研活动，对读者进行定期的访谈以及记录等。在得到读者反馈信息之后，如果在其中发现了实际问题，可及时提出相关措施对其进行纠正，这样能够将其作为评估本阶段实际工作的有效根据，也可以为今后工作的优化调整提供必要支持。不过这里我们所提到的反馈往往是事后控制，对当前阶段工作不具备明显的促进作用，因此还需要结合实际情况改进现阶段工作的落实情况。

（2）关注读者反馈，对各项工作进行及时有效的跟进和调整。在之前的调查研究当中，能够得到读者的很多实际诉求，于是可以把这些诉求作为有效依据，优化大学图书馆的服务以及实践活动。比如，可结合社会读者的差异化类型，开设多种不同的功能区，如儿童区、视听区等。可以根据社会读者的兴趣爱好，组

织实施针对性强的文化实践活动。比如，针对市民组织开展读书心得的征文竞赛活动、组织捐赠书报期刊活动，进而服务于低收入人群的公益性实践活动。

（3）开展定期的读者调查活动，客观掌握读者的实际需求。与读者访谈与反馈相比，主动调查读者可以更加清晰直观地获知读者目前的想法，也可以及时了解各项工作当中出现的问题，发现读者存在不满的原因，并结合读者提供的问题和给予的反馈进行有针对性的调整，与读者建立密切和谐的互动关系，提高读者参与图书馆实践活动的积极性。

4. 重视员工培训，提高服务意识

员工的综合素质水平及服务观念和读者的阅读体验，存在着密不可分的关系。考虑到两个方面存在的关联，大学图书馆在提供社会化服务、参与社区文化建设的过程中，先要加大员工的教育培训力度，努力提高广大员工的服务意识及服务质量水平。在具体的员工教育培训环节，需要着重把握以下几项工作。

（1）提高工作人员的图书馆理论知识素质。图书馆的开放程度在逐步提高，不同类型的人员进入图书馆的概率也在上升，文化水平相对较低，或者是不了解图书馆系统运作的读者，在接受图书服务时会遇到很多实际问题，而要解决这些问题，需要有专业的工作人员用专业知识来解决。

（2）提高工作人员文化意识以及文化素质水平。图书馆工作人员需要拥有极高的自觉性，首先必须认识到文化建设在城市化发展建设以及提高广大市民综合素质方面的突出作用，有了正确的文化认识，才能够为服务工作的有效开展提供必要的支持。

（3）提高工作人员的服务素质水平。从本质角度上进行分析，图书馆是服务行业，所以对个人素质提出了非常高的要求。图书馆的工作人员必须要拥有良好的服务理念以及服务素质，必须树立主动服务意识，同时要积极学习与掌握与心理学、管理学等密切相关的知识，这样才能够在出现实际问题时快速解决，让广大读者得到更加满意多样的服务。

第七章　提升高校图书馆公共文化服务水平的策略与途径

第一节　我国高校图书馆公共文化服务的问题与障碍

一、我国高校图书馆公共文化服务存在的主要问题

回顾近年来我国高校图书馆开展社会公共文化服务的情况，尽管在是否应该开放这个问题上已基本形成了肯定的共识，在实践中也进行了大量的探索，但整个高校图书馆的开放情况目前仍存在很多问题，不仅无法与发达国家情况相比，而且与社会需求和期望也相距甚远。

（一）整体开放比率低

根据相关调查数据，目前我国高校图书馆整体开放比率还很低，地区间差异也很大。具体来看，资金充裕、文献资源和技术力量较强的"985""211"高校图书馆，开展公共服务起步较早、力度较大；处于中等水平的省级大学，基本是开始起步，有参与大型活动、有开放制度，但并没有宣传启动，社会公众知晓度低，实际开放没有形成规模、社会效益不明显。2011 年，王玉林、曾咏梅等以教育部人文社会科学研究规划基金项目"高校图书馆面向社会开放的制度与法律问题研究"为平台，对 31 个省、市、自治区的 1649 所高校图书馆进行了调查，结果面向社会公众开放服务的图书馆只有 276 所，只占调查总数的 16.74%；开放率最高的北京市达到 50%，而最低的青海和西藏都是 0。这与美、日等发达国家 100% 的开放率相差甚远。

2013 年，祖力纳选取 108 所"211"高校图书馆，通过网络调研就"是否对校外读者开放借阅服务""图书馆网站是否有专门的校外读者说明"等 4 个问题

进行了调查分析，结果显示调查对象中有 75.9% 对校外读者提供图书借阅服务，70% 通过设立咨询部、情报部等，对读者开展定题服务、代查代检、课题查新等服务，吸引了更多的校外读者。2015 年，欧亮、万慕晨用网络调查法对 39 所 "985" 高校图书馆的社会公共服务情况进行了调研，结果表明虽然对社会开放程度不一，但 39 所 "985" 高校图书馆都以不同形式为社会公众提供信息服务。

由上述数据可知，高校图书馆开放程度与学校整体资金实力、资源数量和馆内人员的技术力量成正比。但整体开放比例和开放情况依然与社会需求相差甚远。2012 年 8 月 5 日，在北京大学百年讲堂举行的全国青少年高校科学营开营仪式上，北大、清华和包括湖南的中南大学、湖南大学在内的国内 41 所知名高校联合发出倡议并郑重承诺：定期设立校园开放日，向社会（区）无偿开放图书馆。但对外开放的高校图书馆出于各方考虑，总体来看，目前对公众开放的态度是：不张扬也不拒绝。

（二）服务对象范围偏窄

目前，我国高校图书馆社会服务对象范围狭窄，大部分只面向协作馆及协作单位的读者提供服务，且协作单位主要为部分院校或与之有业务合作的事业单位。向本校毕业校友免费开放图书馆是国外多数大学的通行做法，但这一举措在我国高校目前未获得普遍的认可和推行，很多高校图书馆并未向校友提供服务，而且学生一旦办理毕业手续，图书馆就收回学生的借阅证。致使学生一旦毕业就完全失去了使用学校图书馆的权利，除非个别学生因急需通过个人关系转借，否则再没有正规渠道利用母校图书馆资源。此外，在服务本校职工家属方面，各高校图书馆开放程度和借阅权限也差别很大。有些高校图书馆不直接对教职工家属开放，而是通过对家属使用教职工本人借阅证采取默认态度来满足其文献信息需求；而有些则要求他们与社会读者一样办理入馆手续才能享受图书馆部分资源。除此之外，对于社会上的一些弱势群体，高校图书馆更没有向他们提供文化服务。例如，很多高校图书馆要求社会读者需持个人有效身份证件才能办理读者借阅证，这在一定程度上把渴望获取知识的青少年拒之门外。对于残疾人，很多高校图书馆并没有考虑到他们的需求，比如专门采购一些的盲文资料、针对盲人或肢体残障者的入馆通道。

由此可见，高校图书馆社会服务化过程中服务对象范围狭窄，缺乏对弱势群体的关注。高校图书馆需要引起重视，改变这种现状，将公平、平等的理念贯彻到今后的社会服务工作中。

（三）服务内容单一

目前，我国高校图书馆在面向社会公众的信息服务中，多数还停留在图书文献资料的借阅，或者是针对部分单位和个人信息咨询这种浅层次的服务上。有些图书馆只向社会开放少量书库，借阅册数也非常少。这些条件也影响了社会用户的积极性。以泉州师院图书馆为例，目前开展的社会化服务内容有书刊借阅、课题研究、学者文化交流及建设地方特色数据库。同时，该馆向社会读者提供的借阅服务需读者办理临时借阅证，并且只允许读者借阅纸质图书，纸质期刊只能在馆内阅览，而不能外借。在电子资源上，图书馆并没有向社会读者开放数据库资源和电子阅览室，读者需要电子资源的资料时，只能通过图书馆进行代查，限制了社会读者的知识隐私。在课题研究服务方面，该校图书馆目前只是承担部分课题。在学术文化交流和建设地方特色数据库上，泉州师院图书馆虽然取得了一定的成绩，但目前工作也只是初期建设阶段。因此，高校图书馆目前社会化服务内容单一，极少关注社会读者文化活动和教育培训方面的需求，社会辐射效益有限，对地方公共文化所起的作用也极其有限。

社会读者有来自其他学校的师生、机构科研人员、政府机构、普通公众等，他们的服务需求是多层次、多样化的。目前高校图书馆并没有针对不同的读者类型开展公共文化服务。而且，高校图书馆一直处于封闭或半封闭状态，对于各行各业的了解和沟通很少，他们对社会公众所需要的服务内容、服务方式都不是很了解。其次，高校图书馆一直以来将本校的教学和科研作为主要的服务内容。在文献资源的采购方面，其数量、种类、语种等方面往往受在校学生人数、学校专业设置等因素影响，图书馆产品供给面狭窄，服务产品缺乏与社会接轨，满足社会公众多种需求的能力有所局限。如果图书馆满足不了用户的信息需求，提供的服务无法满足公众的文化需求，那么高校图书馆对社会公众也就失去了吸引力。

（四）社区服务进程缓慢，读者培训宣传缺失

我国图书馆按行政隶属关系不同，主要分为公共图书馆、高校图书馆、专业图书馆。分属文化和旅游部、教育部、中科院三大部门主管。长期以来，受隶属关系的制约，各自为政，不同系统的图书馆间交流、往来较少，缺乏综合协作，整体资源优势难以得到发挥。高校图书馆以满足本校师生需求为己任，社区服务进程缓慢。

高校图书馆对读者的培训、宣传等工作都是围绕本校师生开展的，很少对外开展相关服务。多数已开放的图书馆都没有向社区居民宣传图书馆的服务项目，

对社会读者的培训也仅限于简单地讲解资源分布和借阅。这就导致很多社区居民，对学校不了解，对图书馆不了解，在寻找资源的时候，基本不会想到求助于周边高校图书馆，即便有些社区读者想使用高校图书馆资源，也因宣传培训力度不够，不知道从何下手，流程怎样。而且，很多高校进行半封闭式管理，门卫把守，外人入内需登记，这就更加将社区读者拒之门外了。同时因为检索知识的缺乏，而找不到自己所需的资源，从而导致社区读者对高校图书馆的认知度较低。

二、影响高校图书馆公共文化服务的主要因素

（一）思想观念保守

1. 政府部门尚未形成大文化服务系统观念

受多年计划制订管理理念的影响，目前我国政府对各系统各类型图书馆的管理，虽然从理论上都作为文献信息服务机构统计，但实际工作中仍然秉持各系统图书馆自己规划发展、服务内部人员的传统观念。国家和各级政府在公共文化服务体系建设中，还没有形成以区域供求总体平衡为标准的大文化服务系统观念，仍然是条块分割的状态，教育部管理高校图书馆、文化和旅游部负责公共图书馆。各级政府在建设文化服务体系时，没有把本地的高校图书馆作为地方文化系统的有机组成部分看待，既未对高校图书馆参与社会公共文化服务提出明确要求，也未将高校图书馆作为发展对象进行投资建设。

社会各界对高校图书馆的资源和技术优势虽有了解，但鉴于其长期封闭且相对独立的运行状态，对充分挖掘利用高校图书馆资源优势开展社会公共服务，以弥补公共图书馆高层次科技文化服务不足的意识不明确、态度不积极。这是导致高校图书馆与地方公共图书馆合作难以展开，合作效果不佳的重要原因。

2. 高校内部主动服务社会意识落后

长期以来，我国高等院校一直处于相对封闭的状态，受此传统观念影响，大部分学校领导及工作人员认为高校图书馆仅需为本校师生提供教学和科研服务。从学校领导层到图书馆工作人员都缺乏主动服务社会的意识，没有把社会服务纳入自己的工作范畴内，在思想意识上不大愿意走出去，服务社会的意识不强。从目前的状况来看，高校图书馆普遍对自身的公共职能认识不足，认为自己的职责是为本校师生服务，为教学科研服务，思想意识局限于校园内部的服务及高校之间的信息共享，认为高校图书馆对外开放会影响在校师生的学习环境，增加自己

的工作量，缺乏主动向社会提供服务的积极性。即使图书馆向社会提供了公共文化服务，学校也没有相应的激励和竞争机制，没有具体的考核标准和明确规定，导致服务效果无法考量，大大削弱了图书馆为社会提供公共文化服务的积极性。

一方面，随着时代发展，改革开放的观念成为常态，高校与社会的接触和融合也逐渐增多，高校在科技、文化等方面的成果都开始面向到社会民众，但是多数高校对于其下属图书馆的对外公共服务却一直没有明确的政策导向，没有明确反对但也没有积极的支持。这就导致高校图书馆或者没有开展公共服务的意识，或者开放部分业务但也不积极主动推介宣传。另一方面，随着图书馆人员结构的变化，越来越多高学历的人才进入图书馆，这部分馆员对自己所学知识的应用、工作薪资、社会地位等期望都比较高。然而，现实中很多专业知识尤其是非图书馆学的专业知识在工作中并没有得到充分应用。同时，图书馆馆员的社会地位在社会生活中并没有得到应有的尊重和体现，这极大地挫败了馆员服务社会的热情，使得图书馆馆员对工作产生了消极心态，服务社会意识淡薄。

（二）管理体制束缚

1. 外部管理体制

目前，我国不同类型和不同系统的图书馆之间缺乏一个整体的领导机构，也缺乏横向联系的管理体制。我国高校图书馆与地方政府的管理运行体制基本上是这样的：①整体上看，各级各类高校由各级政府出资办学，学校由教育主管部门和地方政府共同管理，教学业务管理上接受教育部或各省教育厅主管，人事任免则由各级政府负责管理。高校图书馆作为学校的二级单位，其资金供给、人员配备直接由所在学校领导决定，不直接与政府或上级主管部门发生联系。②我国高校目前按主办方和办学水平可分为三级：第一级也是最高层级的部属院校，以"985""211"学校为代表，它们由中央财政拨款支持，由教育部直接管理，在业务和人事任免上都不受地方政府约束。第二级是各省属高校，由省财政拨款支持，业务上接受教育部和省教育厅双重领导，人事任免和编制核定受省政府领导管理。第三级是地方院校，它们多是省市共建，以地市为主。在办学资金上由地方政府出资主办、同时也接受部分央财政和省财政专项支持；在人事任免上学校领导由省级党委和政府负责，学校人员编制则受地市政府管理；在教学科研业务发展则由教育厅直接管理，地方政府基本上不直接对校内工作进行具体指导和要求。

这样的管理体制造成的问题是：①高校图书馆的建设方向、发展规模、设备更新全由学校做主，学校一般只根据学校学科专业建设和科研发展全面考虑，无法根据图书馆实际情况和社会需求进行资产分配，这样极大地抑制了图书馆向社会开展文化服务的积极性。②高校图书馆完全不受地方政府文化管理部门的领导和制约，客观上不利于地方政府将高校图书馆纳入本地文献资源保障系统进行统筹规划协调。③尽管高校图书馆资金来源是地方财政，但地方政府不直接对高校图书馆拨款，因此也无法直接对高校图书馆参与社会公共文化服务做出明确的要求。

2. 内部管理制度

高校图书馆是由文献信息资源、人力资源管理和读者分类管理等几方面组成。图书馆要想实现优质高效的服务，必须有高效的管理体系和完善的管理制度。

从信息资源管理来看，虽然我国已经在信息资源共建、共享上取得了一定的成就，但仍然存在着诸多问题。在观念上，始终存在重共建轻共享的问题。一些高校图书馆只希望能够共享信息资源，而不愿意进行信息资源的共建；只重视本部门的资源建设与发展，而没有从全局上考虑整体社会的信息资源的建设与发展；只考虑各类资源的收集建设，不重视各类文献信息资源的挖掘利用。这就导致一方面资源建设与社会需求差距较大，另一方面对社会需求的资源不愿意认真挖掘并提供深层次的服务。

从人力资源管理方面，主要问题在于没有合理的考核评价激励机制。高校面向社会公众开放服务，目前还是图书馆方面根据社会读者需求主动开放居多，而对于高校图书馆这一回报社会的举措，地方政府学校领导都没有相应的评价奖励机制，这在一定程度上影响了图书馆开展社会服务的积极性。

此外，高校图书馆开放服务，必然会给图书馆的管理带来实际问题。比如面对读者的增加，工作量加大，如何解决工作人员紧张问题；校外读者类型庞杂、需求和目的不一，如何保证校内师生不受干扰影响等。凡此种种问题，高校图书馆要面向社会提供服务，势必会造成图书馆内的一些混乱和不稳定因素，必须充分利用各种手段，做好读者管理和校内外利益平衡，否则很难保持长期良好的服务。

（三）法律约束缺失

图书馆法是保障图书馆事业的基本法，立法的目的或意义是围绕保障图书馆的经费、加强图书馆的建设、提高图书馆工作人员的待遇、改善工作环境等方面，是建立与管理图书馆行政法规和规章制度的总依据。图书馆法是调节国家与图书馆之间、图书馆与其他组织之间以及图书馆与读者之间等在图书馆活动中所产生的各种关系的法律规范，是国家领导、组织和发展图书馆事业的重要手段，具有强制性、规范性、稳定性等特点。

目前，我国尚没有一部覆盖各级各类图书馆的综合性图书馆法，没有形成一套完整的法律体系来保障高校图书馆开展公共文化服务，直接影响了高校图书馆发展公共文化服务的进程。高校图书馆构建公共文化服务体系涉及诸多问题，例如：资金来源、服务范围界定、服务内容和方式的规范、信息资源的管理、知识产权的保护、服务质量评价等，都需要统一的法律、法规提供保障。由于缺乏统一的指导性法律、法规来规范图书馆的行为，难以为图书馆的运行提供法律保障。

我国的图书馆立法工作尚处于完善过程中，还不能解决实际工作的全部问题，遇到问题找不到法律依据的情况还普遍存在。由于缺乏法律保障，各部门的作用没有明确，造成了当前建设主体比较混乱，基层图书馆的长效机制、可持续发展问题难以解决。2005年7月，武汉大学举办了"中国大学图书馆馆长论坛"，讨论并通过了《图书馆合作与信息资源共享武汉宣言》，宣言指出，大学图书馆的资源应在满足本校读者需求的前提下，努力向社会、社区开放。2015年，教育部修订印发的《普通高等学校图书馆规程》第三十七条提出："图书馆应在保证校内服务和正常工作秩序的前提下，发挥资源和专业服务的优势，开展面向社会用户的服务。"但这些都是规章性的文件，并不具备法律的强制性，且具有模糊性与建议性，难以为高校图书馆为社区服务提供强有力的推动。在实践过程中，有多所高校图书馆曾经开展过社区服务，但因为没有长效的运行管理机制，没有法律的强制性，也没有法律保障资金来源，最后都夭折了。

高校图书馆为社会提供文化信息服务主要涉及信息资源的共建共享问题，这不仅涉及信息资源共享的专门法律，也涉及所有与信息领域相关的法律规范。知识产权是其中需要解决的问题之一。现在我国信息共享不断推进，而知识产权法却不完善，两者之间的矛盾越来越明显。当共建共享中涉及侵权问题时难以运用合法手段妥善处理相关事宜。信息化、数字化使用户检索和传递文献资料更加便捷，但同时违反版权法的案例时有发生。数字图书馆带来方便的同时，也激化了知识产权的保护和信息的传播利用两者之间的矛盾。没有知识产权法，信息资源的共建共享便没有法律保障。知识产权法可以对文献资源的共建共享起到限制和约束作用。

（四）资金保障不足

近些年，国家公共财政对公共服务体系的投入比重逐年增加，政府对图书馆事业日益重视，各级政府的财政支持力度不断增加，但与图书馆发展的实际需求相比，仍然存在很大缺口。财政投入的不稳定、不连续，以及地区和级别差异等都影响了高校图书馆构建公共文化服务体系的进程和可持续发展。在我国，受经济发展水平、公众信息素养、教育资源不均衡等因素的制约，不同地区的图书馆发展水平差距较大，越是经济发达地区，图书馆获得的经费越多；而越是经济落后、社会需求较大的地区，图书馆的经费越匮乏，导致提供的服务越有限。高校图书馆为社会提供公共文化产品、服务，建设信息资源共享平台、人员培训、项目合作等需要大量的专项资金支持。但是由于缺乏法律的强制约束，图书馆拨款并不规范，数额不稳定，加上缺乏监督管理机制，资金的可持续性成为各个地区高校图书馆面临的问题。资金不足将影响公共文化服务体系建设的可持续发展，而互不协作、重复建设则导致更大程度的资源浪费，从而使资金更加短缺。

目前，高校图书馆经费主要有两个来源：一是从教育事业费里提 5% 左右；二是从科研费及其他计划外收入中提取适当比例。但大多数高校图书馆的经费只占全校教育事业费的 2%～3%，从科研费和其他计划外收入中提取文献费的更是寥寥无几。甚至还有少部分高校图书馆没有专项经费，挂靠在学校教务处之下，每年只加工剩余教材，充实馆藏。经费短缺已成为大部分高校图书馆的现状。我国高校图书馆的馆舍面积、图书藏量、工作人员是根据高校的学生人数比例进行配备的，是用来保证学校师生教学及研究服务的。高校图书馆的经费一般都是依靠学校拨款，由学校掌握控制图书馆的经费支出，图书馆不能自由分配。学校作为图书馆的投资方，决定了图书馆的规模和服务能力，如果面向社会提供公共文化服务，必然要增加人力、物力、技术方面的投入资金。而现阶段很多地方院校的收入水平只能满足学校的教学和科研基本运行，在经费紧缺的情况下，学校很难拿出经费支持图书馆参与地方公共文化服务。

相关调查表明，高校图书馆在服务地方公共文化服务过程中，资金较为紧张，是阻碍文化服务顺利开展的主要原因。高校图书馆参与地方公共文化建设服务，是一项公益性服务，是为了满足人们日益增长的文化需求。但是，任何一种服务都需要有资金的支持，尤其是公益性服务。因此，解决高校图书馆参与地方公共文化服务所产生的资金问题是确保服务长期运行的关键所在。因此高校图书馆建设公共文化服务体系必须走投资主体多元化的道路。

（五）人力资源建设薄弱

一是人员配备不足。随着高校招生规模不断扩大，学校图书馆藏书数量和馆舍面积也在不断增加。但由于政府整体财政编制控制，学校往往把有限的人员编制用于引进教学科研等方面的高学历人才，这导致很多图书馆工作人员严重不足。

有些图书馆一个借阅室只能配备一名工作人员，另外由学生担任义务馆员保证开馆时间。在这种情况下，很难要求提供高质量服务，更难以向社会公众开放。

二是人员素质参差不齐。多年来，高校图书馆都被作为学校安排冗余人员或教工家属的单位，这在很多高校已是心照不宣的旧例。这就造成高校图书馆工作人员文化水平参差不齐，特别是一些年龄偏大或临时聘用人员学历比较低，他们不具备专门的图书情报知识，甚至没有本科或大专学历，只能处理传统的图书借还工作。从图书馆工作人员所学的专业来看，馆员的知识结构较为单一，缺乏图书情报和信息情报学相关专业的馆员。社会在发展，高校图书馆的工作内容、服务方式都发生了变化，公众的需求也不断增加，图书馆馆员应该是既有专业知识能力，又要有交叉学科知识的创造型、复合型人才，然而高校图书馆较为欠缺这方面的人才。同时，由于大多数工作人员满足于现阶段稳定状态，自我学习和提增强意识不强，其有限的专业知识和业务水平难以为广大群众提供专业化、高质量的文化服务。

此外，高校图书馆人事管理制度缺乏科学的管理，人员的岗位级别和工薪待遇不是以工作业绩和服务质量进行划分，而是按行政职务和技术职称来确定。这就使得高校图书馆的馆员主要着眼于职务或职称的提高及工资待遇的晋升，而不重视图书馆的整体发展，这直接影响了高校图书馆运营效率和服务质量。而且，图书馆人事考核评价指标缺乏针对性、有效性，人事考核流于形式，考核的效果和应用价值非常有限，这使得图书馆馆员缺乏危机感，毫无进取意识。这样的人事管理制度极大地抑制了馆员工作的积极性，不适应公共文化服务的需要，无法向社会提供高效满意的服务。

图书馆事业发展的全球化要求我国图书馆与国际接轨。世界发达国家的图书馆职业资格认证制度已经很成熟，而我国还未建立，这必然影响了我国图书馆馆员在国际学术舞台上的地位，也影响了我国图书馆与国外图书馆间的交流。图书馆的馆员结构不合理，高校图书馆应结合自身的情况，研究本馆的人员构成，分析人力资源的情况，制订发展规划。很多高校图书馆存在两难的境遇：一方面图书馆机构效率低下，大部分工作人员长期保持稳定；另一方面图书馆中学历高、能力强、知识结构合理的优秀人才在不断流失。我们的人力资源管理在培养、稳定和吸引人才与业绩考核方面缺乏规范化，缺乏长期规划，没有形成对人员的录用、开发、维持和使用的长效机制。对于馆员继续教育方面没有正式的法律、法规，缺少政府方面的宏观调控和具体规划。由于对继续教育没有形成制度，没有法律依据，馆员的继续教育得不到保障。我们应该意识到图书馆发展的瓶颈和危机是缺乏一支高素质的人才队伍。

第二节　提升高校图书馆公共文化服务水平的宏观策略

在知识经济迅速发展和"互联网+"改变一切的时代背景下，在国家政治体制改革不断深化的大环境下，将高校图书馆的建设与发展纳入文化服务大体系中进行思考和定位，不仅是提升国家整体文化服务水平的需要，也是高校图书馆实现自身价值最大化和新发展的最佳选择。

一、破除封闭观念，加强公共文化服务体系整体建设

2015年，杨志在相关讲话当中特别强调，必须意识到推进国家公共文化服务体系制度建设工作的价值。开展制度设计的研究工作，是归纳经验教训、探索总结规律及解决好实际问题的有效措施，也是推动服务体系建设创新发展的必然方案。我们需要在实践当中归纳规律研究制度设计，以便结合实际情况提出针对性和操作性强的解决方案。所以设计服务体系的制度就是要保证服务体系与我国国情和市场经济规律相符。设计服务体系制度时，我们不能够只是看到眼前的利益和眼前的局面，还必须立足全局，站在战略高度，用长远眼光与科学态度完善相关的规划设计，以便为服务体系的建设与发展提供重要的理论支持，也为相关决策的提出给出重要的参考。

（一）转变观念，纳入整体规划

观念问题是制约或推动行动的关键问题。要进一步推进高校图书馆社会化服务工作，必须从各方面转变观念，正确认识。必须从全社会的信息资源共享出发，正确认识高校图书馆的信息资源、设备资源和人力资源是通过国家投资建设起来的，不仅仅是某一单位的资源，而是全社会的资源。必须认识到国家投资建设的信息资源不是被动为少数一些用户服务的，而是为全社会信息用户服务的。要从资源利用最大化角度考虑，尽最大可能提高信息资源的利用率，而不是使信息资源浪费。

观念的转变涉及几个方面。一是中央政府要转变观念，在制定政策和法律时充分认识高校图书馆社会化服务的重要性，从战略高度给予重视，并在资金、制度、队伍建设等方面付诸行动。二是高校领导要及时转变观念，及时跳出单一的教育圈子，树立大教育观，把高校图书馆置于社会的大环境中，使高校师生用户成为社会信息用户的一部分，在满足本校师生信息需求的基础上，制定相关的制

度，采取有效措施，为社会用户提供服务。三是各级地方政府要及时转变观念，通过多方渠道，为高校图书馆社会化服务提供人力、财力和政策上的帮助。四是高校图书馆管理者及服务人员要及时转变观念。要敢于挑重担，勇于找麻烦，从信息资源最大化利用和社会信息用户的信息需求出发，千方百计地为社会用户提供服务。

依据我国的国情，我国建设公共文化服务体系，应重点围绕五大核心系统展开，即公共文化资源供给系统、公共文化服务技术支撑系统、公共文化服务保障系统、公共文化服务管理系统及公共文化服务运行评估系统。在加强公共文化服务体系的研究和建设中，高校图书馆在我国公共文化服务体系中的地位和作用应该得到充分重视。高校图书馆是我国文献信息资源收集、整理、保存和传播系统的重要组成部分，在公共文化服务机构中占有重要地位。站在国家战略的角度，破除计划经济体制下条块分离、各自为政的封闭管理观念，将高校图书馆的建设和发展纳入全国文化服务体系有着十分重要的意义，在制度设计中要将全国不同类型和体系的图书馆作为文献信息保障系统进行合理布局、分层建设。

（二）合理定位，充分发挥资源优势

政府决策者要科学认识高校图书馆作为"准公共产品"的性质，在规划定位中对高校图书馆的建设及其在全社会文化服务体系中的地位和作用予以深入研究。要认识到科学文化、文化知识和文化娱乐既有相通又有区别，在制度设计中既要充分保证高校图书馆以高等教育为主要服务对象的原有职责，又要充分发挥高校图书馆在全社会终身教育和知识更新中的作用。

具体来说，高校图书馆作为我国高等教育文献保障体系的主力军，同时也应该是全社会专业教育和科技文化传播中心，在全国文献信息资源体系中起着承上启下的重要作用，与我国高等院校分层建设发展相对应，高校图书馆也应分层定位，明确各自建设目标与社会职责，为社会公众提供不同层次的信息服务。承上，是指一流学府的图书馆承担着科学研究的重要职责和任务，应向社会各界科研工作者提供文献信息服务；启下，是指省市级高校图书馆是各学科专业教学和科技研发转化的重要支撑，应充分满足社会公众继续教育和专业知识更新的信息需求。

二、积极推进立法，健全科学合理的图书馆法

我国只有少数国家性和地方性的图书馆相关法规，尤其缺少针对事业发展方面的法规，且内容相对不具体，可操作性较差。只有从立法做起，图书馆事业才能规范地发展。纵观英、美等国的图书馆，不论是国会图书馆、学术图书馆还是

公共图书馆，能够良性运转，都离不开完整系统的图书馆法律体系的保障。

我国的图书馆法立法进程，可谓一波三折。从 2001 年年初由文化和旅游部牵头启动，在之后的 3 年里，完成了法律草案修订稿、第三稿和审批稿，但最终因为代表意见不能统一，立法不得不暂停。2005 年 9 月，在全国人大代表议案的促进下，文化和旅游部其间组建了图书馆法立法的领导小组和工作小组，但并无实质性启动。2006 年 9 月，《国家"十一五"时期文化发展规划纲要》中明确把"抓紧研究制定图书馆法"，作为"十一五"时期加强文化立法的重点工作。可以说，图书馆界对这部法律期盼已久。2009 年年初，文化和旅游部决定再次启动《公共图书馆法》立法工作，图书馆法的立法研究和准备进入新的重要时期。2011 年 12 月，《公共图书馆法（草案送审稿）》经文化和旅游部入会研究通过之后正式上报国务院。2012 年至 2015 年，全国人大和国务院法制办公室围绕《公共图书馆法》开展了一系列调研。2015 年 11 月，国务院相关部门逐条对草案进行了修改，并向社会公开征求意见。2017 年 11 月 4 日，十二届全国人大常委会第三十次会议于表决通过了《中华人民共和国公共图书馆法》，于 2018 年 1 月 1 日起施行。

然而，《公共图书馆法》作为由全国人大常委会通过的法律，共 55 条的内容不可能将公共图书馆领域涉及的重要问题全部规范清楚，这就需要国务院、文化和旅游部以及各级地方政府，根据《公共图书馆法》的规定，制定与之相衔接的条例、规章、实施办法等实施细则，形成内容丰富的法规体系，使《公共图书馆法》在执行过程中更具可操作性。

我国台湾地区图书馆事业的开创者王振鹄先生曾说过，一部图书馆法的制定目的是在使社会大众认可图书馆的社会功能与存在价值，使主管部门得以依法行事，使图书馆界得以在合理运营条件下可持续地发展。图书馆法应是一个保障图书馆以最佳效益良性运转的法律，通过切实可行的法律体系为图书馆的生存和发展提供保障，它已不是单纯的读者权益保护法。高校图书馆参与建设公共文化服务体系，会遇到许多问题，服务范围的界定、资金的来源、服务内容和方式的规范、服务质量评价等，都需要一个统一的标准。

三、拓展渠道，多方合作引入投资

构建公共文化服务体系仅仅依靠政府的资金是不够的。高校图书馆不仅要吸引用户到图书馆来，还要"走出去"，主动寻求与其他机构合作的机会，不断扩大合作面。高校图书馆要分析不同机构的特点和需求，制订具体的合作计划，取长补短，互利互惠。通过广泛的合作，引入竞争机制，吸引项目资金，将增加图书馆向社会提供信息产品与服务的机会，也使图书馆利用自身先进的技术产生明显的社会效益与经济效益。图书馆与这些机构的合作将在一定程度上缓解经费不足的压力。

（一）校地共建，以项目投入支持高校图书馆服务社会

高校图书馆和政府部门之间的合作，可以从以下几个方面开展：①高校图书馆参与政府部门的信息构建；②由政府部门牵头，联合构建公共资源共享服务平台；③政府以项目建设为依托为高校图书馆注入专项资金。比如东南大学图书馆参与的"江苏省工程技术文献信息中心"，就是 2004 年由江苏省科技厅启动，通过共知共享共建方式，集成我省科技、文化、教育三大系统的现代工程技术类主要优质科技文献信息资源，向全省各界提供国内外科技文献信息服务。这是江苏省重大公共科技服务平台建设项目之一，是江苏省四大科技公共基础服务平台之一，也是江苏区域科技创新的文献信息保障服务平台。它在国内率先实现了省级区域范围内重要科技文献信息资源的共知、共享与联合服务，建立起涵盖全省"科技、教育、文化"三大系统 10 家单位共享共建的科技文献信息公共服务保障体系。这个中心建设运行 10 多年来，在为江苏省科研立项、技术开发、技术转移、成果转化与产业化，以及近年来政府及社会关注的节能减排、资源综合利用等领域提供了富有成效的工程文献信息服务。

高校图书馆和政府合作，可以弥补政府资源建设经验的不足，充分利用高校图书馆资源、人才为社会服务，促进高校图书馆的提升，加快图书馆事业的发展。而政府作为公共文化服务的主要提供者和管理者，统筹公共文化的规划和发展，制定公共文化政策，领导高校图书馆的公共文化服务工作。政府机构应当从思想上对高校图书馆的发展予以高度重视，对高校图书馆参与公共资源共享平台的建设和服务进行监督与引导，提供资助，支持和鼓励企业及第三部门参与到公共文化服务体系建设之中。

（二）校企联合，以知识服务换取企业投资

高校图书馆和企业的合作，可以通过以下几种途径：①图书馆为企业提供竞争情报分析和服务；②图书馆对企业开展定题服务、科技查新、代查代检、业务培训、信息推送等服务；③和企业联合建设资源共享服务平台；④为企业文献建设提供指导等。中国加入 WTO 后，企业之间交往增多，市场竞争日益激烈，企业为了取得市场竞争优势，就要对竞争环境、竞争对手进行情报研究。高校图书馆的专业人才可依据企业提供的信息，进行情报分析等信息深加工，为企业决策提供重要依据。资源共建共享依然是合作的主要途径之一，比如为进一步提高江苏

省高校图书馆的学科服务水平，东南大学图书馆承接了 JALIS 学科服务云平台项目，并和乐致安公司联合开发了 JALIS 学科服务云平台服务系统，同时邀请江苏省高校具备专业学科优势的主要成员馆共建共享 JALIS 学科服务云平台。

目前，在整个公共文化服务体系中企业所占的比例并不高，但是企业在文化基础设施的建设及某些具体文化产品的生产中具有比政府、文化事业单位、非政府组织更多的优势。因此，高校图书馆如果能够吸引企业参与到公共文化产品和服务的生产中，利用企业强大的生产能力与市场竞争力，使其承担具体的公共文化产品和服务项目，不仅可以为开展公共文化服务筹措资金，也能为企业创造经济效益。

大学科技园是高校以及高校图书馆与企业合作方式中实践最多的一种方式。随着科技、教育体制改革的不断深化，地方政府和高校都很重视大学科技园的建设，国家级、省级和高校自办的三级大学科技园体系日趋成熟。国家大学科技园依靠高校特色资源，建立各类专业技术创新服务平台。南京工业大学科技园，就是政府和高校联合发起的。到目前为止，已经联合了南京大学、河海大学、中国药科大学、南京师范大学、南京邮电大学、南京医科大学、南京中医药大学、南京工程学院 8 所区内高校共同组建。8 大高校图书馆之间通过区域联合互通有无、资源共享。该科技园地处模范马路科技创新街区，聚集了南京工业大学、中国药科大学、南京邮电学院、南京工程学院和南自总厂、十四研究所、长江机器集团等一批国内外著名的高校与院所，为高科技研究提供的强有力的支撑，是高科技企业研发和创新创业的理想之地。南京工业大学国家大学科技园在网络信息、图书资料、分析测试、科技政务、科技中介等方面为入园企业提供科技公共服务平台。科技园设有科技查新工作站，重点收藏并提供化工新技术、生物制造、新材料、先进制造、能源环境、土木工程、绿色建筑等相关学科的国内外文献信息资源。为进一步提高为国家大学科技园的服务质量和水平，南京工业大学制定了南工大科技园企业用户图书馆借书证和使用电子资源的管理办法，并为入驻企业提供南工大校园网的服务，使企业用户充分享用南京工业大学的高校信息资源和图书馆文献资源。

四、多措并举，加强人力资源建设

高校图书馆要适应时代发展的需要，参与到建设公共文化服务体系中，必须对现有的管理制度进行改革，尤其要加强人力资源建设。只有建立高素质的管理和服务团队，才能为社会提供优质的公共文化服务和产品。

（一）建立图书馆职业资格准入制度

所谓职业资格准入制度，就是按照国家或行业指定的职业技能标准或任职资格条件，由政府批准的考核鉴定机构对劳动者的技能水平或职业资格进行考核和鉴定，对合格者授予相应的职业资格证书的一种制度。劳动者要想进入该领域工作，要先获得相应的职业资格证书。世界发达国家的图书馆职业资格认证制度已经很成熟，英国、美国、日本等国家陆续建立并实施了图书馆职业资格证书制度。我们将英国、美国等国家的图书馆职业资格制度进行比较分析，具体见表7-1。

表7-1　几个国家的图书馆职业资格准入制度比较分析

项目	美国图书馆协会	英国图书馆协会	日本图书馆协会	中国图书馆协会
有法律形式予以保障	√	√	√	-
参与制度的制定和实施	√	√		参与制度制定、无具体实施
职业资格制度种类	学历教育制度	学历教育制度或职业资格考试	学历教育制度或司书资格考试	专业职称
图书馆专业人员素质的基本要求	硕士	大学以上或获得CILIP职业资格	大学或通过司书职业资格考试	各图书馆自己要求
对图书馆馆员继续教育的要求	√	√	√	各图书馆自己要求
对图书馆学高等教育课程的认定和核准	√	√	-	-
图书馆专业人员和非专业人员的划分	√	√	√	-

从表中可看到，无论是英国的职业资格考试制度，美国的学历教育制度，还是日本的司书考试制度，这些国家的图书馆职业资格发展是有一些共同之处的：第一，图书馆职业资格制度以法律形式予以确定下来，得到了法律的保障，有利于制度的有效实行。第二，美、英、日等国家的图书馆协会均参与到图书馆职业

资格制度的设计及落实环节中。通过这样的措施，能够有效保障图书馆馆员的利益，也能够提升广大馆员的综合素质，为整个图书馆事业的长足发展提供必要的动力支持。第三，这些国家都注重对从业人员展开合理的划分，注重结合工作性质将其划分成专业与非专业人员两个大的种类，以便进行分类和分层管理。第四，这些国家都给图书馆馆员要具备的素质给出了严格规范而又确定性的要求。第五，它们都特别关注面向广大馆员提供继续教育服务，通过继续教育提升广大馆员的综合素质。图书馆事业全球化趋势要求我国在图书馆建设当中要主动地和国际接轨。世界上很多发达国家在建设图书馆职业资格认证制度方面到了非常成熟的发展阶段，不过我国还没有建立专门的资格认证制度。这会在极大程度上制约我国图书馆馆员在国际学术领域的地位，影响到我国图书馆和国外图书馆进行有效的互动沟通。

从本质上看，建立针对图书馆的职业资格准入制度是想要积极发挥法律作用，控制从业者的准入情况，让准入制度成为图书馆日常工作实践当中的重要标准和有效根据。建立专门的资格准入制度，能够明显提升广大馆员的综合素质水平，助力图书馆各项服务工作质量和效率的提升，同时还能够提升广大馆员的社会地位及所拥有的职业声望。在落实了资格准入制度之后，广大馆员就能够展现个人价值，让越来越多的社会公众把馆员职业当作是专业性强并且拥有极高技术含量的知识型职业。广大图书馆馆员具备了资格证书后会更加积极主动地履行各自职责，改进自身的服务意识与服务质量，给公众提供更加满意和全面的服务，让社会公众高度评价和认识馆员，让他们的地位以及声望得到有效的确立。所以积极打造这一制度，是想要快速建立图书馆馆员的专业形象，提升其社会地位，保证各项服务的权威性和标准化，让越来越多的人愿意投身于图书馆事业的发展建设，保证参与图书馆建设的每个工作人员都有极高的素质水平，为图书馆事业的持续性建设提供源源不断的人才支持。

（二）加强图书馆人力资源管理

图书馆包括多个构成要素，其中图书馆馆员是主体要素。馆员的综合素质直接决定服务质量水平。馆员是联系读者和信息资源的桥梁以及纽带，而且这样的作用长时间存在。落实公共文化服务，打造服务体系，必须有丰富的人才作为智力支持。所以高校图书馆要打造服务体系，就要积极培育专业素质过硬的人才，加快人才队伍的建设步伐，让广大图书馆馆员能够明确自身的职责，并通过对广大馆员的优化管理，促进馆员价值作用的发挥。对图书馆馆员进行有效的人力资源管理，需要把关注点放在提升他们的综合素质，挖掘内在潜能，激发工作热情，开发图书馆全部资源价值，有效满足多元用户的实际需求。

图书馆是人类物质文化与精神文化结合的产物，在图书馆工作实践管理中体现以人为本的思想，以满足人的需求，实现人的价值。在对高校图书馆的人力资源进行管理的过程中，应分析馆员的需求，满足馆员不同层次的需求，提高馆员的满意度，从而激发其能动性。郑晓明博士在《现代企业人力资源管理导论》一书中提出著名的人力资源管理 5P 模式，即识人、选人、用人、育人和留人，具体来说就是了解分析馆员的需求，根据图书馆的发展需要制订详细的人力资源人才引进计划，招聘和选拔馆员；对馆员的能力进行综合的考核和测评，将每个馆员都配置在合适的岗位上，使得人尽其才、职适其能；制订系统的培训计划，为馆员提供、创造培训和继续教育的机会，通过不断且系统地学习满足馆员的学习和个人发展需要；建立公平竞争、绩效考核、岗位合理流动等原则的激励机制，营造良好的工作氛围，留住人才，建立起一支优秀的人才队伍。

（三）注重馆员继续教育

从国外的经验看，提高图书馆从业人员的业务水平、保证新进人员具有基本的图书馆专业知识，最好的方法是开展图书馆专业的继续教育，并建立起以图书馆学继续教育为保障的图书馆职业资格认证制度。有相应的行业机构或行业组织来制定有关图书馆人员继续教育的实施办法和图书馆人员继续教育的标准。

图书馆对现有馆员进行继续教育是开发图书馆现有人力资源的主要途径之一，它是对本科教育的延伸、补充、扩大和发展。欧美一些国家将继续教育与本科生教育和研究生教育并列为三大教育体系，足见其重要程度。随着现代高新技术的广泛应用，图书情报工作的内容和服务模式多元化发展，对图书馆馆员提出更加严格的要求。图书馆应当有计划、有组织地开展继续教育和职业培训，使图书馆员能及时补充和更新各种专业知识与技能。

如果我们将高校图书馆的工作人员看作公共文化服务体系的提供者，他们的素质在很大程度上影响着公共文化产品和服务的质量。高校图书馆应通过合理的人力资源配置和管理，提升整体人员素质，为公共文化服务体系提供人才保障，在为社会公众提供更加优秀的公共文化产品和服务的同时，提高图书馆的竞争力和影响力。

综上所述，高校图书馆有很多资深优势，尤其是资源信息化程度比较高，在构建公共文化服务体系时，应充分发挥其应有作用。学校要鼓励图书馆通过资源共建共享、人员培训、项目合作、业务指导等方式，积极寻求与政府机构、企业、公共图书馆以及其他信息服务机构的合作机会，帮助公共文化服务机构加快信息化的进程，推动公共文化服务体系的建设。高校图书馆通过发展与这些机构的联合、双向的多元化合作，拓展服务领域，不仅可以筹集资金，为公共文化服务体系提供丰富的产品和服务，而且使自身的信息资源和人力资源发挥更大的作用，提升图书馆的影响力。

第三节　提升高校图书馆公共文化服务水平的实践路径

一、加强领导，成立统一协调机构

高校图书馆社会化服务是一项长期的、复杂的系统工程，涉及社会许多部门，需要建立一个科学高效的协调领导机构，推动此项工作健康、持续、有效地进行。

首先，要在教育部高教司设立图书馆工作指导委员会。这个委员会对内负责制定各高校图书馆社会化服务工作的政策和总方案，督促检查此项工作的执行情况。对外承担和其他政府机构、行业协会的协作协调工作，包括和当地政府协商高校图书馆的共建共享，高校图书馆社会化服务的对象、时间、内容、场地和经费等。

其次，各省、市、自治区教育厅要成立相应的二级工作指导机构。结合本地实际情况，制定本省、市、自治区高校图书馆社会化服务的政策及实施计划，制定有利于高校图书馆开展社会化服务的优惠政策，积极协调本省、市、自治区宣传部门、文化部门和其他类型图书馆，构建图书馆联盟，为社会用户提供各类服务。制定高校图书馆社会化服务的监督和评估办法，定期对此项工作进行检查评估，保证此项工作有序进行。从目前我国的实际情况来看，各省、市、自治区高校图书馆社会化服务的协调管理机构可设立在教育厅，由一名副厅长担任主要负责人，各高校主管图书馆的副校长参加，主要工作由本省、市、自治区的高校图工委负责办理。

各高校图书馆可以以本校图书情报工作委员会为依托，具体规划、实施社会化服务的相关事务。这个机构除主管图书馆的校领导、图书馆负责人和学校相关处室、各学院相关领导外，还应吸收本地社区的相关负责人和居民代表参加。本机构应全面分析、掌握该校图书馆的职工队伍、馆舍使用、设备现状、信息资源等，了解掌握社区居民的学历、职业、年龄和信息需求状况，掌握本校各教学研究机构的专业、学科设置、教学科研状态及师生的文献信息需求，适时制定适合于本校图书馆的社会化服务细则积极开展社会化服务工作。

二、统一认识，全面加强宣传

要进一步推进高校图书馆公共文化服务工作，相关各方必须从全社会的信息资源共享出发，正确认识高校图书馆的信息资源、设备资源和人力资源是通过国家投资建设起来的，不仅是某一单位的资源，也是全社会的资源。必须认识到国家投资建设的信息资源不能只为校内用户服务，更应该为全社会信息用户服务。要从资源利用最大化考虑，尽最大可能提高信息资源的利用率，而不使信息资源浪费。高校领导要跳出单一的教育圈子，树立大教育观，把高校图书馆置于社会的大环境中，使高校师生用户成为社会信息用户的一部分，在满足本校师生信息需求的基础上，制定相关的制度，采取有效措施，为社会用户提供服务。高校图书馆管理者及工作人员要敢于挑重担、勇于找麻烦，从信息资源最大化利用和社会信息用户的信息需求出发，千方百计地为社会用户提供服务。

高校图书馆要在宣传工作方面加大工作力度，始终秉持市场性的工作理念以及服务于社会公众的正确思想，加大开放力度，面向社区居民开放图书馆，让社区居民加强对图书馆的认知，获得图书馆的馆藏资源以及服务流程方面的信息，同时运用多元化的策略宣传推介图书馆，提高图书馆对于广大居民的吸引力和组织引导作用，让越来越多的社区居民主动走向图书馆，更加深刻地认识图书馆在提供社会公共服务方面的积极作用。

高校图书馆在宣传推广公共文化服务的进程中，必须从多个方面着手来保证实际宣传工作的质量：第一，政府利用多元媒体途径宣传推广高校图书馆主要涉及政策、资源、注意事项等方面，目的是让全社会都能够从多个角度正确认识高校图书馆，了解图书馆发挥的公共服务职能，以及能够给社会读者带来的便利。第二，高校图书馆要和社区进行密切的合作，在社区当中通过建立专栏或者是发放传单等不同的方法，对高校图书馆进行宣传。具体来说，可以组织专门人员去社区及村镇，给社会人员宣传学习知识和获得多元化信息资源的重要价值，同时通过组织开展读书讲座、读者座谈会、图书展览活动等多元化的宣传方法，让社会用户了解高校图书馆拥有的馆藏资源和高校图书馆承担的职能，同时积极吸纳社会人员主动投入图书馆工作当中，利用现场参观等多元化方法打造地下互动的良好格局，有效缩短高校和公众之间的距离，让高校图书馆在广大社会群众之间产生较大的知名度。第三，高校图书馆要在自身宣传工作方面加大工作力度。具体来说，可以借助高校以及图书馆的主页开展宣传推介活动，当然也可以组织实践活动来达到宣传目的。比如，编辑宣传手册和宣传片、组织开展阅读活动等。其中特别要注意在设计图书馆主页时要有条理性，保证结构恰当，主次分明，彰显图书馆风格，同时融入人文关怀，让读者感到亲切，同时还需要在主页的设置方面加入互动性元素，设置答疑解惑的栏目，让越来越多的读者感受到来自高校图书馆的人文关怀，让读者享受网络带来的个性化及人性化服务。

三、灵活参与，维护经济效益与社会效益平衡

通过对当前的实际情况进行分析，高校图书馆提供公共文化服务更多是为了满足图书馆发展建设的实际需要而展开的一种临时性的合作与协调互动。比如校际联合共建图书馆，政府实际上是想要建立现代城市标志性的文化名片，高校方面是想要得到政府给予的诸多优惠政策与资金。目前高校在办学过程当中得到的各项资金，除了要依靠公共财政支持之外，还必须得到政策方面的优惠与支持，所以严格意义上说，高校是准公共组织。这就给高校主动投入公共服务领域，参与经济建设，提供了极大的便利。很多高校用创办经济实体等不同的方法参与到科技研发以及人才建设的工作当中，除了给社会经济建设提供科技方面的支持之外，也得到了经济效益。不过当前高校社会的经济活动，更多的是非物质性的实践活动。长时间以来，假如被视作国有资产的高校物质资源获得经济利益，常常会受到非议。高校图书馆承担的主要职能是要给学校的教育教学以及科研工作提供优质的服务与必要的支持，而参与公共文化服务一定要在成本上进行付出，不管是高校还是图书馆都不会愿意主动参与其中，这会额外增加成本花费。一项实际活动，想要拥有活力和巨大的生命力，从根本上还是需要依靠利益机制来达到目标的。

现如今在高校图书馆的公共文化服务建设当中，尚未建立科学恰当的利益平衡机制，也正是因为在这一方面存在欠缺，影响到公共文化服务的有效推进。所以要把关注点放在解决图书馆，参与公共文化服务的成本补偿以及运行机制方面。在众多的解决问题的方法当中，高校图书馆参与政府服务委托或项目购买是比较可行的方法。高校图书馆通过参与公共文化购买的形式，服务社会的广大用户。政府公共服务购买的含义是政府把原本政府组织实施服务于社会与人民生活的事项，交给个人或拥有相关资质的社会组织，结合组织提供服务的质量与数量，依照一定标准评估之后进行支付。这样的模式属于政府提供公共服务的一种创新性方法。结合具体的情况，可以利用招标、竞争谈判、询价等多元化的方法来达成目标。由社会组织负责提供公共文化服务，在回应性方面更为明显及优势也远远大于政府直接提供服务，尤其体现在可以满足公众多元化和异质性需求方面。

四、以人为本，开展多层次服务

高校图书馆开展公共文化服务，既要有开放的观念，也不能全面撒网、盲目

行动，要在坚持开放的前提下突出重点，尤其是要为那些急于需要信息帮助、急于提高自身文化素质的弱势群体提供服务。在提供对外服务方面，可结合本校教学科研信息利用情况和图书馆的馆舍、设备和文献资源现状，针对不同的用户及用户的不同信息需求提供多样化的服务。

（一）提供传统的基础性知识利用服务

可以为学校附近的居民办理借阅证，为他们提供报刊阅览和图书借阅服务。提供文献下载、打印、复印、扫描等服务。

（二）发挥网络优势，为社会用户提供网络知识信息服务

网上图书馆和其他的图书馆类型相比，非常显著的特点是可以打破时空限制，具有高度便捷性和便利性的特征。高校图书馆需要结合本地经济与社会发展的重点及热点内容，积极整合各项网络信息资源，把网络平台上存在的原本无序分散的信息进行归纳总结，并对其进行合理分类，让无序状态下的动态信息变成稳定有序能够有效存取的信息资源，并且运用多元化的服务方法满足本地用户的信息需要，在广大用户和网络平台之间搭建沟通互动的桥梁以及纽带。高校图书馆要注意发挥主业的积极作用，对图书馆的馆藏文献、服务类别、知识结构等诸多内容进行细致的说明，让广大社会用户通过对这些信息进行分析和阅读，积累科学文化知识，提高科学文化素质。另外，可以借助网络化手段及发挥咨询部门的积极作用，给用户提供问题咨询、科技查新等诸多服务内容。

（三）利用高校优越的师资和文献信息资源，为社会用户提供个性化的服务

不管是哪一所高等院校，在学校设置的大量专业当中，总会有一个或几个专业在本地，或者是在全国范围内是最具特色的。特色专业的文献保障力及学术科研水平，有着很高的权威性及知名度，能够得到社会读者的信任，所以可以积极发挥专业特色方面的优势作用，把高校的特色专业信息进行有效的开发与利用，打造专门的特色数据库，充分发挥数据库的社会与经济效益。高校图书馆可以在现代信息载体的支持和保障之下，紧紧围绕社会所需的差异化信息，制订针对性强的服务方案，对特定范围当中的网络信息进行收集与利用，结合个性化需要，为用户发送符合他们实际需求的知识与信息，为用户的个性化阅读提供必要的支持。面向政府、企业、科研等相关部门提供信息咨询、可行性调查、项目研究、定向跟踪等有关服务，让这些组织机构的实际工作要求得到有效满足。比如说广

西师范大学图书馆向广大科研人员提供有关罗汉果、白头叶猴等信息资料，同时建立长效的信息沟通互动机制。高校图书馆可以充分发挥在文献资源与人才资源等诸多方面的优势作用，对图书馆拥有的丰富信息进行宣传推介，组织实施内容丰富和形式多样的教育培训活动，让广大读者在较短的时间内掌握现代技术设施设备的使用方法，学会检索查找多元化的信息资料。组织开展科普类的实践活动，举办讲座与学术报告并且研发多种内容的宣传品，将先进的科技与文化知识传播得更远更广；组织开展传承发扬中华文化的展览、读书辅导等实际活动，在校外进行知识宣传，设置宣传周活动，在校内落实读书月活动，有效建立良好的阅读氛围，优化社会环境。利用这些实践活动，能够进一步促进素质教育的深入推进与落实，为终身教育的长效发展和学习型社会的建立创造良好的条件。

（四）联合发达地区图书馆扶持西部贫困地区图书馆

我国的西部地区经济条件比较落后，所以西部的图书馆受到经济条件落后、资金紧张等情况的影响导致藏书的数量以及质量都处在较低水平。我国的中部和东部地区的图书馆，因为经济比较发达，各项技术与信息资源丰富多样，除了具备纸质文献资源之外，还有很多电子数字化与网络化的信息资源，藏书的数量和质量都是非常高的。近些年以来很多高校在办学方面进行了方向的调整，在专业安排方面也进行了转变，图书馆原本的藏书资源需要进行重新的设置与优化，要购入和当前新专业密切相关的图书资料，剔除和新专业没有多大关联的图书资源。剔除的图书资源仍然是非常宝贵而又至关重要的信息资源，这些资源不应该被浪费，可以通过捐赠的形式，捐给西部贫困地区的图书馆，对西部图书馆馆藏进行有效的丰富挖掘和拓展，让这些文献资源可以最大化地得到利用。就拿石家庄经济学院来说，受到其专业特性的影响，图书馆当中包括大量与矿物、地层、岩石等密切相关的图书资源。从 20 世纪 90 年代开始，因为学校调整了办学方向，在专业安排方面进行了调整加入了很多的新专业，这些专业涉及法律、金融、营销、公关、外语等多个方面，所以学校的图书馆当中就购入了很多和这些专业存在密切关系的图书文献资源。因为馆舍非常有限，新书要有大量馆藏空间才能够全部上架和安排完成，于是要剔旧补新。石家庄经济学院就把剔除的旧文献资料捐给了西部贫困地区的图书馆，让这部分资源可以在西部地区得到有效的利用。

（五）结合农村实情开展教育扶贫

农村文化站缺少完备的设施设备，管理人员的文化层次和素质修养较低，不具备针对图书馆里的丰富基础理论知识和专业业务知识，在购买图书方面侧重于市场畅销书，导致所购置书籍的质量很低，无法满足农民想要通过读书获得职业技术知识的需求。面对这样的实际情况，高校图书馆可以充分发挥资源方面的优势，为农村文化站捐赠先进的教学设施设备、办公设备、图书资源等；可以组织开展多元形式的教育培训班及专题讲座活动针对农村文化站的图书管理人员，实施全方位的业务培训以及职业道德素质教育；组织实用信息资源的发布会，顺利完成多元信息的传播和推广，让基层用户从中享受到更多的图书便利，同时也让图书管理者的业务素质得到充分的锻炼与发展。

五、加强高校图书馆与其他图书馆的行业合作

要提高高校图书馆公共文化服务的效率，只靠某一个或某几个图书馆是难以完成的，必须充分发挥各种图书馆联盟优势互补的整体效能，与各级各类图书馆灵活开展合作，尽量满足社会用户的文献信息需求。

（一）充分发挥图书馆联盟的作用

目前，我国高校图书馆结成联盟的主要有系统内的高校图书馆联盟、地域性的中心图书馆，也有行业性的图书馆联盟，如农业系统的高校图书馆工作委员会、医学系统的工作委员会，还有数字资源的图书馆联盟，如 CALIS、CASHL 等。这些不同的高校图书馆联盟，在各自的系统当中，互相合作，共建资源，互通信息，基本达到资源共享的状态。

今后需要加强的工作主要包括：第一，加大各联盟馆之间资源的共建共知，把不同联盟图书馆之间的信息资源纳入某一高校图书馆的资源库中，尽可能地增加本图书馆为社会用户提供的文献信息总量。第二，提高各联盟文献信息资源的使用率。从现状来看，所有图书馆联盟的资源共知状态比较好，而共建和共享仍然达不到理想的结果，需要进一步采取措施，如馆际互借、共建网络平台、远程传递等，提高联盟各成员馆的文献信息使用率。第三，有效制定和落实必要的协议规则以及服务评价标准，其重要目的在于保证各个成员馆之间进行人力与信息等诸多要素的流动，有效提升服务水平和服务效率。第四，注意对资源分布进行优化调整，做好整体分工和梯度的合理安排，有效打造全面性的产业链，通过整合整体优势，有效应对外界的激烈竞争。第五，构建覆盖本区域，同时又和国内国际接轨的信息资源共享平台，通过积极发挥市场机制的运作作用，有效提升社会化服务水平。第六，做好区域图书馆之间的资源收集与规划衔接工作，避免发生重复建设的问题。哪怕是处在同一区域当中，不同类型的图书馆也要积极进行特色建设，选出与自身资源类型最为恰当和最能够凸显个性的资源。在跨区域及

行业的资源重组建设当中，要积极打造有效的分工体系，关注资源梯度划分和合理性分工有效增强优势，建立完善化的产业链，产生区域产业联动效应，通过发挥区域联合的积极作用，获得整体性的竞争优势，在与外界竞争的过程当中，占据优势地位。第七，对已有的基础进行有效运用，积极建设信息基础设施，建立信息资源共享平台和综合性的服务体系，为信息技术的研发以及应用工作提供巨大的便利，同时也让区域之间的各项资源实现有效公开和共事。打造顺畅互动的信息交互平台建立覆盖面广和服务全面的联合体，沟通互动网，打造图书馆之间资源的大流通局面，保证融合共享目标的达成，真正让区域当中的各个图书馆形成良性互动和密切沟通的良好格局，将竞争与合作统一，最终实现共同发展。

比如，同济大学、东南大学等 10 所高校建立的卓越联盟，通过密切的合作互动，打造卓越联盟的图书馆知识共享服务平台，该平台把联盟当中各个高校的多元化信息资源进行了有效联合，实现了图书馆资源的共建共享，在其中获得了诸多丰硕成果，也为高校卓越人才的培育工作提供了重要支持，让卓越高校在科研、社会服务、文化继承发扬等诸多方面发挥积极优势。

（二）加强图书馆行业内的合作

图书馆行业内部合作，主要包括高校图书馆之间、高校图书馆和中小型图书馆、高校图书馆和公共图书馆之间以及高校图书馆和基层图书馆的合作。其中，高校图书馆和地方公共图书馆及基层图书馆的合作对推进公共文化服务水平作用表现得很明显。高校图书馆无论是藏书资源、运营经费的投入、馆舍建筑的规模，还是在岗人员的数量，都具有公共图书馆无法比拟的优势。然而，许多高校图书馆文献资源的浪费和大量闲置，这和公共图书馆资源严重不足形成严重反差，矛盾日益突出。高校图书馆应主动和公共图书馆开展馆际协作、馆际互借服务，构建所在区域的文献信息保障网络，使高校图书馆的部分闲置资源得到有效的利用。高校图书馆与公共图书馆合作，在为高校师生提供教学、科研服务的同时，也为城市居民提供信息资源、社会教育和文化休闲等服务，有助于实现高校图书馆的教育职能、信息服务职能与文化休闲职能。通过扩大服务功能，高校积极主动地为地方经济发展、社会进步和文化建设提供综合服务。

2000 年以来，南京大学、南师大图书馆联合南京市图书馆成立了"民国文献与书目研究室""品牌与特色专业教学实习基地"，高校参与到社会教育机构的教研活动中，效果也很好。这些都是高校图书馆合作的成功实践，为公共文化服务体系的建立奠定了坚实的资源基础。公共文化服务体系是一个庞大复杂的综合体，单凭一方的力量是难以建立的，要实现可持续发展的重要一点就是通过社会化共享组织来加强各机构的合作与协调，形成集中统一、行为规范的共建共享的运行机制。目前，我国的 CALIS 和 CASHL 全国文化信息资源共享工程，NSTL 和 CADL 这几大分属不同系统的共享联盟在协调系统内图书情报机构共建共享的基础上，正在考虑联合起来，构建全国的信息资源共享网络。这一举措必将促进全国公共文化服务体系的发展。

六、改革内部管理体制，完善服务评价体系

（一）改革高校图书馆内部管理

第一，要将馆务委员会作为根本指导，在此基础之上积极推广落实馆长负责制以及馆务公开制委员会当中的成员，除了包含校长以及馆长之外，还必须要有不同层次的读者参与其中，并合理安排读者的数量。第二，在核查确定办馆规模的根基之上，落实工资成本总量的定量管理。校长和馆长签订责任合同，学校管事不管人，而图书馆则进行分类管理，根据不同的岗位性质设置相应的管理人员，以便在人才利用当中降低成本，提高人才利用效果。第三，利用招标及外包的方法进行文献的采购及公共事务的处理。这样的方法能够有效杜绝贪污腐败的问题，也能够在一定程度上压缩人员编制。积极建立类型多样和载体丰富的文献共存互补一体化布局模式，让读者享受到一站式服务。把整个书库划分成主题和分类检索区。主题检索区涉及的是拥有极高利用率的文献资料，将专题作为有效依据进行排列。后者主要涉及的是流通率和利用率相对较低的文献资料，依照分类的方式进行安排。第五，积极落实专业人员的上岗资格认证制度，竞争上岗制度，聘任合同制度。利用这样的方法完善用人机制，提高专业人员的综合素质，有效发挥各个专业人员的职能与价值。第六，利用模糊量化的处理方法，对量化工作处理难度较大的情况实施认定式量化处理，依照初、中、高级读者及基础、技术、参考咨询服务设置不同的权值。如果馆藏资源以及读者出现了变化，那么在工作量认定方面也需要进行重新划分。第七，与相关层次的读者进行比例性合作，针对服务质量与效率进行按年评测，给出年终考核的指标和根据坚持绩效优先、兼顾一般的工作原则和职务晋升，以及继续教育等情况密切关联，向超额完成工作任务的进行倾斜，激励他们主动投身社会服务。

（二）建立科学的服务评价体系

科学合理的评价体系是做好一项工作最可靠的保证。要持久、深入地开展好高校图书馆公共文化服务工作，除了以上措施外，还要建立健全科学实用的评价体系。

评估图书馆的服务质量水平，首先需要给出准确性的评价标准。这样的评价应是"基于用户的图书馆服务质量评价"，是"用户以自身感受为基点对服务质量进行的评价"。由此观之，评估图书馆服务质量的评价，要将用户以及广大读者作为核心，把根本评价标准作为他们的服务满意度。以下提到的两个指标是图书馆服务评价体系建设当中至关重要的两项指标。

1. 用户满意度评价

用户满意是图书馆实现全面质量管理的根本基础，也是落实全面质量管理的根本原则，实现用户满意是全面质量管理的最终宗旨所在。

用户满意度是评价图书馆社会化服务质量的核心构成要素，所谓满意度指的是个人通过对产品与服务的感知所获得的效果和个人期望值对比之后形成的一种感觉。高校图书馆的用户满意是用户通过感知图书馆的信息产品与服务与用户的原本期望存在的关系。如果用户使用后的感受符合或者是超过期望，用户会觉得满意，也会肯定各项服务的质量。让用户满意，同时吸引用户主动参与图书馆服务和产品的体验，是推动图书馆持续健康发展的重要动力。所以，用户满意度评价需要包括三个方面的内容，分别是图书馆信息产品满意、服务满意和感知满意。其中产品满意是基础，服务满意是核心，而感知满意则是关键。

用户满意度测量方法一般分为面对面咨询和通信咨询两种。面对面咨询是根据预先设计好的满意度指标和调查内容，对抽样到的用户进行详尽的访问，使访问者对图书馆使用产品的情况有系统、全面的了解和总体把握。

2. 图书馆绩效评价

构建图书馆绩效评价体系，实际上就是对图书馆发展建设当中的不同要素的运转效果和产生的服务效益情况进行评价。高校图书馆是一种非营利性的组织机构，对其组织运行情况进行绩效评价，要求以以人为本的思想作为根本指导，始终围绕服务于用户的宗旨，推进各项工作的落实，利用研究图书馆的运行情况，及时获知其中产生的问题，让广大馆员参与到图书馆管理建设的全过程，为馆员个人价值的实现提供重要保障。在绩效评价体系建设当中需要从以下两个层次出发。

（1）整体绩效评价。把图书馆当作组织站在整体的角度对其运行的效率与效益水平进行有效评估，主要包括以下几个方面的评估和评价：第一是资源建设效益的评估，主要包括馆藏文献、人力资源、馆舍设备设施的绩效评价这几个方面。第二是读者服务效益的评估，主要包括基础服务、技术服务评价这两个方面。第三是图书馆内部工作管理效益的评估，主要包括党务建设、行政管理工作与业务部门绩效评价这三方面。

（2）馆员绩效评价。图书馆给广大用户提供社会化服务支持，需要有综合素质过硬的图书馆馆员作为必要的智力和人力资源支持。图书馆的全面质量管理建设当中，需要积极运用多元化的方法和策略，提升广大图书馆馆员的综合能力，调动图书馆馆员的积极性以及创造性，让广大馆员的自我价值得到实现，也为图书馆工作的长效发展做出突出贡献。结合岗位性质的差异化评估要求，需要从以下几个方面着手对图书馆馆员进行绩效考核：①"德"包括职业道德水准和为用户服务的精神；②"能"包括专业职称、业务能力、创新精神以及指导他人的能力；③"勤"包括劳动纪律性、学习业务和工作的积极性；④"绩"包括业务工作取得的进展、质量以及在学术研究上取得的成果。

第八章 互联网时代高校图书馆与文化服务行业的融合发展

第一节 高校数字图书馆与数字文化服务平台的融合发展

从 20 世纪 90 年代开始，在网络信息技术快速发展新技术手段普及程度逐步扩大，尤其是在知识经济时代到来的背景下，人们开始真正意识到信息是发展知识经济的根基所在，掌握了信息就相当于手中持有了经济发展的主动权。所以对网络信息进行合理化的组织与运用，开始得到了世界各国与各地区的普遍关注。在这样的背景之下，数字图书馆产生并且快速发展起来，成了各国纷纷投入和关注的热点。西方的发达国家和一部分发展中国家在政府方面的支持和推动之下，主动投入到数字图书馆的建设和研究工作当中，也在这一方面得到了很多突破性成果。数字图书馆目前已经成为国际领域进行高科技竞争的一个制高点，成了评估国家信息基础设施水平的标志。

一、数字图书馆的概念

数字图书馆是将数字技术处理与存储作为重要依据发展建设而成的，具有图文并茂特征的图书馆新类型。从本质角度上看，数字图书馆是多媒体制作完成的一种信息系统，将多元载体和来自不同地点的信息资源，利用数字化技术进行存储以便突破区域和对象的限制，实现网络化查询与自由传播。数字图书馆涉及信息资源加工到利用的整个过程。如果通俗地对数字图书馆进行解释，我们可以说数字图书馆是虚拟的不存在围墙的图书馆，是一个以共享共建知识网络系统为根基，能够打破时空限制，实现跨库无缝连接和智能检索的知识系统。根据构建主体的不同，现有数字图书馆可以被划分为 5 种基本类型：基础组织型、区域建设型、内容集成型、出版发行型与搜索平台型。

二、高校数字图书馆的建设

众所周知，高校是科技创新、文化升级、社会进步的重要推手。数字图书馆更是借助高速发展的数字信息技术，将图书馆的服务功能发展到了更加完善的程度。目前，我国国内图书馆的数字化建设基本已经具备一定的规模，它们的数字化资源从内容或主题上相对独立，并且也可以作为网络设备和通信条件为广域网服务。在管理方面，图书馆实施数字化建设后基本打破传统图书馆的部门设置，实现了以数字信息资源生命周期为基础的全流程管理。

（一）高校数字图书馆发展历程

我国高校数字图书馆研究项目在 1999 年 3 月启动，2004 年 11 月进入实质性的建设阶段。以国内数字图书馆建设的领军高校——北京大学为例，2000 年北京大学数字图书馆研究所成立，该所在数字图书馆模式、标准规范、关键技术等方面的研究均取得了一系列成果，这为北京大学数字图书馆的建设奠定了理论基础和技术基础。至 2008 年，北京大学颁布"北京大学文献信息资源体系管理办法"，为我国高校数字图书馆建设探析加强数字图书馆的服务水平和体系建设奠定了制度基础。2009 年年底，北京大学数字图书馆初具规模，拥有 30 多个院校图书馆作为其分馆。2011 年，北京大学数字图书馆正式拥有大量引进和自建的国内外数字信息资源，包括各类数据库、电子期刊、电子图书、多媒体资源和学位论文约300 万册（件）。国内众高校数字图书馆中，清华大学数字图书馆、浙江大学数字图书馆、北京大学数字图书馆走在高校数字图书馆建设队伍的前列，其数字图书馆资源丰富、技术先进、信息更新及时且富有特色。

在著名大学探索的基础上，2002 年 5 月 16 日，中国高等学校数字图书馆联盟成立。该联盟由中国高等教育文献保障系统管理中心联合 22 家高等学校图书馆共同发起，致力于为中国高校数字图书馆建设提供指导和服务。根据《中国高等学校数字图书馆联盟章程》，联盟将作为中国高等教育数字图书馆资源建设和技术发展的指导机构，本着"整体规划、统一标准、联合建设、共享资源"的宗旨，为高校数字图书馆的发展制定统一的规范和标准，并在数字图书馆领域推广这些标准，为联盟成员单位提供合作和交流机会，使联盟成员单位在数字图书馆的建设过程中协同发展。目前，中国高等教育数字图书馆已建成 1 个中心站和 32 个省级站点。

（二）高校数字资源建设情况

目前国内高校图书馆的数字资源，主要包括引进和自建两种方式。引进是指通过购买现成电子数据资源的方式，以高校教学、科研特色为指导，在购置丰富的综合性文献的基础上，对重点学科、重点专业进行电子资源引进。而自建则针对不同高校的藏书特点，对信息资源进行深入加工，建立专题数据库，并提供个性化的服务项目。以发展的眼光看待高校数字图书馆的建设方式，"引进"是"自建"的基础和铺垫，由前者到后者的发展过程以及两种建设方式的并存，在本质上是一种递进关系。多数高校数字图书馆也正是沿寻着"引进""自建"直至两者并存的顺序建设发展的。

电子数据资源的引进。高校数字图书馆引进电子数据资源的最主要途径是直接购买数据库，而引进电子数据资源的准则是考察数据类型和资源内容是否适合图书馆的目标用户。具体来说，高校数字图书馆应主要根据学校的学科设置情况，有针对性地选择能够涵盖主要学科的数据库。需要注意的是，在选择待引入数据库时应考察数据库信息来源的权威性，原因是相关领域权威机构、专家、政府部门的信息比较准确、可靠，能够更好地为读者服务。目前，国内各高校数字图书馆均引进了大量电子数据库。中文电子数据库主要包含中国期刊全文数据库（CNKI）、万方数字化期刊全文数据库、维普资讯中文科技期刊数据库、超星电子图书包库站、CALIS高校教学参考书全文数据库、读秀知识库等；常被我国高校数字图书馆引进的外文数据库主要有以下几个数据库：Academic Research, Library（Pro Quest）, Science Direct（Elsevier）, Net Library, My Library, Springer Link等。

自有资源数据库建设，简称"自建"，是除"引进"之外的高校数字图书馆建设的另一个重要途径。这种高校数字图书馆建设方式是指充分利用图书馆的优势资源及特色资源，自行建立各种全文数据库、多媒体资源数据库，从而形成丰富的数字化资源。近年来，大多数高校数字图书馆受益于中国教育和科研计算机网（CERNET）、中国科学技术网（CSTNET）、中国宽带互联网（CHINANET）等提供的良好网络数据通信条件，并以此为基础，对所在高校馆藏进行有计划、有步骤的数字化转换。曾有学者选取国内31个省、直辖市和自治区中的64所本科院校（每一省、直辖市和自治区选取两所，其中一所为"211"层次院校，一所为随机抽取的普通本科层次院校）作为调查对象，调查发现平均每一个高校图书馆拥有4个自建数据库，而且"211"层次的高校与普通高校并没有明显的区别，但不同学校之间，自建数据库数量差别很大。

三、国家数字图书馆与国家数字文化服务平台

（一）国家数字图书馆的建设

国家图书馆自1995年起开始跟踪国际上数字图书馆的研发进展。1998年，

国家图书馆向文化和旅游部提出申请，由国家立项实施"中国数字图书馆工程"，并开始了中国数字图书馆工程的筹备工作。2000 年 6 月 1 日，李岚清对工程建设做了"建设数字图书馆工程的主要目的，是有效利用和共享图书信息资源，有巨大的社会效益。国家图书馆应为我国数字图书馆的核心，要防止重复建设，对方案要认真论证，精心实施"的重要批示。2003 年 1 月，原国家发展计划委员会正式批复工程项目报告。

中国数字图书馆工程的建设坚持"统筹规划、需求牵引、科技创新、滚动发展"为指导思想，坚持公益性为主、资源建设为核心、统一标准规范、开放建设与利益共享、开发与引进相结合等原则进行建设。其总体建设目标是：通过资源建设工作的组织与实施，建成超大规模的、高质量的分布式中文数字资源库群并提供网上等多种服务；联合引进若干国内需要的国外专题资源库并实现共享；实现全国大部分地区图书馆文献资源的联合目录系统。

项目自实施以来，依托中国国家图书馆的宏富馆藏资源，已建成国家数字图书馆国家中心。并以此为基础，逐步建设了具有模块化、开放性、互相联通，并且稳定可靠、可扩展的计算机网络与存储体系。在技术研发方面，开发完成了数字资源加工系统、数字图书馆应用系统、数字图书馆区域服务系统和文献数字化工业化生产加工系统；在知识产权解决方面进行了有益的探索，并组织开发了版权管理系统；积极参与数字图书馆标准规范的研制工作，制定完成了《中文元数据方案》等。目前，国家数字图书馆已建成了中国最大的数字文献资源库和服务基地，数字馆藏资源规模不断扩大，类型日益丰富，数字资源总量达 1600TB，并以每年 100TB 的速度增长。

国家数字图书馆工程是一项具有战略意义的民族文化工程，为融入人们社会生活，不局限于图书馆场所的社会化、专业化、个性化的信息提供基础设施。它是数字信息的一种有效组织与提供方式，具有信息存储量大、检索速度快、自由跨库查询等特点，人们在任何时间、任何地点通过网络都可以获取所需信息，极大地拓展了图书馆的服务外延，使之成为跨越时空限制的网上知识中心和信息服务基地。

（二）国家数字文化服务平台

国家数字文化网 (www.ndcnc.gov.cn) 由中华人民共和国文化部主办，文化部全国公共文化发展中心具体承办，是集中体现文化信息资源共享工程文化传播、社会教育和基层信息服务功能的综合性公共数字文化新媒体服务平台。

作为文化信息资源共享工程的国家中心站点，国家数字文化网共设有三大板块，30 个频道页。新闻资讯发布板块以权威信息发布主导，推送国内外最新文化动态和公共文化服务领域相关资讯；文化资源推介板块利用文化共享工程海量资源优势，针对服务对象设计不同的资源服务方案，已发布视频超过 8000 个；公共文化工作交流板块则以交流共建为特色，发挥业界开展群众文化活动互动交流和综合性公共文化电子政务平台作用。2017 年全年，国家数字文化网登载各类文化信息 24525 条；累计提供音视频资源 69490 小时、284223 部（集），高清美术图片 30570 张，电子图书 2569 本，多媒体课件 3159 个，以及部分益智互动游戏。

全国文化信息资源共享工程是我国政府"十五"期间启动的一项公益性的全民文化共享工程。该共享工程旨在：充分利用现代高新技术手段，将中华民族几千年来积淀的各种类型的文化信息资源精华以及贴近大众生活的现代社会文化信息资源，进行数字化加工处理与整合；建成互联网上的中华文化信息中心和网络中心，并通过覆盖全国所有省、自治区、直辖市和大部分地（市）、县（市）以及部分乡镇、街道（社区）的文化信息资源网络传输系统，实现优秀文化信息在全国范围内的共建共享。

启动以来，经过 10 多年的建设与发展，目前已建成以现有骨干通信网为基础城乡互联网服务体系。一期工程实现了"135"计划，即 1 个国家中心、30 个以上省级分中心和 5000 个以上县、乡、街道和社区基层网点的联网；二期工程基本实现了互联网"村村通"工程。

全国文化信息资源共享工程的数字资源体系是以我国各级公共图书馆为实施主体，以大文化的概念为背景，以文化系统的可控资源数字化为基础，突出文化信息资源特色，同时组织并整合与大众日常生活密切相关的社会文化信息；在资源整合过程中充分利用了数字图书馆建设的资源基础，以及国家图书馆等重点单位的资源优势。

全国文化信息资源共享工程资源共享模式：该工程的建设充分体现了"统一规划、统一标准、资源共享"的原则。系统采用对象数据同步技术，国家中心的资源门户网站，存放全部对象数据，提供对所有资源的应用服务界面。其他中心可以在上级中心或国家中心选择部分或全部对象数据，通过互联网等方式进行对象数据同步，并提供对本地存放的对象数据的应用服务，条件允许的可以通过互联网的方式访问国家中心或上级中心的门户网站，使用相应中心对象数据提供的应用服务。对于元数据在本地存放而对象数据不在本地的资源，可以通过互联网等方式激活上级中心或国家中心的资源发送服务，同步相应对象数据。或者直接访问存放在上级中心或国家中心的对象数据。对于不具备网络条件的基层中心可提供单机光盘版的服务系统。

全国文化信息资源共享工程是一项采用现代信息技术，对文化信息资源进行数字化加工和整合，通过网络最大限度地为社会公众享用的文化工程。它开辟了一个不受地域、时空限制的崭新的文化传播渠道，彻底消除不同地区在获取文化信息资源上的不平等，使文化信息能够经济、快速地传送到各地，使老少边穷地区的群众也能享受到优秀的文化精品，实现文化信息资源在全国范围内的共建共享。这对于迅速扭转中国广大中西部地区特别是贫困地区的信息匮乏和经济、文化落后的状况将起到显著的作用。

此外，全国文化信息资源共享工程将力图将多年来图书馆界、文化界、教育界、学术界、信息产业等各业开发建设的各种各样的数字信息资源进行整合，打破了文化、教育、科技、图书馆、博物馆和群众艺术多年来存在的信息孤岛现象，在全国范围内建起了一张文化信息"高速路网"。

四、高校数字图书馆与文化信息资源共享工程的融合

全国文化信息资源共享工程是以各级公共图书馆为基础构建起来的，所以高校数字图书馆的融入在技术上没有实质性的障碍。目前，全国文化信息资源共享工程的通信网络已基本建成，各省、市分中心的数字信息资源整合与建设正在不断丰富，高校图书馆作为区域重要的文献信息中心，完全可以开发丰富多彩的文化产品，真正融入区域公共文化服务体系。尤其对于地方性高等院校，可以通过与本地区其他高校和公共图书馆联合，以互联网媒介，通过全国文化信息共享工程为社会公众提供更多优质服务项目。

（一）联合打造数字学术资源库

文化信息资源共享工程的资金投入模式是：中央财政投入重点支持"共享工程"公共项目和国家中心的建设，各省级分中心和基层中心的建设主要依靠地方财政的支持。因此，各省级政府在建设省级文化共享平台时，都要尽最大努力发挥区域原有的资源优势，合理配置资源、减少重复建设。比如：重庆市采用区域化的高校数字图书共需科目资源共享建设模式，能使高校师生免费使用大量的、内容丰富的正版数字图书资源，避免各高校在公共科目数字图书资源上的重复建设投入，节约资金，做到区域性投入建设，各高校师生资源共享。2009 年，重庆市在市级行政部门统一安排部署下，建立了重庆市高校数字图书馆（以下简称高校数字图书馆），为市内高校免费提供公共科目数字图书资源、通识数字文献期刊及名师讲坛视频数据库的浏览访问。高校数字图书馆通过统一的图书共享系统，实现了全市 20 余所高校馆藏图书资源目录同步传递、查询。近年来，通过财政补

贴和学校配套资金的方式筹集了一批数字图书共享资源。其中包含：超星"'百链'云图书馆数据库""名师讲坛视频数据库""中文科技期刊数据库"，供高校用户在平台上开放使用。目前，重庆市高校数字图书资源共有：电子图书80000册、名师讲坛视频4000集，涵盖经典理论、数理科学和化学、文化科学教育体育、语言文字、文学艺术、历史地理39门学科。通过区域联合，重庆市高校数字图书已有成员馆共计44所，各成员馆用户都可免费访问高校数字图书馆资源。

（二）联合建立网络参考咨询

数据文献资源大平台的建立只是高校图书馆联合公共图书馆共同开展公共文化服务的基础保障。互联网时代，高校图书馆更应该发挥自己信息搜集、分析及再开发能力的特长优势，通过制定灵活的管理体制，拓宽科研服务的范围，使信息服务的对象不再局限于校内，将这种较高层次的高智力的科研支撑服务拓展至更多的社会公众及社会团体，实现高校信息资源更大的社会价值，为政府机关、企事业单位和社会团体制定政策、采取措施提供相应的决策参考，提升高校图书馆公共文化服务的水平和层次。

通过与本地区各级各类图书馆组建联合参考咨询网，高校图书馆可以充分利用高校的人力和智力资源优势，为社会提供免费的网上参考咨询和文献远程传递服务。比如山东省图书馆与区域各类图书馆合作，加入国家文化共享工程的联合参考咨询网，为全国各地读者提供网上咨询、短信咨询、电话咨询和QQ实时在线咨询4种方式的服务。2007年该馆加入联合参考咨询网后咨询数量迅速增长，当年回复实时咨询1272条，传递文献2387篇，位居加盟馆实时咨询排行榜第三；解答表单咨询26938条，传递文献65172篇。

（三）联合构建区域性数字阅读平台

随着科技的发展，数字阅读逐渐成了人们精神生活的主要内容。据了解，2014年我国人民的数字文化接触率达到58.1%，手机阅读的时长更是占整个阅读总量的绝大部分。而且由于经济、文化水平的局限，我国还存在相当数量的潜在数字阅读用户，这为数字文化的普及提供了广阔的发展空间。为了适应这一形势，满足更多人的阅读需求，抢占数字文化阅读市场，许多出版商与网络运营商联合推出各种数字文化阅读平台，如"龙源期刊""读览天下""天翼阅读"等。各数字文化阅读平台分别在不同区域内各有侧重点，吸引着不同的阅读人群，但是以地方特色文献为主的阅读是这些通用阅读平台所无法包含的。

随着新媒体服务的不断发展，现在手机用户通过移动图书馆、微信、微博共享数字资源，但是资源传输仍然要进行整合，通过资源共享虚拟网络，在上面建设数字文化阅读平台，将更好地共享区域内的数字文化资源。区域性的数字文化阅读共享平台是城市中心的文化集散地，应该以推送具有地方特色的文献阅读为品牌。因此，与区域内各类图书馆联合，共同建设地方特色数字资源库，并以此为基础开发地方文献阅读平台，是高校图书馆责无旁贷的任务。地方特色文献是一个地区发展的缩影，能全方位展示一个地区的经济、政治、文化等方面的特色，尤其地方志等类型的文献更是反映当地的历史变迁、风土人情，成为一座城市所有人民共同的宝贵记忆。作为同在一地的高校图书馆和公共图书馆，各自拥有的地方性文献往往互为补充，联合起来共同开发，共建共享，能够为地方文化发展做出重要贡献。比如吉林省内的高校图书馆就和地方公共图书馆联合，针对地方特色资源，建立了人参文献资源专题研究数据库、长白山动植物图片数据库、"吉林二人转"及东北抗联研究文献等数字资源。这些地方特色文献，通过数字阅读平台推送到读者手中，都非常受欢迎。

（四）联合开展文化下乡、科技下乡服务

自党的十八大提出"精准扶贫"的目标以来，全国各级政府都建立了各行各业在内的"精准扶贫"制度和举措。在此形势下，图书馆作为重要文化教育机构，理应以"文化下乡""科技下乡"等手段积极参与到扶贫工作中。目前，各地公共图书馆和高校图书馆以"精准扶贫"为目标的数字文化服务工作已有实践探索，并取得良好成效。比如：上海图书馆自 2016 年开始，开展精准扶贫"一对一"的文化帮扶对策，采用多媒体信息技术和云平台，开展数字文化的帮扶对策；吉首大学图书馆也开办了"互联网＋精准扶贫"的文化共享数字资源。然而真正建立起精准扶贫文化、科技信息服务平台，不仅需要畅通的信息网络，更需要高效专业的信息服务团队。高校图书馆作为信息资源中心和中介，在这方面可以发挥重要作用。一是根据地方产业结构和特色，组织相关专业人员开发馆内文献资源，建设"农业数据库"，以真正的专业知识服务农村和农民。二是组织相关专家通过线上讲座辅导等方式，提供科技信息的咨询、农学家在线答疑和网络远程的文化、科技教育培训等。三是精准扶贫数字文化、科技信息服务平台中建立"农村文化、科技远程教育"系统，可以将各类电子书籍、科学技术、农牧种养等教育培训的音频资源和视频资源上传至信息服务平台上，让受扶贫困户可以直接获取教育培训的音频和视频，便于他们之间进行交流。

第二节　高校图书馆与互联网教育的融合发展

　　随着社会经济发展和教育信息化的推进，教育信息化基础设施、教师信息化素养和数字化教育资源都得到了长足发展。尤其是 2015 年初，国家提出了"互联网 +"的产业融合理念，使得全社会更加关注互联网对于整个社会经济的提升带动作用。互联网教育的发展是国家战略"互联网 +"的重要组成部分，是教育改革发展的先锋和新锐，是加快教育现代化进程的有力引擎。互联网教育已成为教育现代化实现和提升的重要指标。互联网教育扩大开放的思维使教育走出了学校，跨越地区、国家，全球连成一片，实现了真正的开放。同时在"互联网 +"思维下，图书馆在跨界融合中也与互联网教育逐渐实现了无边界融合，对图书馆的发展和互联网教育的发展都产生了深远的影响。

一、我国互联网教育的发展

（一）互联网教育的概念和特点

1. 互联网教育的概念

　　互联网教育是随着当今科学技术的不断发展，互联网科技与教育领域相结合的一种新的教育形式。互联网教育的本质是教育，主要强调在认识教育本质的基础上依托互联网平台的优势，用互联网的思维重塑教育模式、教育内容、教育工具、教育方法和教育体系。互联网教育的上游为教育培训机构、出版社和学校，这些机构不但理解教育本质，拥有师资力量，而且拥有传统教育经验，作为互联网教育的资源提供方。

2. 互联网教育的特点

　　互联网教育的重要使命是弥补传统教育资源的不均衡状态，实现教育资源的合理分配，体现教育的公平性。借助互联网平台进行学习，可以通过身份认证实现终身教育。互联网教育的优势是突破了传统的年级概念限制，用户有进行主动选择学习内容和选择时间的权利，可以进行实时在线学习反馈和学习评价。此外，互联网教育能够通过各种终端和智能化设备随时随地学习，通过学习平台，用户可以分享学习心得，也可以与学习同一课程的网上"同学"进行交流研讨，进而实现团队化学习。

（二）我国互联网教育的发展历程

我国互联网教育自 1996 年起开始萌芽，经历了 20 余年的发展，其历程大概可以分为如下三个阶段。

1. 萌芽阶段及第一波浪潮（1996—2005 年）

1996 年，作为国内首家中小学远程教育网站 101 网校成立，标志着先进的网络教育模式在国内正式形成。同年，清华大学校长王大中提出发展现代远程学历教育；1997 年湖南大学首先与中国电信达成合作，创建网上大学，主要用于大学通信专业相关的课程教学，还可以帮助大学生接触电信公司实际工作所需的专业知识和技能。1998 年，教育部正式批准清华大学、北京邮电大学、浙江大学和湖南大学 4 所高校为现代远程教育第一批试点院校。1999 年，教育部专门制定了《关于发展现代远程教育的意见》；同年 9 月 CERNET 高速主干网建设项目立项，目标是在 2000 年 12 月前完成 CERNET 高速主干网建设，从而满足中国现代远程教育的需求。

从 20 世纪 90 年代后期到 2000 年左右，网络带宽非常有限，多数的互联网教育产品还是文档形式，可以用萌芽阶段来概括；直到 2000 年以后，才有了"三分屏"形式的网络视频课件，互联网教育进入到多媒体阶段，但是基本上还处于初期阶段。这一阶段远程教育的主要市场在高等教育，属于政策性市场，盈利也基本局限于高等网络教育，即 68 家可以颁发网络教育文凭的网络教育学院。

这一阶段互联网教育发展的突出标志是远程教育平台的出现。但这种远程教育在技术上超越了传统依靠广播电视等媒介的广播电视远程教育方式，"远程教育"的概念也逐渐走进人们的学习和生活之中。但是网络教育学院在试点高校内部的影响力甚微，并没有形成对高等教育发展有影响力的理论和网络教学模式；而这期间，并没有向社会输出足够的关于网络教育的真知灼见，没有在"知识竞争市场"中取得优势和信誉。

2. 发展探索期（2006—2011 年）

从 2006 年左右开始，互联网教育进入摸索前进期，市场容量在逐年升高。尤其自 2009 年以后有不少新企业介入，但是也有不少企业没有找到盈利模式而退出。与迅猛发展的门户网站、网络游戏、电子商务相比，互联网教育是一个增长比较缓慢的行业。

这一阶段社会力量培训机构开始进入互联网教育产业，出现了几家在海外上市的远程教育公司，如中华学习网、东大正保等。此阶段的互联网教育市场表现平平，可圈可点的企业不多。在国内高等学校试点远程网络教育的同时，国内的社会力量培训机构也尝试在线上运行，如2000年在全国英语培训市场影响较大的新东方学校开始在线上推广新东方网校。2010年起，在线教育正式进入互联网教育实质性在线教育阶段，伴随着教育类投资的热潮和创新创业趋势，教育模式发生了创新性的颠覆。

此阶段高清视频课件随着宽带网络和视频网站的兴起，开始成为主流，但大量的三分屏课程仍然在使用，网络学习体验差强人意。

3. 快速发展期（2012年至今）

自2012年起，由美国MOOC、可汗学院传来的互联网教育融资风暴开始影响中国。中国互联网行业，电子商务、网络游戏机会已经不多，互联网教育成为互联网大佬开始关注的行业。据投资界人士提供的统计信息，2014年有100多亿元资金注入到互联网教育行业，2015年有更多大笔资金进入，有些项目投资单笔规模均在数亿元以上。互联网教育掀起了第二波热潮，互联网教育创新时代的到来。

在此阶段，互联网企业开始涉足在线教育。互联网教育作为互联网产业的一个细分行业，已经得到了互联网巨头（腾讯、网易、百度、阿里）的重视，数以百计的新兴互联网教育企业（如猿题库、一起学习网、快乐学习网等）开始进入市场。

随着互联网教育的发展环境和空间越来越有利，在线教育受到资本市场的关注和热捧，大量的投资流入互联网教育市场。2013年11月18日，由中国经济网主办的"2013首届国际在线教育峰会"在北京举行。峰会上举行了"国际在线教育观察团"成立暨"国际在线教育百人访"大型深度视频访谈栏目启动仪式。惠普中国惠普大学网络教育学院执行院长薛永伟宣读了成立"国际在线教育观察团"的联合倡议书。2013年12月18至19日，由上海张江集团与沪江网联合主办的首届"互联网教育创业者大会"在上海浦软大厦隆重举行。BAT巨头们进入在线教育市场了。百度提出"打造生态教育平台，助力在线教育"的新定位，以提供在线教学工具和流量分发，帮助培训机构试水在线教育为目标，并投资了传课网，开始了百度在教育培训领域的新一轮探索。2015年我国互联网企业巨头腾讯、阿里巴巴和网易也介入互联网教育市场，腾讯的QQ增加教育模式、淘宝大学新推在线课堂模式、网易公开课引MOOC进驻，无一不是剑指在线教育。

（三）互联网教育的发展趋势

1.教育内容精准匹配，更好地满足用户个性化学习需求

相比传统教育而言、互联网教育所提供的内容与学习资源更加丰富多样。但资源的聚合带来内容的良莠不齐，教育资质的审核等问题。未来，互联网教育在发挥资源聚合优势的同时，更应利用互联网技术实现内容的筛选与用户的个性化推荐，获得更好的用户体验。通过互联网平台，让更多的教育资源组织起来，让更多过去在时间和空间上受到限制的人们能够通过互联网平台，享受到优质的教育资源。

2.大数据及人工智能等技术将持续助力教育行业创新发展

从传统教育到信息化教育，大数据及人工智能等新兴技术正在进一步迭代在线教育的形式。这当然也不断推进着互联网教育平台向纵深发展，促使其更加高效、智能且个性化。与此同时，大数据及人工智能技术也将促使行业间的竞争从初期的偏重内容竞争转变为重视内容、产品及底层技术的运用，从而推进行业形成争相应用新技术、改进产品设计的浪潮，促使行业整体创新。

3.细分领域走向专业化

随着在线教育市场细分领域的增多，专业性也会逐渐增强，未来会向专业化方向发展。一方面是现有的各个细分领域的专业性会增强，如音乐、编程等培训将会走向专业化道路；另一方面是随着专业性需求的提高而新增细分领域，企业的定位会更加精准。未来，稀缺的优质教育资源可以通过互联网科技传播得更加广泛，同时差异化个性化的学习内容，能够打破学习用户在时间方面的困境。对于大型机构来说，企业运营效率尤其重要；对于学生和家长来说，学生的学习效率很重要，互联网教育时代效率优势将被凸显。

二、高校图书馆与互联网教育融合的必要性

互联网具有强大的颠覆能力，是社会发展变革的重要驱动力。依托于互联网平台的互联网教育与承担学校教育教学资源收集整理的高校图书馆有着天然的融合优势。

（一）互联网教育机构与图书馆的业务相似

互联网教育机构与作为公共服务体系组成要素的图书馆有很多相似的地方，比如，都是属于第三方社会化服务机构，其功能和职责等都是通过第三方服务平

台,都具有社会教育功能。就学习的本质而言,图书馆所有的读者都是学习用户,图书馆本身就是一个学习的场所和机构。当起源于西方发达国家的互联网教育模式兴起的同时,图书馆界也对此十分关注,并在学术界就互联网教育和图书馆的发展关系展开了热烈的讨论。学者们普遍认为互联网教育的发展给图书馆带来了挑战和机遇,高校图书馆应积极参与所在学校教师的网络教学资源建设,并为本校学生打造合适的网络学习平台。

(二)高校图书馆的基本职能决定了二者融合的趋势

高校图书馆不仅是学校的信息资源中心,更是承担着为高校师生教学科研进行全方位信息服务的职责。在互联网教育迅速发展的阶段,高校图书馆不仅要考虑互联网教育带来的机遇和挑战,更要考虑自身以什么样的身份和角度参与到这场教育变革之中。由于互联网教育突破了传统的学校教学范畴,对于图书馆,尤其是高校图书馆不可避免地受到了这场变革带来的冲击。在大规模的开放环境下,图书馆能否永远发挥高等学校教育中独特的作用,自身的价值和地位是否会发生变化,变革过程中的风险障碍等,都成为图书馆人需要考虑的问题。但不论怎样,在互联网教育蓬勃发展的今天,作为读者学习场所的图书馆,必然和互联网教育进行融合发展,才能在变革中保持自己的存在价值。在互联网时代,随着互联网教育天然的依托互联网平台的优势和图书馆不断提高信息化程度,依托互联网开展各项图书馆服务的共同作用下,互联网教育和图书馆的融合趋势越来越明显。

三、高校图书馆与互联网教育的融合研究——以 MOOC 为例

(一)MOOC 的概念与特点

MOOC(Massive Open Online Courses)是大型开放式网络课程的英文缩写,它是一种以互联网技术为支撑、面向社会公众提供的公开免费线上教学课程。2007 年 8 月,美国犹他州州立大学的大卫·怀利教授将他主持的研究生课程通过互联网开放给全球有兴趣学习的人来参与,这应该是最早的大型开放式网络课程。在成为开放课程之前,这门课本来只有 5 个研究生选修,后来变成有 50 个来自 8 个国家的学生选修。作为互联网教育的代表形式,MOOC 既是一种信息技术,也是一种教育资源,主要具有以下特点。

(1)工具资源多元化:MOOC 课程融合运用了多元化的社交网络工具以及形式多样的数字化资源,建立了多元化的课程资源体系,同时也提供了各种各样的学习工具。

（2）课程易于使用：能够有效打破课程时空的局限，在网络技术的支持之下，让世界各地的学习者身处家中就能够学习到国内外大量有名的高校课程，获得丰富的文献资源信息。

（3）课程受众面广：能够打破传统课堂教学当中对于人数的限制，让大规模的课程学习成为可能。

（4）课程参与自主性：MOOC课程教育模式的入学率以及辍学率很高，要求广大学习者具备自主学习能力，能够结合自我的课程学习，需要完成课程学习的内容和相关课程学习要求。

（二）MOOC对高校图书馆的影响

MOOC的全新教育理念在带给课程教学变革、教育资源共享等方面重大变化的同时，也给图书馆发展带来了思想理念的巨大冲击。MOOC教育将图书馆为特定用户群体服务推向了为社会服务，将图书馆被动式的服务方式转化成了主动服务方式，使高校图书馆参与到全民学习当中，促使图书馆在社会发展分工中重新定位。

1.MOOC发展促使图书馆服务方式发生转变

MOOC平台在建设课程资源时强调选择优质课程资源，故而MOOC平台是一个优质课程资源的集合，优质的课程资源具有较强的辐射能力。传统的教学模式下，高校图书馆的数字化平台往往根据教学的组织要求推荐书目，通过为专业学习者提供图书文献资料的借阅、数字化文献资料的检索与下载以及信息素养培训等的适合方式，开展读者服务，完成教学辅助的支撑工作。这种传统的服务方式虽然为读者提供了较强的文献资源保障，但客观来讲，服务的精细化、及时性和实用性相对较低。对读者需求不能做出准确而又全面的判断，资源的推荐和学科资料的提供具有一定的主观性，资源利用并不十分充分，但要达到最佳的学习效果，需要对学习者的学习需求和行为进行深入的分析，这是一个相对复杂的过程。

MOOC教学中无论是教师还是学习者，对知识内容的把握比传统模式下要更加丰富、更加深入。每一个知识单元不但提供了基础知识，还往往构建了一种情景，帮助学习者扩展知识内容，加深对难点知识的理解和整体知识体系的把握。MOOC是一个优质资源的集成平台，优质的课程资源，利用现代化的技术手段实现了对知识的集成和重构，加速了知识的再利用。"MOOC首先是一组可扩充的、形式多种多样的内容集合，这些内容由特定领域相关专家、教育家、学科教师提供汇集成一个中央知识库。"这对学习者和图书馆都产生了重要的影响，彻底改变了以往课内与课外衔接不畅的问题，实现了课程的连贯性学习。每一个知识点形成碎片化，但同时又高度集成化地统一在一起，学习的过程不再被时空限制而中断，学习就可以随时随地地延续之前的学习内容，更加适合人们的学习思维方式，保证了学习效果。传统的学生利用课外时间去图书馆查找阅读资料的过程，被潜移默化地融合到了在线的课堂中，图书馆的角色发生了变化。

图书馆需要改变原有被动的服务模式，利用图书馆最新的信息资源和学科知识，嵌入教学的活动过程中，全程为课程教学提供，学科知识的检索、筛选等获取服务。帮助教师为学生提供精准、完整、丰富的课程学习资源，图书馆还可以加入教学团队，一起为学习用户提供在线参考咨询服务。慕课课程的授课教师，在做慕课的课件时就像一个导演指导拍摄电影一般。他需要事先在自己的规划中做好相关的计划，课程的哪一部分内容通过讲课视频来传授，哪一部分内容要线下学员通过阅读相关的材料来掌握、理解，而哪一部分内容要通过练习、考试等方式来强化学员的记忆。慕课课程还可以根据目前网络学习行为的普遍特点——短小、碎片化记忆，将相应的知识点的教学视频与参考资料及阅读材料等组合成为一个富媒体学习素材，依据课程知识体系的内在逻辑关系，融入教学管理的过程，从而构建起一种全新的教学模式，在这个模式中任何一个线下的学员既可按照自己的情况来自由地安排学习时间，同时也保证了学习过程中的系统性、有效性与严肃性。

2.MOOC 发展促使图书馆服务范围不断延伸

传统的图书馆服务，往往局限于特定的用户群体或特定区域的用户。而MOOC 强调的开放与共享，突破了传统教学模式的限制，这种大规模的开放式教学活动必然带来图书馆服务范围的大幅延伸。高校图书馆的服务范围，不再拘泥于特定的本校学生群体，而是向外校开放，甚至是向社会公众开放。它也突破了图书馆原有资源使用权仅限于本校读者的范围。它使读者用户群体突破了校园围墙的限制。传统的资源采购模式和资源服务与配置模式将面临困境，这对图书馆来说是一种变革，也是一种极大的挑战。

随着MOOC的发展，图书馆的资源内容也不再局限于对本校课程的支持服务。大规模开放的 MOOC 课程将成为学校课程体系中重要的组成部分，这就意味着学校图书馆需要提供本校学生学习的外校课程资源的相关配套服务。

要做到这一点，图书馆要解决自身服务能力的问题。由于学生通过第三方平台选择课程学习，图书馆需要确认他们作为学习者的身份，分析他们的学习行为和需求信息，从而有针对性地开展服务。这就需要图书馆与 MOOC 互联网平台之间要建立密切的合作机制，实现学习者行为和需求信息的共享，并能做到即时的信息传递。由于大规模的开放课程中相当一部分与本校图书馆资源之间关联度较小，为了保证学习者学习的流畅性和资料获取的便利性，图书馆需要解决这些学习者对于这些资料的使用权限问题。同时图书馆需要在多种资源的稀缺与重复矛盾之间，为这种混合性学习提供统一的服务，对现有的管理和服务体制进行变革，通过互联网技术平台解决自身资源和服务方面的瓶颈。

3.MOOC 发展促使图书馆权衡资源利用共享性和封闭性

在现阶段版权使用的许可约束下，找到图书馆资源有限开放与 MOOC 大规模在线课程开放之间的平衡，是图书馆为 MOOC 提供资源服务需要解决的重要问题。免费模式在 MOOC 的兴起中发挥了重要作用，学习者没有注册门槛的限制，也无须缴纳任何的费用，即可通过在线方式获得大量优质的课程资源，甚至获得学分的认证。除了教师拥有自主知识产权的课程资源，能够有效地实现免费外，其他相关配套学习资源的免费课程受到的限制较多。大规模开放的基础是资源利用的开放获取，但由于受到知识产权保护政策的限制，图书馆拥有的资源无法向全社会充分开放。图书馆需要从顶层设计层面解决资源大规模共享的使用许可和法律保障问题。图书馆是公益性信息服务组织，在知识产权限制框架下，图书馆拥有合理使用资源为自己的读者服务的权利。如果 MOOC 注册的学生能够合法地成为图书馆的读者，他们将能够进一步获取合理合法使用图书馆资源的权利。

（三）推动图书馆与 MOOC 融合进程的措施

1. 推动图书馆资源为 MOOC 提供全面的支持

图书馆需要对 MOOC 用户进行深入的调查和了解，分析用户的信息资源需求。通过用户信息行为的分析，帮助用户进行专业兴趣学习的定位，并主动结合用户的信息需求，提供具有针对性的资源服务，帮助用户顺利完成 MOOC 的学习任务。通过主动嵌入 MOOC 学习过程，让 MOOC 学习用户能够在学习过程中认识到图书馆资源和服务的重要性。通过发挥其社会公共影响力将高校、政府、社会团体以及互联网教育平台和其他组织联系起来，发挥优势促进 MOOC 教育的开展。同时，图书馆利用其资源优势主动嵌入原有服务范围内的 MOOC 教学，对服务范围内的 MOOC 资源的开发动态及时掌握，根据需要整理和收集慕课开发中需要的资源和工具，提供知识产权等相关的咨询服务，为 MOOC 开发者提供有益的资源指引。同时图书馆也可以发挥其空间优势和信息化技术条件，为用户进行 MOOC 开发提供空间支持，为 MOOC 的教学组织提供线下活动的配套服务。

2. 培养 MOOC 用户的信息素养

MOOC 的建设和使用都需要具有一定的信息素养，图书馆可开展相关的信息素养培训课程，为学习者提供本馆 MOOC 资源的介绍和使用方法的培训，结合用户的需求针对一门或几门 MOOC 的学习，提供资源查找内容呈现等方面的专题辅导。通过提升用户的 MOOC 信息素养，推动 MOOC 和图书馆的融合发展。同时图书馆还可以通过培训 MOOC 服务，提升馆员服务能力，做到根据用户的学习意愿和学习专长与兴趣，帮助学习者制定学习计划，跟踪学习进度，建立学习社交群组。同时利用图书馆的优势，为 MOOC 学习者提供丰富的线下活动，如课程答疑、小组讨论、阅读分享等活动，激发学习者的学习兴趣，增强学习者的参与程度。通过 MOOC 学习中不同阶段的学习参与指导，培养图书馆为 MOOC 学习服务的能力，促进知识的传播。

3. 做好 MOOC 相关资源的建设

资源优势是图书馆在与 MOOC 融合发展中的重要优势，图书馆通过整理图书馆与 MOOC 相关的资源，实现资源与学习内容的匹配，为用户提供馆藏指引、数字资源文献的浏览与下载等服务，促进馆藏资源建设的合理化和有效利用，辅助用户的 MOOC 学习。在"互联网+"环境下，MOOC 资源和 MOOC 的学习平台呈现多元化趋势，图书馆发挥资源整合的优势，可以建设 MOOC 统一集成服务平台，制定统一的分类和描述规则。按照不同 MOOC 资源的状况，提供专业化的指导和服务，借助互联网技术实现跨平台的 MOOC 资源的检索与获取。同时图书馆发挥存储优势，对 MOOC 资源进行二次筛选与整理，以数据库的形式进行保存和二次分类，将 MOOC 资源纳入馆藏资源体系，方便资源的再次获取和利用。

MOOC 教学模式是典型的互联网教育模式，互联网教育是互联网技术发展到一定程度的产物，随着移动互联网的发展，以 MOOC 为代表的互联网教育将更加深入和普遍地融入人们的学习和生活中。在互联网技术的影响和作用下，传统的图书馆也逐渐实现了变革和创新，逐渐向智慧图书馆过渡。智慧图书馆具有强大的信息资源整合能力，并能通过智能化的手段实现资源的有效整合和更好的读者服务。未来，在"互联网+"环境下，图书馆和互联网教育的融合将不断深入，融合的形式将不断多元化，融合的内容也将不断地延伸。

第三节 高校图书馆与档案馆、博物馆的融合发展

图书馆、档案馆和博物馆（Library、Archive、Museum,LAM）是传播知识、文化、信息的重要渠道，是社会重要的公共文化设施，在公共文化服务体系中占有举足轻重的地位。近年来，联合国教科文和国际图联等国际组织一直致力于促进"三馆"馆际合作的实践与探索，并取得了令人瞩目的有益尝试。西方发达国家政府及其信息机构，通过共建共享"三馆"信息资源和提供有效服务，实现了加强公共文化信息服务能力、提升国民整体文化素质和国家社会经济、科学、文化、教育发展水平的目的。高校图书馆也可以借助 LAM 的合作，实现更好为社会公众服务的目标。

一、互联网时代 LAM 的融合趋势

数字技术手段的迅速进步以及网络化环境的建立，已然突破了时间和空间方面的限制，给 LAM 数字资源整合发展提供了技术方面的支持。图书馆、博物馆等机构开始把馆藏资源进行数字化的转化，利用网络平台给广大用户提供多元化服务。但是各自为政的资源管理模式和分散性的服务模式，导致数字资源重复建设的问题，也影响到文化信息资源的利用以及共享。在这样的情况之下，对数字资源内容的基础结构进行有效整合，在宽泛框架当中完成资源配置，为用户提供深层与一体化资源服务成了各国 LAM 关注的重点。

在整合数字资源的过程当中，图书馆、博物馆、档案馆等机构需要处理共同的问题，这些问题表现在图书馆为了吸引用户，要在网络平台上公开馆藏资源的书目信息资料。档案馆为了方便文献资源的保存与利用，要把珍贵的历史文献资源进行数字化建设。博物馆为了提升展览集客率，将藏品展开数字化处理，将数字化图像在网站上进行展现，同时提供收藏品的有关信息，满足参观者的信息需要。正是在这样的环境之下出现了 LAM 跨界整合相关数字资源，实现信息资源共享，为用户提供更加优质和多层次服务的探索。

二、LAM 融合发展的内容

在数字出版技术手段不断成熟与网络技术发展繁荣的进程当中，开始有越来越多的图书馆、博物馆等机构意识到馆藏资源数字化与网络化建设具有极高的价值。在馆藏资源数字化成了 LAM 要共同面对与解决的问题之时，就出现了跨越

LAM 实现信息共享的问题。

（一）实现馆藏资源数字化

LAM 融合发展的主要内容就是对馆藏资源进行数字化，并通过信息技术将其整合在一个统一的平台上供用户使用，最终实现信息共享和知识连接。通过馆藏资源数字化并整合能够有效解决馆藏资源分布在时间和空间上的差异。在互联网时代之前，馆藏资源的数字化一直是不同地区和不同图书馆、博物馆和档案馆等机构横向协作的重要内容。但是由于受到数字出版技术、互联网信息传播方式等因素的制约，协作内容大多停留在构想和学术探讨阶段，应用到具体机构和组织的实践案例极少。馆藏资源的数字化程度和质量，也成为制约各个国家和地区LAM 协作的重要瓶颈，使得很多协作仅仅停留在达成协作意愿阶段，无法实现实质上的融合发展。为了数字资源的长期保存，世界各国都致力于数字出版技术和数字化信息资源整合技术的开发和实践。数字出版技术和数字资源整合技术的逐渐成熟，为 LAM 的馆藏资源数字化整合提供了稳定性、可靠性较好的技术环境。

（二）制定数字资源整合的技术规范

目前国外已在数字信息标准规范的制定上做了大量研究，并形成了一批非常成熟的数字资源融合标准，如用于开放档案元数据获取的互操作协议 OAI-PMH、用于数字对象编码和交换的元数据编码与交换标准 METS、用于元数据检索和数据传送的开放数字资源参考链接标准 Open URL、用于不同安全域中传输身份验证和授权凭证的 SAML 安全信息交换架构、用于不同系统间互操作的开放资源仓储系统参考规范 OAIS、在线信息交换标准 ONIX、Z39.50 协议、ISO 10160 /10161 馆际互借标准等。这些标准为 LAM 数字资源融合提供了规范框架，使跨系统、多类型的数字资源整合成为可能。计算机技术、数字存储技术、互联网技术的发展及其在辅助标引、全文储存和检索系统的应用，为 LAM 数字资源整合提供了条件保障。

（三）进行馆际合作实践

由于图书馆、档案馆和博物馆在地域分布和管理归口以及经费来源等方面的差异，不同国家和地区的资源整合方式也存在差异，通行的合作方式主要有两种。

一是机构之间合作开展数字资源的保存。美国国会图书馆联合相关组织与机构在 2000 年共同建设了"国家数字信息基础设施及保存项目"。该项目主要是为统一管理跨 LAM 系统的信息和数据服务，以实现 LAM 之间的信息资源共享德国政府资助的德国数字资源长期保存项目、欧盟资助的数字存储基础设施欧盟工程等项目的建设，也为 LAM 共同解决数字资源长期保存问题提供了方案；我国的大学数字图书馆国际合作计划已完成超过 250 万件多种类型媒体资源的数字化整合与保存；我国于 2002 年开始实施"全国文化信息资源共享工程"项目建设，截至 2014 年年底，资源总量达 412.46TB，初步形成内容丰富、规模较大的资源存量，具备了服务基层的资源保障能力。

二是协作建设数字资源共享平台。通过合作，在馆藏资源数字化的基础上，进不断一步开发资源一站式检索平台，为用户提供便捷的信息资源服务。在互联网技术发展的今天，用户的信息行为也在发生变化。用户更加关注数据对象之间的语义关联关系，对知识有重组和整合以及再创造和挖掘的需求。因此在"互联网＋"时代，依托大数据的信息资源平台和信息资源语义关联数据整合更加体现了 LAM 融合发展的价值所在。

（四）机构空间的实体融合

在图书馆、档案馆和博物馆发展过程中，作为物理空间的三种文化机构的融合趋势日趋明显。通过空间的融合，消除三种机构的物理界限，有效促进了三种机构在空间设施和服务的融合共享。在空间的融合中，既有国家行为，如加拿大将国家图书馆与国家档案馆合并成立国家图书档案馆（Library and Archives Canada，LAC），2012 年新加坡将国家档案馆并入国家图书馆管理局并实施新加坡国家档案、图书和博物馆馆藏资源整合；也有机构之间的自发合作，如澳大利亚瓦纳罗市（Wanneroo）的图书馆、档案馆和博物馆共用一部分的建筑设施和馆藏资源；中国天津泰达图书馆档案馆成为集图书、档案、情报于一体化管理的区域性文化机构。

从融合的内容来看，国内外图书馆、博物馆和档案馆的跨界融合主要以共同制订战略性发展规划、馆藏资源的数字化及整合、空间和设施服务的融合等内容为主，通过跨界融合挖掘机构馆藏资源的价值，提升机构的影响力和竞争力。

三、LAM 融合发展的成功案例——世界数字图书馆（WDL）

2008 年，国际图联发布《公共图书馆、档案馆和博物馆：协作与合作趋势》（第 108 号专家报告）。该报告对 LAM 之间的协调合作方法进行了详细介绍，并为公共图书馆提供了大量相关的最佳实践案例。其中，有代表性的项目有：世界数字图书馆、Google 艺术计划（Google Art Project）、欧洲的 CALIMERA、聚宝盆项目、丹麦文化搜索（NOKS）、德国图书馆档案馆和博物馆门户 BAMP、瑞典 ABM 中心、澳大利亚图像数字档案门户网站等。我们以世界数字图书馆为例，详细介绍 LAM 的成功融合。

（一）组织机构

世界数字图书馆是联合国教科文组织及 32 个合作的公共团体共同成立，由全球规模最大的图书馆"美国国会图书馆"主导开发的。参与这项计划的馆藏与技术合作国家，从巴西到英国、中国、埃及、法国、日本、俄罗斯、沙特阿拉伯及美国等国家的图书馆及文化机构都有，它们将无价的文化素材数字化，让读者在网络上即可取得。世界数字图书馆构想，最初是由美国国会图书馆长毕灵顿（James H. Billington）所首创。其基本思想是建立一个以互联网为基础的，易于访问、收集有世界各国文化财富，讲故事和突出所有国家和文化之成就的数据库，从而促进各文化间的认识和理解。

（二）主要内容及服务

该项目于 2009 年 4 月 21 日在巴黎正式启用。WDL 面向国际公众推出，内容涵盖联合国教科文组织的每一会员国。公众可以通过浏览以及检索等方式获取相关资源。开通当日，展示了数字化作品及影音文件约 1200 件。WDL 的合作伙伴来自 19 个国家和地区的 32 个图书馆及研究机构，但 WDL 计划引入更多合作伙伴，以不断充实 WDL 的内容。中国国家图书馆首批精选了 20 种珍贵文献馆藏，包括甲骨文、敦煌文献、手稿、少数民族文字典籍等，通过世界数字图书馆向全球提供服务。截至目前，WDL 的合作伙伴已经达到了 127 个（合作伙伴不仅包括给WDL 捐赠文化信息资源的图书馆、档案馆及其他机构，还包括通过分享技术、组织各工作组召开或赞助会议或提供财政捐助等方式来参与工程项目的协会、基金会和个体公司），其中 51 个机构给 WDL 提供馆藏，提供的数字化作品和影音文件达到了 3524 件，约为开通当日的两倍。这表明世界数字图书馆项目受到了全球的欢迎和支持，全球图书、博物、档案信息资源的共建共享是时代发展趋势。

（三）成功经验

世界数字图书馆整合 LAM 数字资源有着十分重要的现实意义。世界数字图书馆通过互联网信息平台整合了世界各国的 LAM 资源，为全球信息用户提供集成化的信息资源服务。WDL 在互联网平台上不断增加文化资源的数量和种类，为研究学者和普通用户提供资源获取途径。收录的主要资源有手稿、地图、珍本书籍、乐谱、录音、电影、印刷品、照片和建筑图纸，并对每一种资源进行编目加工，提供资源导航和文字说明，导航和说明文字。WDL 还提供了中文、英文、法文、葡萄牙文、阿拉伯文、俄文和西班牙文 7 种文字，满足不同国家和地区的信息用户方便快捷地获取资源。WDL 计划也为不同国家和地区的不同民族提供了文化交流机会，促进了全球文化资源的交互和传递。WDL 共享的资源内容大多是世界各国博物馆、档案馆和图书馆的珍贵馆藏，是重要的世界文化遗产。这些珍贵的文化遗产很大程度上反映了不同民族几千年历史中积淀的文化精华，是人类文明发展历史的重要呈现载体。通过互联网平台的国际 LAM 资源融合，一定程度上缩小了不同国家和地区之间，以及国家和地区内部的信息鸿沟，最大限度地实现了世界文化资源的汇聚和整合利用。

世界数字图书馆存在的重要目的是将互联网技术手段作为有效依托，有效扩展多元化文化背景的内容，推动跨文化的国际互动与沟通，让不同类型读者的文化需要得到有效满足，积极缩小国家和地区间存在的巨大数字鸿沟问题。在广阔的世界数字图书馆体系当中收集的文化信息资源来自不同国家和地区机构的捐赠，对于不同的资源实施统一元数据描述，进而有效突破 LAM 资源元数据方面的差别，同时供给了 7 种语言浏览检索服务。世界数字图书馆能够让多层次用户的实际需求得到有效满足，而且整体的服务与整合模式是比较简单的。这样的图书馆给全世界的用户供给高质量的文化信息资源。但是从整合和服务模式的角度进行分析，大致上和 Boyd Rayward 模式相符。在服务方面实现统一检索与浏览，基于文化资源外在特点上的整合，而没有提供深度整合性的服务。

四、我国 LAM 融合发展策略与模式

（一）融合发展策略

1. 建立协调 LAM 的合作执行机构、统筹规划

LAM 在我国隶属于不同的主管部门，在馆藏资源发展、数字资源共享和经费运用等方面跨机构协调困难。这方面可借鉴英国的 MAL 理事会制度，即设置一个由 LAM 各部门的主要负责人和专家组成的，跨行业、跨系统、一体化的常设合作管理机构。经由此合作管理机构的跨机构协调，既可以促进 3 个机构所属部门的协同合作，又可以更有效地运用人员与经费，使其发挥最大的效用。在制定 LAM 建设的全局性发展规划和整体化管理时，要从整体出发，注重兼顾各自的特点。要严格遵守和体现标准化、规范化的原则进行信息资源布局，自动化应用系统和数据库的建设。

2. 统一 LAM 数字资源合作的技术标准

LAM 馆藏资源存在一定差异是三馆数字资源融合必须重视与亟待解决的难

题。而数字资源整合关键技术的研究尚未取得突破，多种类型信息资源的著录标准与元数据标准不统一，必然对顺利实施数字资源共享带来严重阻碍。世界各国在推动 LAM 数字资源整合过程中非常重视信息资源著录标准与元数据标准的协调与统一。我国 LAM 需要在合作执行机构的统一组织协调下，根据本部门的特点，对各自的信息资源著录标准与元数据采集标准进行修订，以适应 LAM 数字资源整合的要求。现实情况下，LAM 三方在根据本部门的特点，制作自己的网站及数据库的同时，应当尝试开展共同编制馆藏联合目录，开展共享数字化项目和构建整合门户网站工作，使 LAM 数字资源整合得以起步和逐步开展。

3. 加快 LAM 通用型人才队伍建设

要实现对我国 LAM 数字资源的整合，就必须加快培养一支专业知识与实际技能兼备的较高素质的专业人员队伍。一是要加强对现有 LAM 人员的培训，努力提高 LAM 三方工作人员的基础业务能力、专业技术能力和宏观管理能力；二是要加强 LAM 之间的合作与交流，共同培养适应于 LAM 资源整合发展要求的理论基础扎实、研究能力过硬、实践与应用能力突出的融合型专业人才；三是要联合建设研究基地、重点试验室等，围绕 LAM 三方资源整合的重点领域开展课题研究、重点攻关，以项目搭建平台，促进 LAM 数字资源整合应用型人才的快速成长。

（二）融合服务模式的构建

1.LAM 融合服务模式的基本架构

LAM 之间的跨界融合服务并不是简单地把三种机构的资源和服务拼凑在一起，而是在相互融合的基础之上形成资源和服务的有机整合，并产生新的服务内容和方式，这种跨界融合强调的是创新融合。需要重新架构自己的顶层设计，定位自己的服务目标和宗旨，服务内容也不仅仅局限在资源和知识的共享，而应该挖掘资源的深层价值，为提高国民综合素质提供智力服务。资源融合和服务主要分为三个方面：一是实现三种机构资源外部特征的整合，通过资源的数字化提供统一的检索和浏览服务，将不同机构的资源整合在一个数字化服务平台上；二是在馆藏资源的数字化整合基础上实现机构知识服务能力的提升，对不同机构的资源进行挖掘整理，对资源进行二次加工分类，为用户提供便捷而又全面的深层次的知识资源；三是提升馆员服务能力，开发馆员智慧，对整合的资源进行再次深加工和开发，从而创造出新的文化资源。

在对 LAM 融合服务模式进行分析的基础上，构建出 LAM 融合服务的基本架构，主要包括三个层次。

第一个层次是资源服务层，是跨界融合服务的基础层次，该层次主要是馆藏资源的整合和数据层面的服务。其中数据层次资源整合的主要任务是将资源的不同元数据整合到统一的平台上，采用的方法主要包括元数据映射和元数据收割协议等，也可以开发独立的元数据项目方案。

第二个层次是知识服务层，主要为用户提供信息咨询服务。基层指标是对资源的整合，但对不同机构的资源内部的语义关系揭示不足，没有形成有效的关联语义网。图书馆、博物馆、档案馆之间的融合服务，要求馆员不仅要熟悉自身领域的资源特点，而且要掌握整个资源整合平台的所有资源，熟悉不同资源内部的深层联系，向用户提供优质的知识服务。

第三个层次是智慧服务层，智慧服务层不仅融合了各个机构的馆藏资源，还包括不同机构馆员以及相关领域专家学者的智力资源，并在资源整合的基础之上进行知识的再创造和创新，为用户提供智慧化的知识资源服务。

2. LAM 融合服务模式建议

合作模式是"三馆"成功开展合作共建的保障因素。在我国还没有形成 LAM 馆际合作的成熟模式的情况下，可充分借鉴国外 LAM 合作的模式和经验。例如，美国国会图书馆和美国国家档案馆采用加入世界数字图书馆的模式，英国成立相关理事会整合全国 4500 个博物馆、1300 个档案馆和 5000 多个图书馆的模式等。借鉴上述国家成功的合作模式，我国 LAM 馆际合作采用以下几种方式：一是在网络环境下，图书馆与档案馆、博物馆采用建立地区性信息服务中心、组建联合信息网络的合作共建模式；二是可以采用图书馆与博物馆合一或图书馆、档案馆与博物馆合一的模式，建立国家级或地区性的实体整合，或利用现代化信息技术组建资源共享平台的虚拟整合；三是根据我国实际情况，建立不同合作程度的一体化发展模式、共建共享模式或资源共享模式。另外，也有专家建议，采取以中国数字图书馆为基础整合档案馆和博物馆资源的模式。

3. 互联网时代 LAM 融合服务模式的创新

互联网时代为公共文化组织的资源服务和融合带来了难得的机遇，但同时也带来了巨大的挑战。图书馆、博物馆、档案馆馆藏资源的深度整合，必须突破传统服务方式的束缚和限制，改变原有服务逻辑和思维，需要进行服务方式的创新。创新的服务模式需要充分发挥馆藏资源基于语义网的数据关联，并充分挖掘隐性知识的价值，将隐性知识显性化，并与显性知识相结合，进行知识的再开发和创造。图书馆、博物馆和档案馆的馆藏资源和服务的融合，为进行这样的知识开发和创造提供了极大的便利，相比传统模式下的单一机构主体服务具有显著的优势。

（1）智慧LAM。智慧层的融合服务能够充分利用三种机构的资源优势提供主题学术讲座或者互联网慕课资源，通过聘请专家开展专题讲座，充分利用馆藏资源制作内容丰富、信息量大、生动直观的互联网课程内容，为用户提供在线学习和阅读，扩展用户服务的半径，并提升三种机构在用户中的影响力和竞争力。通过互联网平台和360°全景技术为用户提供虚拟展览服务，馆藏资源通过数字化和网络虚拟化后突破空间和时间的制约，将不同国家和地区、不同区域位置和不同馆藏机构的资源聚合在一起，通过虚拟场景的重构提供资源的浏览服务。

（2）增强现实（Augmented Reality，AR）的应用。AR是一种实时的计算摄影机影像的位置及角度并加上相应图像的技术，这种技术的目标是在屏幕上把虚拟世界套在现实世界并进行互动。增强现实技术，它是一种将真实世界信息和虚拟世界信息"无缝"集成的新技术，是把原本在现实世界的一定时间和空间范围内很难体验到的实体信息（视觉信息、声音、味道、触觉等），通过电脑等科学技术模拟仿真后再叠加，将虚拟的信息应用到真实世界，被人类感官所感知，从而达到超越现实的感官体验。真实的环境和虚拟的物体实时地叠加到了同一个画面或空间同时存在。通过运用AR技术，将图书馆、博物馆和档案馆的馆藏资源立体显示、互动呈现，带给用户全新的文化体验。主要体现在用户参观实体馆时，通过增强现实技术向用户提供更多的资源展示及相关信息等服务。

五、我国高校图书馆参与LAM融合发展的路径

国外高校图书馆社会开放程度较高，在LAM融合发展过程中可以与公共图书馆实现差不多同等的参与程度。相反，我国高校图书馆属于高校内部的二级单位，在对外合作方面自主权和灵活性较差，参与LAM融合发展面临更多的障碍。因此，我国高校图书馆在LAM融合发展中可从以下几方面逐步深入。

（一）推进校内LAM实体融合

目前我国高校内部均有图书馆和档案馆（室）部门，许多建校时间长、文史研究水平较高的大学也建立了博物馆。面对师生不断增长的查阅学校各种公开文献档案资料的需求，许多高校开始尝试对三馆整合互补构建高校内部的文献信息管理中心，并且已有实践表明高校三馆合一是师生合理利用一切可获得公开文件的最佳途径。例如：内蒙古民族大学图书馆图书馆、档案馆和博物馆已经在行政层面上成为一个实体。由一名主管校长负责图书馆、博物馆和档案室工作的总体

协调与分配，对外负责宣传联系以及资金的投入；成立图书馆、博物馆和档案馆委员会，对资源建设和开放中的重要事项进行决策咨询；实现了馆长负责主持三馆日常工作，各主管副馆长主抓相关科室业务的管理体制改革。

高校三馆合一可以充分发挥各自的作用，图书馆负责对可以公开的信息进行整合、公开，大厅陈列高校历史展品，专门设立一个部门，用来查阅档案馆馆内公开文件。专设保密室用来保管学校非公开文件（例如：师生档案、建校发展密级文件等），这样就可以在最低的成本下，实现三馆开设目的，这也是未来高校节约财力、时间成本的方法。

（二）通过联合目录与馆藏资源数字化参与社会 LAM 融合

高校图书馆可以通过现有的图书馆联盟、校地合作共建等渠道，参与社会LAM 融合，参与方式以实现馆藏目录在线共享、数字馆藏资源融入地方数字文化服务平台为主。第一，目前我国绝大多数高校图书馆已实现馆藏目录数字化，在国家公共数字文化服务平台建设过程中，高校图书馆将馆藏目录数据纳入地方数字文化服务系统，面向社会公众开放馆藏信息，通过区域数字文化综合服务平台参与 LAM 融合是一种比较现实可行的路径。第二，通过现有渠道将丰富的数字馆藏资源融入区域 LAM 融合项目。我国高校图书馆与地方公共图书馆的合作共建已拥有成熟的渠道和模式，在社会 LAM 融合趋势下，高校图书馆完全可以通过现有的合作渠道以丰富的数字化信息资源、高素质的技术人员充分参与地方社会 LAM的融合发展。通过现有合作渠道建立共享的联合目录，实现数字资源一站式检索，进而对知识进行整合重组以及开展联合咨询服务，是高校图书馆有效参与 LAM 融合发展的最便捷途径。

互联网时代，信息网络技术改变了图书馆、档案馆、博物馆的资源呈现方式和服务方式。图书馆、档案馆、博物馆依托互联网技术的融合发展，创新资源服务模式，能够整合既有利于保留其各自特有的馆藏文化资源，也可以提升三种文化机构的内在价值和外部竞争力。纵观世界范围内，LAM 的融合发展已成为一种必然趋势，但这种跨界融合发展的必然趋势受诸多因素的影响。国家和政府制定的图书馆、档案馆和博物馆管理领域的相关政策决定了三馆能否开展资源服务方面的跨界融合，同时还决定了三种公共文化服务机构能否在传统的资源和信息服务模式上实现突破，应用新技术手段实现资源的整合，扩展新的服务方式和服务领域。这些影响因素相互作用、彼此联系，影响着 LAM 在资源和服务方面的合作和发展。

参考文献

[1] 刘京晶. 互联网时代公共文化服务的治理变革 [M]. 北京：知识产权出版社，2016.

[2] 徐娅囡著. 新形势下高校图书馆的发展与创新研究 [M]. 北京：中国纺织出版社，2017.

[3] 赵国忠，张创军. 高校图书馆社会化服务概论 [M]. 北京：国家图书馆出版社，2016.

[4] 王宁，吕新红，哈森. 图书馆管理与阅读服务 [M]. 北京：光明日报出版社，2017.

[5] 金中仁，成建权，陈振宇，张杰. 图书馆信息共享与信息集群服务 [M]. 北京：人民邮电出版社，2009.

[6] 马炎. 中外图书馆发展史概论 [M]. 北京：兵器工业出版社，2008.

[7] 柯平，等. 公共图书馆的文化功能在社会公共文化服务体系中的作用 [M]. 上海：上海交通大学出版社，2010.

[8] 林水秀. 高校图书馆资源建设与管理研究 [M]. 长春：吉林大学出版社，2016.

[9] 刘玲，齐诚，马楠. 互联网 + 时代图书馆跨界融合研究 [M]. 北京：经济日报出版社，2018.

[10] 王篆. 互联网视域下公共文化服务发展的新趋势 [J]. 人文天下，2016(21): 28-31.

[11] 南英子. 高校数字图书馆建设现状及对策 [J]. 情报科学，2001(12): 1255-1256, 1259.

[12] 黄长伟，曲永鑫. 高校图书馆智库能力建设探究 [J]. 现代情报，2016, 36(11): 128-131.

[13] 刘洁，姜艳芬. 高校智慧图书馆构建探索 [J]. 产业与科技论坛，2018, 17(1): 191-192.

[14] 吴孟卿. 基于新型智库理念的高校图书馆服务模式创新研究 [J]. 内蒙古科技与经济，2018(6): 152.

[15] 徐玲."智慧城市"背景下的高校智慧图书馆建设探究 [J]. 人才资源开发，
2016(22): 128–129.

[16] 黄云. 高校图书馆服务现状及创新服务探索 [J]. 黄河水利职业技术学院学报，
2014, 26(2): 94–96.

[17] 冯毅. 指纹识别技术在高校图书馆中的应用 [J]. 长春工业大学学报 (高教研究
版), 2013, 34(1): 21–22.

[18] 朱克亮，李春. 指纹识别技术在图书馆中的应用 [J]. 现代图书情报技术，
2002(4): 23–24.

[19] 张新鹤，肖希明. 我国图书馆信息资源共享机制现状调查与分析 [J]. 中国图书
馆学报，2011, 37(3): 66–78.

[20] 王瑜. 高校图书馆参与地方公共文化服务体系建设探析 [J]. 内蒙古科技与经济，
2017(6): 110–112.

[21] 吴钢. 我国图书馆法制化建设的突破与未来路径——《中华人民共和国公共图
书馆法》颁布之际的思考 [J]. 图书馆建设，2018(1): 30–36.

[22] 刘阳. 公共服务供给理论对校市共建图书馆管理的启示 [J]. 图书馆学研究，
2013(7): 13–17, 22.

[23] 蔡冬青. 高校图书馆社会化服务研究综述 [J]. 河南科技，2014(22): 259–260.

[24] 张希侠. 高校图书馆参与地方公共文化服务体系建设研究 [J]. 合作经济与科技，
2015(21): 180–181.

[25] 黎梅，奉晓红. 高校图书馆参与地方公共文化服务体系构建研究 [J]. 图书馆，
2014(5): 107–109, 115.

[26] 宁冬云. 高校图书馆参与地方公共文化服务模式研究——以承德地区高校图书
馆为例 [J]. 科技情报开发与经济，2015, 25(22): 67–69.

[27] 杨炳延. 高新技术影响下的图书馆信息资源建设与开发利用 [J]. 中国图书馆学
报，2002(6): 4–6.

[28] 林婧. 公共产品理论视域下高校图书馆馆藏资源优化配置研究 [J]. 河北科技图
苑，2016, 29(6): 93–94, 89.

[29] 郭俊平，王福.《普通高等学校图书馆规程》的解读与思考 [J]. 图书馆研究与工
作，2017(10): 38–42, 53.

[30] 陈丽娟，林杨，刘海霞. 高校图书馆面向社会公众开放的实践与思考——以厦
门大学图书馆为例 [J]. 图书馆，2018(9): 101–105.

[31] 许天才，潘雨亭，杨新涯，魏群义，谷诗卉.高校图书馆数字阅读推广创新模式——以重庆大学图书馆牵手京东阅读为例 [J]. 图书情报工作，2018, 62(13): 19–23.

[32] 周燕，应贤军.公共产品理论视角下的高校图书馆社会服务策略研究 [J]. 情报探索，2016(2): 114–117.

[33] 赵云华.区域性数字文化阅读平台建设策略研究 [J]. 办公室业务，2016(11): 136–138.

[34] 梁蕙玮，萨蕾.国家数字文化资源统一揭示与服务平台的资源整合研究 [J]. 图书馆学研究，2014(2): 54–58.

[35] 王琦.吉林市图书馆联盟工作的实践与探索 [J]. 现代交际，2014(6): 121.

[36] 刘时容.建设校、地图书馆联盟提高公共文化服务能力 [J]. 情报探索，2011(11): 119–121.

[37] 张晓林.美国图书馆的馆际合作和网络 [J]. 图书馆学通讯，1983(3): 64–75.

[38] 张建文.美国图书馆自动化的发展过程及特点 [J]. 山东教育学院学报，1996(3): 109–110.

[39] 肖飒，王存.美国图书馆自动化的三个发展阶段 [J]. 江苏图书馆学报，1985(2): 79–80.

[40] 叶蕊，周浩.山东省数字图书馆建设的新平台——文化共享工程进万家 [J]. 山东图书馆学刊，2009(04): 89–92.

[41] 王艳秋.我国数字图书馆的发展过程与趋势 [J]. 中国成人教育，2009(21): 90–91.

[42] 方成罡.通化地区图书馆联盟"一卡通"模式探讨 [J]. 现代交际，2012(8): 107.

[43] 张大慰.中美高校图书馆计算机网络发展现状及功能比较 [J]. 高校图书馆工作，1998(4): 22–25.

[44] 李萍.我国图书馆现代化建设研究综述 [J]. 平原大学学报，1998(1): 66–69.

[45] 黄宗忠.新中国图书馆事业 50 年 [J]. 图书情报知识，1999(3): 2–8.

[46] 王兴华.基于 Web2.0 技术的公共图书馆精准扶贫数字文化、科技信息服务平台的构建与实现 [J]. 图书馆研究，2018(2): 99–104.

[47] 张佳丽.信息生态视角的我国西部地区少数民族高校图书馆、博物馆与档案馆整合研究——以内蒙古民族大学为例 [J]. 山西档案，2016(3): 40–42.

[48] 王金玉.基于"互联网 +"视角下的构建公共文化服务资源与教育资源共享平台的策略研究 [J]. 科教文汇，2017(1): 120–122.

[49] 李婷.公共文化服务数字化建设研究 [D]. 南宁：广西大学，2017.

[50] 周娟 . 高校图书馆社会化服务调查与思考 [D]. 扬州 : 扬州大学 , 2017.

[51] 许可 . 高校移动图书馆 APP 服务系统设计与实现 [D]. 北京服装学院 , 2018.

[52] 程琴 . 移动图书馆服务系统及其可用性研究 [D]. 重庆 : 重庆大学 , 2017.

[53] 马轶群 . 大学城高校图书馆联盟条件下的信息共享空间研究 [D]. 长春 : 东北师范大学 , 2009.

[54] 廖利香 . 地方高校图书馆社会化服务优化研究 [D]. 长沙 : 湖南师范大学 , 2016.

[55] 张小慧 . 吉林大学珠海学院图书馆参与社区公共文化服务研究 [D]. 成都 : 西南交通大学 , 2017.

[56] 李宾 .RSS 技术在高校图书馆中的应用与发展研究 [D]. 广州 : 华南师范大学 , 2007.

[57] 戴贤聪 . 我国高校数字图书馆建设探析 [D]. 厦门 : 厦门大学 , 2013.

[58] 赵孝芬 . 校地共建图书馆管理模式研究 [D]. 洛阳 : 河南科技大学 , 2013.

[59] 赵杰 . 高校图书馆参与社区公共文化服务研究 [D]. 湘潭 : 湘潭大学 , 2013.

[60] 赵玉玲 . 地方高校图书馆参与书香社会建设研究 [D]. 南宁 : 广西民族大学 , 2017.

[61] 刘佳 . 高校图书馆公共文化服务体系的构建研究 [D]. 南京 : 东南大学 , 2015.

[62] 杨燕 . 高校图书馆参与公共文化服务体系模式研究 [D]. 成都 : 西南交通大学 , 2014.

[63] 郭晓柯 . 我国智慧图书馆建设研究 [D]. 郑州 : 郑州大学 , 2016.

[64] 蔡晓君 . 高校图书馆参与地方公共文化服务研究 [D]. 福建 : 华侨大学 , 2016.

[65] 李琦 . 高校图书馆参与社区公共文化服务研究 [D]. 保定 : 河北大学 , 2016.

[66] 张莹 . 高校图书馆智库建设研究 [D]. 秦皇岛 : 燕山大学 , 2016.

[67] 穆丽娜 . 图书馆 2.0 在高校图书馆服务中的应用研究 [D]. 南京 : 南京农业大学 , 2008.

[68] 张智英 . 校地共建图书馆运行管理研究 [D]. 洛阳 : 河南科技大学 , 2014.

[69] 岳庆荣 . 高校图书馆社会化服务的法律基础研究 [D]. 大连 : 辽宁师范大学 , 2014.

[70] 陈巧玲 . 智慧时代国内高校图书馆服务创新研究 [D]. 福州 : 福建师范大学 , 2014.

[71] 王瑶 . 高校图书馆社会服务职能研究 [D]. 大连 : 辽宁师范大学 , 2012.

[72] 刘同辉 . 图书馆空间体系构建策略研究 [D]. 哈尔滨 : 黑龙江大学 , 2018.

后　记

党的十八大以来，党和政府高度重视人民群众的文化权利保障和文化素养提升，公共文化服务体系建设取得了前所未有的成就。但不能否认，我国公共文化服务的地域差异和城乡差距仍非常明显。公共图书馆作为公共文化服务的主力军，虽然其数量、分布和藏书质量在近年来都取得了长足发展，但资源保障和服务水平都无法较好地满足社会公众学习更新专业知识的需求。高校图书馆拥有丰富的纸质和数字文献，特别是系统的学科专业文献资源恰好可以弥补公共图书馆在这方面的不足。作为在高校图书馆工作多年的专业人员，笔者时常会听到社会各界朋友希望能便捷使用高校图书馆的呼声。

高校图书馆向社会公众开放是图书馆界争论多年的一个老课题，高校师生权益的保障、管理人员工作量的增加等都是影响其充分开放的重要因素。但是，进入 21 世纪以来，以互联网为代表的信息技术在改变图书馆工作流程的同时，也极大地拓展了图书馆的服务手段和空间。互联网作为信息传播的"高速公路"、数字化信息资源可以无限存取的特点，都为高校图书馆向社会开放、实现最大限度的信息共享提供了新的技术支持和解决方案。因此，借鉴欧美等发达国家高校图书馆全面向社会开放的先进经验，重新审视和研究"互联网＋"背景下我国高校图书馆参与公共文化服务的策略和路径，具有非常重大的现实意义。当前，我国高校图书馆参与公共文化服务正处于起步阶段，亟须加大对国内外理论与实践经验的深入研究和总结，本书正是为探索弥补我国图书馆界在这方面的不足而撰写。

本书是作者刘华卿承担的 2017 年度河北省社会科学基金项目（项目编号：HB17TQ017）的成果，既包括对我国公共文化服务体系建设及高校图书馆参与公共文化服务现状的调查总结，也包含作者对提升高校图书馆公共文化服务水平的建议。尽管在课题研究中搜集阅读了大量资料，但在完成著作过程中笔者仍深感自己学识不足和能力有限，书中很多问题仍有继续深入研究的必要。

在课题研究和书稿编撰过程中，笔者得到了身边同事和亲友许多无私的支持和帮助，在此表示由衷感谢！